한국문화유산과 가상현실

강진갑 지음

북코리아

:: 저자약력

경기문화연구소장, 문학박사.

한양대학교 사학과를 졸업하고, 2007년 2월 같은 대학교 대학원 사학과에서 '한국문화유산의 디지털 콘텐츠화 연구'로 문학박사학위를 취득하였다. 한국사에서 디지털 콘텐츠를 주제로 한 최초의 박사논문으로 평가받고 있다. 지역사, 역사학의 디지털 콘텐츠화, 가상현실 역사학에 관심을 가지고 연구하고 있으며, 한국외국어대학교와 경기대학교에서 문화콘텐츠와 한국사를 강의하고 있다.'

주요저서로는 『경기지역의 역사와 지역문화』, 『남한산성 품에 안은 산성마을』(공저), 『아차산의 역사와 문화유산』 (공저), 『경기도 역사와 문화』(공저)가 있고, 「21세기 정보화시대 인터넷 향토지 편찬에 대하여」, 「경기도 문화유산 가상현실 시스템 개발과 인문학자의 역할」외 여러 편의 논문이 있다.

한국문화유산과 가상현실   값 15,000원

2007년 8월 15일 초판 인쇄
2007년 8월 20일 초판 발행

지은이	강 진 갑
펴낸이	이 찬 규
펴낸곳	북코리아
등록번호	제03-01157호
주소	121-802 서울시 마포구 공덕동 173-51
전화	02-704-7840
팩스	02-704-7848
이메일	sunhaksa@korea.com
홈페이지	www.ibookorea.com
ISBN	978-89-92521-32-1 93300

■ 역사학의 새로운 영역으로서의 '가상현실 역사학'을 생각하며

본서는 필자의 박사학위논문 『한국문화유산의 디지털콘텐츠화 연구-경기도 역사문화체험 가상현실 시스템을 중심으로-』를 출판한 것으로, 역사학과 가상현실과의 만남을 주제로 한 연구서이다.

21세기에 들어 인간의 의사전달 매체가 문자 중심에서 디지털콘텐츠를 매개로 하는 이미지 중심으로 빠르게 전환하고 있다. 역사학을 포함한 인문학은 문자와 함께 성립되고 발전한 학문이었기에, 매체의 변화는 인문학의 위기로 이어졌다. 2000년 전후 인문학계에서 인문학의 위기를 둘러싼 논쟁이 있었고, 그 과정에서 디지털콘텐츠를 인문학의 범주에 포함시키자는 논의가 있었다. 학계에서 이러한 논쟁이 진행되고 있을 때 디지털콘텐츠 현장에서는 역사학과 디지털콘텐츠가 이미 만나고 있었고, 필자도 그 한 가운데 있었다.

필자는 2000년 역사와 문화유산을 가상현실로 체험할 수 있는 디지털 콘텐츠를 제작하는 일에 참여하였다. 당시 전문위원으로 재직 중이던 경기문화재단이 경기도의 위탁을 받아 '경기도 역사문화체험 가상현실 시스템' 개발 사업을 추진하였는데 이 과제를 맡게 된 것이다. 이 과제는 2003년까지 산학관(産學官) 협동으로 진행되었고, 문화유산과 실학(實學) 등을 주제로 하는 10개의 콘텐츠를 한국어·중국어·일본어·영어 등 4개 국어로 개발하여 인터넷을 통해 전 세계에 서비스하였다. 국내에서 이전에 제작된 사례가 없는 일이었기에, 필자에게는 힘겨운 일이었지만 역사학과 과학기술이 만나 새로운 세상을 여는 일이었기에 매우 흥미로웠다.

필자가 디지털콘텐츠에 관심을 가진 것은 이 보다 조금 앞선 1990년 대 말부터였다. 불과 10년도 안 지났지만, 그때만 해도 정보화를 기술의 변화 정도로만 생각하는 인문학자들이 대부분이었다. 그러나 정보화가 역사학 연구에 큰 변화를 가져올 것이라 생각했기에, 1999년 초 한국향 토사연구전국학술대회 개최 실무를 맡았을 때, '정보화와 향토사'를 학술대회 주제로 제안하여 같은 해 12월에 학술대회를 치루었고, 이 학술대회에서 같은 문제의식을 담은 논문 「21세기 정보화시대 향토사 학계 변화 전망」을 발표하였다. 그리고 2002년에 인문콘텐츠학회가 창립되었는데, 학회 창립 발의 단계에서 논의에 참여하는 영광을 누리 기도 하였다.

2000년대 초 디지털콘텐츠를 개발하고, 콘텐츠 학계에 말석으로 참 여하면서 디지털콘텐츠, 그 중에서도 가상현실이야말로 21세기 정보화 시대, 이미지시대에 역사학이 다루어야 할 새로운 영역이라는 생각을 갖게 되었다. 인간이 사는 세상이 입체적인 공간이므로, 역사연구 결과 를 가상현실이라는 입체 공간 형태로 발표한다면, 문자로만 표현되었 던 전통적인 역사학보다는 훨씬 실제 역사에 가깝게 표현할 수 있을 것이라 생각했기 때문이다. 미술 작품 연구 결과를 발표할 때 문자로만 하는 경우, 사진과 함께 하는 경우, 동영상에 미술작품의 전후좌우 모습을 담아 함께 설명하는 세 가지 경우를 놓고, 어느 경우가 미술

작품 연구 결과를 정확하게 설명할 수 있고 듣는 이가 쉽게 이해할 수 있는가를 비교해 보면 답은 어느 정도 나올 것으로 생각된다.

그래서 필자는 '경기도 역사문화체험 가상현실 시스템'을 제작하면서 가상현실에 대한 연구를 병행하였고, 그 결과를 박사학위논문으로 제출하였다. 역사학에서는 디지털콘텐츠와 가상현실을 주제로 박사학위가 수여된 적이 한 번도 없었기에, 논문 심사과정에서 이 주제가 문학박사학위 주제가 될 수 있는가가 논의되었다. 그러나 심사위원들은 "앞으로 역사학도 이 분야에 대한 연구가 이루어져야 한다."며 이 논문을 심사하였다.

이 논문을 쓰는 과정에 많은 분들의 도움이 있었다. 학위논문의 지도교수인 이완재 교수님과 대학 시절부터 은사인 정창렬 교수님은 가상현실을 학위논문 주제로 정하겠다고 상의 드렸을 때 동의를 해 주시고 격려해 주셨다. 이에 필자는 용기를 가지고 가상현실 연구에 전념할 수 있었다. 이석규, 박찬승 교수는 심사과정에서 논문의 체계를 잡는데 큰 도움을 주었고, 임영상 교수는 가상현실이 역사학 연구에 새롭고도 중요한 주제임을 강조하면서 필자에게 여러 자료를 제공해 주었다.

그리고 한양대 김창현 박사, 경기문화연구소 류현희·이상열·차선혜·허흥범 연구원, 경기도사편찬위원회 이지훈·최주희 상임위원은 논문의 초고를 읽고 꼼꼼히 검토해 주었다. 그리고 출판하는 과정에서는 광주시사편찬위원회 주혁 상임위원과 이성복 연구원이 수고를 해주

6

었다. 출판 사정이 여의치 않은데도 책을 내준 북 코리아 이찬규 사장에
게도 감사드린다.

　필자는 학위 논문을 집필하는 마지막 1년간 집에서 멀리 떨어진
직장 부근에서 원룸을 구해 논문 집필에 전념하였다. 이 기간은 딸
혜원이와 아들 언식이에게 아버지가 옆에 꼭 있어야 할 때였다. 그런데
그렇지 못한 아버지 처지를 잘 이해해 주어 마음의 부담을 덜어 주었다.
필자가 전업 대학원생으로 석사논문을 집필할 때도 아내는 직장 생활을
하며 뒷받침을 해주었는데, 박사 논문을 집필하는 시기에도 논문 집필
에만 전념할 수 있도록 해주었다. 그동안의 고생에 대한 약간의 보상이
라도 되기를 바라며 이 책을 아내 한정희에게 바친다.

　필자는 역사학의 새로운 영역으로서 '가상현실 역사학'을 제안하며
머리말을 끝내고자 한다.

2007년 8월
강진갑

■ 차례

|제4장| 문화유산 가상현실 구축 사례
'경기도 역사문화체험 가상현실 시스템' 제작 사례를 중심으로

|제5장| 결 론

| 제1장 | 서 론

인간의 의사 표시 및 전달 체계는 1단계인 구술문화시대, 2단계인 문자문화시대, 3단계인 인쇄문화시대, 4단계인 디지털콘텐츠를 매개로 하는 이미지시대 등 4단계로 변해 왔으며, 현재는 3단계에서 4단계로 이행하고 있다.[1] 19세기 중반 사진술이 실용화되면서 이미지와 기술이

---

[1] 언어인류학자 Walter J. Ong은 『ORALITY and LITERACY : The Technologizing of the World』(1982)에서 매체의 변화 단계에 대해 口述文化時代, 쓰기 문화시대, 쓰기를 보편화시킨 印刷文化時代, 쓰기와 인쇄 이 양자의 바탕 위에 세워진 電子文化時代로 나누고 있다(이기우 · 임명진 역, 2004, 『구술문화와 문자문화』, 문예출판사).

한편 피종호와 이준서는 이미지문화, 線形文字文化, 技術的 이미지문화 세 단계로 구분하고 있다. 이미지문화 단계는 "신화의 세계라고 지칭하는 바에 상응하는 인식형태로서, 이미지가 인간과 세계의 매개물로 기능하는 문화단계를 의미"하며 신화적 사고가 지배적인 단계이다. 선형문자문화 단계는 논리적 사고가 주도적으로 이루어지는 단계로, 글쓰기와 함께 역사의식이 시작된 단계이다. 기술적 이미지문화 단계는 이미지와 기술이 결합된 단계인데, 19세기 사진술이 실용화되면서 시작되었다. 기술적 이미지 중 컴퓨터의 디지털 이미지는 실재를 모델링할 수 있기에 실제 세계를 재현하는 것이 아니라 세계를 재창조할 수 있다. 디지털 이미지가 실제 세계를 재현하는 것이 아니라 세계를 재창조할 수 있다는 것은 새로운 문화현상으로 매우 중요한 것으로 보고 있다(피종호 · 이준서, 2002, 『영상문화시대에 따른 인문학적 대응전략으로서의 이미지 연구』, 인문사회연구회 · 한국교육개발연구원, 1~9쪽). 필자는 이러한 연구성과를 바탕으로 매체의 변화단계를 前述한 바와 같이 네 단계로 구분하였다.

결합된 기술적 이미지시대가 시작되었으나,[2] 그것이 인간의 표현수단
자체를 완전히 바꾸어 놓지는 못했다. 인간이 이미지시대로 이행하게
된 것은 이미지가 디지털콘텐츠와 결합하면서부터이다. 디지털콘텐츠
는 문자·음성·음향·이미지같이 이질적인 표현수단들이 하나의 체
계 속에 처리된 정보를 말하는데, 이미지가 디지털과 결합하면서 이미
지시대가 시작된 것이다.

21세기를 정보화시대[3]라고도 부르는데, 정보화시대를 이끈 핵심도
정보의 디지털화이다. 디지털을 이해하기 위해서는 먼저 그 상대 말인
아날로그의 뜻을 이해할 필요가 있다. 아날로그 방식은 신호를 전기적
인 신호로 변조하여 전송하는 방식을 말한다. 각 신호는 개별신호를
전압이나 전류의 강도와 지속성에 따라 전기적인 강약 신호로 변환된
다. 이것이 전파나 유선망을 통해 수신자에게 전달되면 다시 전기 신호
로 변조되어 원래의 신호로 재생되는 것이다. 그런데 전기의 강약 신호
를 이용하기 때문에 원래 신호가 전기 신호로 변환되는 과정에 잡음이
섞일 수 있다. 그리고 변환되는 신호가 전파나 유선망과 같은 전송로를
이동하는 과정에도 여러 가지 잡음의 영향을 받는다. 그래서 아날로그
시스템에서는 정보가 왜곡되거나 변형되는 결과가 초래되는 것이다.

2) 피종호·이준서, 2002, 『영상문화시대에 따른 인문학적 대응전략으로서의 이미지 연구』,
   인문사회연구회·한국교육개발연구원, 1쪽.
3) 정보화사회는 "정보들을 생성·전달 또는 활용하는 인간 활동이 사회 전반에 걸쳐 많은
   기여와 역할을 하고", 정보가 유력한 자원이 되고 정보산업의 비중이 높아져 사회의 중핵을
   이루는 사회로서 이전 공업사회, 산업사회와 구분해 정보화 사회라 부른다(이태진, 2001,
   「정보화시대의 한국역사학」, 『역사학과 지식 정보사회』, 서울대출판부, 6~7쪽).
   정보화사회가 시작되면서 산업구조, 사회구조는 물론이고 인간의 일상생활까지도 큰 변화를
   불러오고 있어 이를 하나의 문명사적 전환으로 평가하여 이전시대와 구분되는 새로운 시대가
   시작된 것으로 보고 정보화시대라고도 부른다(丁斗, 1998, 「한국문화의 당면과제-정보화시대
   의 도전」, 『제10회 한국학 국제학술대회논문집 21세기 정보화시대의 한국학』, 한국정신문화
   연구원, 376쪽).

아날로그 방식의 전화에서 잡음이 들리고, 아날로그 방식인 비디오테이프를 재생하면 재생할수록 원형이 훼손되고 화질이 떨어지는 것도 바로 여기서 연유한다.4)

그러면 디지털 방식은 어떤 차이가 있는가. 오늘날 컴퓨터는 디지털 방식을 채택하고 있으므로, 이를 통해 설명하면 다음과 같다. 기존의 아날로그 전기 기계들이 전기의 세기로 다른 부품의 움직임과 연동되는 원리로 동작하는 것과는 달리, 컴퓨터는 전기의 세기를 일단 '0'과 '1'로 구별해 놓고, 그 합성으로 기호를 만든다. 그런 이후에는 전기의 세기는 아무런 의미를 가지지 못하며, 모든 일은 '0'과 '1'로 이루어진다.5) 그리고 '0'과 '1'로 표시된 숫자의 형태로 전송되기에 잡음이 거의 끼어들지 못한다. 그래서 그 내용이 정확하게 전송되고, 반복적인 전송과 복제에도 불구하고 원형의 신호 형태를 그대로 유지할 수 있다. 우리 주변에 일반화된 CD나 CD-ROM이 디지털 방식으로 이루어졌기에 원형의 음이 정확하게 재생되고, 여러 차례 재생해도 원형이 그대로 복제되는 이유가 여기에 있다.6)

이처럼 정보가 디지털콘텐츠화하면서 대량의 정보가 원본의 훼손 없이 쉽게 저장되고 전송할 수 있으며, 문자·음성·음향·영상과 같은 서로 이질적인 정보들의 통합운영이 가능해졌다. 컴퓨터가 디지털 방식을 채용하면서 대용량의 정보를 컴퓨터에 저장할 수 있게 됐다. 또한 인터넷으로 연결되면서 전 세계인들이 지구촌의 정보를 짧은 시간에 검색하여 원형 그대로 획득하고, 또 전달하는 것이 가능하게 되었다.7)

---

4) 이광형, 1999, 「디지털 문화시대」, 『디지털시대의 문화와 예술』, 문학과 지성사, 27~28쪽.
5) 윤완철, 1999, 「디지털 정보시대와 인간」, 『디지털시대의 문화와 예술』, 문학과 지성사, 50~51쪽.
6) 강진갑, 2000, 「21세기 정보화시대 '인터넷 향토지' 편찬에 대하여」, 『향토사연구』 12집, 77쪽.

정보의 디지털화는 산업구조, 사회구조, 사람의 일상생활은 물론 학문 연구에도 큰 변화를 초래하고 있다. 그래서 정보화시대가 도래한 현 시점을 앨빈 토플러는 농업혁명, 산업혁명에 이은 인류 역사상 세 번째 전환기라고 성격을 규정짓기도 하였다.[8]

정보가 디지털콘텐츠화되면서 정보화시대가 열렸고, 이미지가 디지 털콘텐츠와 결합하면서 인간의 의사표시 및 전달체계가 인쇄문화시대 로부터 이미지시대로 전환되었다. 이미지시대로의 전환은 정보화시대 가 시작되었기에 가능한 일이었다. 역사학을 포함한 인문학은 문자를 기반으로 성립된 학문이다. 그래서 인문학은 문자문화와 거의 동일시 될 정도인데, 정보화시대가 시작되면서 매체가 변화하였고 인문학과 역사학은 위기를 맞게 된 것이다.[9] 따라서 정보화시대, 이미지시대에 역사학을 포함한 인문학의 위기극복 방안, 인문학의 과제는 디지털콘 텐츠와의 어떻게 관계를 정립하느냐에 달려 있다고 해도 과언이 아니 다.

필자는 2000년 전후, 인문학위기를 둘러 싼 논쟁[10]에 주목하였다. 다음 장에서 자세히 살펴볼 예정이지만, 인문학위기 논쟁 과정에서 디지털콘텐츠를 인문학의 범주에 포함시키는 논의가 있었다. 컴퓨터의

---

7) 강진갑, 위의 글, 75~76쪽.

8) 앨빈 토플러 저, 김진욱 역, 1992, 『제3의 물결』, 범우사, 22쪽(원저는 『The Third Wave』, 1980).

9) 임정택 외, 2002, 『디지털 미디어시대의 인문학 교육개발과 고용창출 방안』, 인문사회연구회 · 한국교육개발연구원, 5쪽.

10) 이 시기 인문학의 위기를 주제로 학술행사와 연구사업이 다수 진행되었다. 그 중 대표적인 것이 1997년 11월 28일 14개 대학 인문과학연구소 공동으로 개최된 '현대사회의 인문학-위기 와 전망-'을 주제로 하는 학술심포지엄이다. 그 성과를 바탕으로 간행된 것이 『현대사회 인문학의 위기와 전망』(전국대학 인문과학연구소협의회, 1998, 민속원)이다. 그리고 1990년 대 후반에 진행된 연구물로 『표현인문학』(정대현 외, 2000, 생각의 나무)과 『디지털 시대의 인문학, 무엇을 할 것인가』(김도훈 외, 2001, 사회평론) 등이 발간되었다.

기능을 활용하여 인문학 자료를 제작하거나 검토하는 학문을 전산인문학[11]이라하고, 컴퓨터에 담겨 전달되는 디지털콘텐츠를 제작하거나 분석하는 행위도 넓은 의미의 인문학 글쓰기로 파악하는 표현인문학[12]이 바로 그것이다. 전산인문학과 표현인문학에 따르면 디지털콘텐츠는 인문학의 새로운 영역이 된다.

그런데 전산인문학과 표현인문학이 논의되고 있는 시점에 이미 역사학은 디지털콘텐츠를 만나고 있었다. 1995년에 『CD-ROM 국역 조선왕조실록』이 출현하여 역사학자들은 이를 활용해서 조선시대 역사를 연구하고 있었고, 인문학자는 물론이고 사회과학자, 자연과학자, 일반 대중들까지 CD-ROM에서 필요한 자료를 쉽게 구하였다. 그리고 2000년에 들어 중앙정부 주도로 국가지식정보자원관리사업의 일환으로 한국역사정보통합시스템, 국가문화유산종합정보시스템이 추진되면서, 방대한 양의 역사 및 문화유산 관련 자료가 디지털콘텐츠로 전환되기 시작하였다. 또한 지역의 향토사 지식을 체계적으로 정리하여 인터넷을 통해 서비스하는 인터넷 향토지도 등장하였다.

전산인문학에서 가상현실(Virtual Reality) 체험이 역사학을 포함한 인문학의 연구와 교육에 혁명적인 변화를 가져올 것으로 전망할 때인 2000년도에 경기도는 이미 '경기도 역사문화체험 가상현실 시스템'을 구축하기 시작하였다. 가상현실은 실제 환경과 유사하게 만들어진 컴퓨터 모델 속에서 시각 · 청각 · 촉각 · 후각 · 미각 같은 감각들을 사이버 미디어를 통하여 체험하고 대화식으로 정보를 주고받는 기술을 말한다.

본 연구에서는 가상현실을 역사학의 새로운 영역으로 주목하고자

---

11) 조지형, 2002, 「정보화시대와 '열린' 인문학」, 『미국학논집』 32호, 25쪽.
12) 정대현 외, 앞의 책, 392쪽.

한다. 전통적인 역사학이 문자로 역사상을 표현하는데 반해, 가상현실
형태로 표현되는 역사학은 역사상을 문자와 2D · 사진 · 3D · 애니메이
션 · 동영상과 같은 이미지, 그리고 음향 및 음성과 같은 표현수단을
입체적으로 구사한 공간형태로 표현해주기 때문이다. 인간이 살고 있
는 곳이 평면이 아니라 입체적인 공간이기에, 가상현실이 종이 위에
기록된 역사상보다 역사적 실제 모습에 더 가깝게 표현될 수 있을
것이다.

가상현실은 1990년대 초부터 역사학 분야에서 이미 활용되고 있다.
문화재청이 문화재를 보수하거나 복원시 가상현실 기술을 도입해서
시행착오를 줄이고 있다. 역사스페셜과 같은 영상물에서 가상현실 기
법을 도입하여 시청자의 흥미를 불러일으키고 있음도 주지의 사실이
다.

본 연구는 역사와 문화유산을 주제로 하는 디지털콘텐츠, 그리고
가상현실을 분석한 논문이다.

디지털콘텐츠에 대한 역사학의 주요 연구성과를 살펴보면 다음과
같다.13) 역사학과 디지털콘텐츠에 관한 연구사는 김기덕의 정리가 자
세하며, 연구를 일별하는데 도움이 된다.14) 역사학의 정보화와 디지털
콘텐츠 일반을 다룬 연구로는 이태진과 오수창, 임영상의 연구가 있다.
이태진은 역사학자들이 정보화에 대해 소극적이던 2000년에 역사학자
들이 정보화에 적극적으로 대응할 것을 주장하였다.15) 오수창은 웹상

---

13) 여기서는 본 연구와 직접 관련된 연구성과만을 정리하였다. 역사학과 디지털콘텐츠에 관한
연구사 정리는 김기덕의 다음 논문이 자세하니 참고하기 바란다.
   김기덕, 2005, 「전통 역사학의 응용적 측면의 새로운 흐름-'인문정보학' · '영상역사학' ·
   '문화콘텐츠' 관련 성과를 중심으로-」, 『역사와 현실』 58.
   김기덕, 2006, 「자료의 힘과 역사적 상상력;역사학과 문화콘텐츠」, 『인문학과 문화콘텐츠』,
   다홀미디어.
14) 김기덕, 위의 논문 참조.

의 한국사 관련 디지털콘텐츠를 분석하고 한국사 관련 웹 사이트의 영어 번역 필요성을 제기하고, 한국사 영어 용어사전 편찬을 주장하였다.16) 임영상은 인문학과 문화콘텐츠학, 역사학과 문화콘텐츠학의 만남에 대해 소개하고 있다.17)

역사학 정보의 디지털콘텐츠화는 크게 세 방향으로 진행되었다. 첫째, 자료를 데이터베이스화해서 디지털콘텐츠화한 것, 둘째, 역사연구 성과를 디지털콘텐츠화한 것, 셋째, 역사학 연구성과를 재가공해서 디지털콘텐츠화한 것이 그것이다.

자료를 디지털콘텐츠화한 것에 대한 연구로는 『CD-ROM 국역 조선왕조실록』 개발에 직접 참여한 이남희의 연구가 있다. 이남희는 한국사 자료 전산화에 대한 일련의 연구를 통해 한국사 자료의 데이터베이스 구축 현황, 전산화 과정 및 전산화의 효용성을 밝혀 그것이 한국사 연구에 미치는 영향에 대해 언급하였다.18) 한상구는 한국 역사정보화 사업의 현황과 문제점을 분석하였다.19) 역사연구 성과를 디지털콘텐츠화 하는 것에 대한 연구로는 강진갑과 차선혜를 비롯한 경기지역사연

---

15) 이태진, 2001, 「정보화시대의 한국역사학」, 『역사학과 지식 정보사회』, 서울대출판부.

16) 오수창, 2002, 『역사콘텐츠의 실태와 개발방안에 대한 실무적 연구』, 인문사회연구회 · 한국교육개발원.

17) 임영상, 2004, 「역사학과 문화콘텐츠」, 『한신대학교 학술원 인문학연구소 5회 심포지엄 자료집 인문학과 문화콘텐츠』 ; 임영상, 2006, 「인문학과 문화콘텐츠」, 『문화예술』 2006년 4월호.

18) 이남희, 1997, 「전산화를 통해서 본 조선왕조실록: 서지학적 측면을 중심으로」, 『서지학연구』 13.
_____, 2000, 「조선시대 자료의 전산화 : 데이터베이스 구축의 현 단계와 과제」, 『조선시대사학보』 12.
_____, 2002, 「조선왕조실록 디지털화 과정과 방향」, 『청계사학』 16 · 17합집.
_____, 2003, 「『고려사』 디지털화의 방향과 과제」, 『청계사학』 18.
_____, 2003, 「디지털시대의 고문서정리 표준화」, 『고문서연구』 22.

19) 한상구, 2001, 「한국역사 정보화의 방향과 과제」, 『역사학과 지식 정보사회』.

구소 연구원의 연구를 들 수 있다. 강진갑은 1999년 지방자치단체가 편찬한 향토지를 디지털콘텐츠화 하여 인터넷을 통해 서비스 하는 '인터넷 향토지' 편찬의 필요성을 제기하였으며,[20] 경기지역사연구소는 경기·인천지역 지방자치단체 홈페이지에 수록된 역사관련 정보를 분석하여 지역사 관련 정보는 1990년대 말에 집중적으로 개설된 지방자치단체 홈페이지를 통해 주로 보급되고 있음을 밝히고, 지역사 연구자들이 자치단체 홈페이지 제작에 참여하여 지역사 연구 성과가 충분히 반영되는 시스템이 갖추어져야 함을 주장하였다.[21]

역사적 성과를 재가공하여 디지털콘텐츠화한 것에 대한 연구로는 김기덕의 영상역사학에 대한 일련의 성과가 있다. 김기덕은 영상역사학이라는 개념을 처음 제창하였고[22] 이후 영상역사학에 대해 많은 연구성과를 생산하고 있다.[23]

가상현실에 대한 연구로는 가상현실이 역사 교육의 유용한 수단이 될 것임을 제기한 조지형의 연구[24]와 가상현실로 구현된 역사상이 전통적인 역사상의 한계를 극복해 줄 것으로 평가한 김민제의 연구[25]가 있다. 역사학을 가상현실에 실제 적용한 사례로는 '경기도 역사문화 체험 가상현실 시스템'을 분석한 조관연과 전봉관의 연구가 있다. 조관

---

20) 강진갑, 1999, 「21세기 정보화시대 향토사학계의 변화 전망」, 제13회 한국향토사연구전국학술대회 발표논문집 ; 강진갑, 2000, 「21세기 정보화시대 '인터넷 향토지'편찬에 대하여」, 『향토사연구』 12.

21) 경기지역사연구소, 2000, 「인터넷으로 본 향토사-경기·인천을 중심으로」, 『향토사연구』 12.

22) 김기덕, 2000, 「정보화시대의 역사학 : '영상역사학'을 제창한다」, 『역사교육』 75.

23) 김기덕 외, 2002, 『우리 인문학과 영상』, 푸른역사 ; 김기덕, 2005, 『영상역사학』, 생각의나무.

24) 조지형, 앞의 글.

25) 김민제, 2001, 「역사학의 위기와 디지털 역사학」, 『한국교원대학 사회과학연구소 학술대회 발표자료』, http://www.hongik.ac.kr/~article/htm/김민제-디지털역사학.htm)[2006. 12. 30].

연은 '경기도 역사문화체험 가상현실 시스템'에 탑재된 콘텐츠 중 하나인 효 콘텐츠를 분석하였는데, 특히 제작 예산 구성에서 효 콘텐츠분야보다 기술분야에 더 많은 예산이 배정된 것은 정보사회의 콘텐츠 사업에서 나타나는 문제라고 지적하고 있다.[26] 전봉관은 '경기도 역사문화체험 가상현실 시스템'이 "지금까지 온 라인에서 구축된 뮤지엄 가운데가장 발달된 디지털 기술이 적용된 웹 뮤지엄"으로 평가하면서, 여러종류의 소프트웨어가 사용되어 이용자에게 불편을 주고 있다고 지적하고 있다.[27] 역사학의 디지털콘텐츠화 작업은 역사학자 단독으로 이루어지는 작업이 아니라 산학협력과 타 분야 학문과의 학제간 협동으로이루어지는 작업이다. 조관연과 전봉관의 연구는 다른 연구와는 디지털콘텐츠 제작 과정상의 문제와 기술 문제를 지적하였다는 점에서의의가 있다.

본 연구는 서론과 결론, 본론 3개장으로 구성되어 있다.

'2장 정보화시대 인문학과 역사학'에서는 2000년 전후 인문학의 위기를 둘러 싼 논의 과정에서 디지털콘텐츠를 인문학의 범주에 포함시키는논의가 있었음을 살펴보았다. 본 연구는 컴퓨터의 기능을 활용하여인문학 자료를 제작하거나 활용하는 학문인 전산인문학과 컴퓨터에수록된 콘텐츠를 제작하거나 분석하는 행위도 넓은 의미의 인문학글쓰기로 파악하는 표현인문학의 연구 성과를 받아들여, 디지털콘텐츠를 역사학의 새로운 영역에 포함시켰다. 아울러 역사학은 연구결과를발표하는 방법으로, 교육 자료로 디지털콘텐츠 중에서 가상현실을 주

26) 조관연, 2004, 「가상박물관과 문화인류학 :경기문화재단의 '효가상박물관'을 중심으로」, 『36차 한국문화인류학회 정기학술대회 발표문요지』(http://www.koanthro.or.kr/data/workshop (j-37).htm)[2006. 8. 13].
27) 전봉관, 2003, 「웹뮤지엄 스토리텔링의 개념과 영역」, 『디지털 스토리텔링』, 황금가지, 206쪽.

목해야 하며 역사학의 중요한 새로운 연구 영역이 되어야함을 지적하였다.

'3장 문화유산의 디지털콘텐츠화 양상'에서는 2000년을 전후하여 역사와 문화유산 관련 디지털콘텐츠가 본격적으로 제작되기 시작하였고, CD, 영상, 웹 사이트 형태로 만들어졌음을 살펴보았다. 역사 및 문화유산 관련 디지털콘텐츠화는 앞에서 서술한 바와 같이 첫째, 역사 및 문화유산 자료를 데이터베이스화한 것, 둘째, 역사 연구결과물을 디지털콘텐츠화한 것, 셋째, 문화유산 및 역사연구 성과를 재가공하여 디지털콘텐츠한 것 세 종류가 있다. 첫째 분야는 정부 주도의 국가지식정보자원 관리사업에서 이루어지고 있고, 둘째 분야는 지방자치단체에서 향토지를 편찬한 후 인터넷을 통해 서비스하는 것과 중앙정부가 추진하는 향토문화전자대전에서 이루어지고 있음을 밝혔다. 셋째 분야는 이제 시작 단계인데 이 중 가상현실이 대표적인 사례이며, 본 연구에서 집중적으로 다루고자 하는 주제이다.

'4장 문화유산 가상현실 구축 사례'에서는 한국문화유산 가상현실 제작 양상을 살펴본 후, '경기도 역사문화체험 가상현실 시스템(vrkg21.net)'을 사례로 연구하였다. '경기도 역사문화체험 가상현실 시스템'은 2000년부터 2003년까지 경기도와 경기문화재단이 경기도의 대표적인 문화유산인 남한산성, 화성, 전곡리 구석기유적, 회암사 등과 경기도 역사에서 중심적 가치를 지니는 실학과 효와 같은 역사 주제를 한국어·영어·일어·중국어 4개 국어로 제작하여 인터넷을 통해 서비스하는 디지털콘텐츠이다.

'경기도 역사문화체험 가상현실 시스템'을 사례 연구 대상으로 선정한 것은 지금까지 제작된 역사 주제 가상현실 중 이 시스템이 가장 풍부한 콘텐츠를 지닌 가상현실이며, 앞에서 살펴본 바와 같이 가장 발달된 디지털 기술이 적용되었기 때문이다.

인터넷상의 문화유산 가상현실 복원은 세 가지 유형으로 나눌 수 있다. 제1유형이 현존 문화유산을 가상현실로 구현하는 형태, 제2유형이 유적만 남은 문화유산을 소재로 나머지 문화유산의 전부 또는 일부를 복원하는 형태, 제3유형이 특정한 역사적 주제와 관련된 문화유산을 연결시켜 하나의 지식체계를 갖춘 가상현실로 복원하는 형태이다.

'경기도 역사문화체험 가상현실 시스템'은 이 세 가지 유형을 모두 갖추고 있다. 먼저 현재 있는 문화유산인 남한산성과 화성을 가상현실로 구현한 콘텐츠를 살펴보고, 이어 유적지만 남은 회암사지와 전곡리 구석기사회를 가상현실로 복원한 사례, 실학과 효라는 정신사 주제를 가상현실로 구축한 사례를 살펴보고자 한다. 각 사례별 제작 주제인 문화유산의 역사와 해당 문화유산이 가상현실 제작 대상으로 선정된 배경을 살펴본 후, 해당 문화유산 콘텐츠의 가상현실 구성 내용을 살피고 분석하고자 한다.

본 연구가 가지는 가장 큰 의미는 가상현실과 역사학과의 관련에 대해 이론적 차원에서 전망한 글은 몇 편이 있었으나, 이를 실제 가상현실로 제작한 사례를 통해 본격적으로 분석하였다는데 있다.

그러나 본 연구에서 분석한 '경기도 역사문화체험 가상현실 시스템'은 가상현실의 역사학에서는 초기 제작 사례가 될 것이다. 현재 자연과학계에서 가상현실과 관련한 연구가 활발하게 진행되고 있다. 향후 가상현실은 역사연구의 중요한 발표 수단이 될 것이고, 역사교육의 중심적인 자료로 활용될 것으로 전망된다.

| 제2장 | 정보화시대의 인문학과 역사학

제1절 | 정보화시대의 인문학 :
인문학위기 논쟁과 영역 확장

21세는 정보화시대이며, 정보화시대는 정보가 디지털콘텐츠화 하면서 시작되었다. 그런데 디지털콘텐츠가 이미지와 결합하면서 인간의 의사 전달 매체가 문자 중심에서 이미지 중심으로 전환하였다. 매체의 변화는 문자를 기반으로 성립된 역사학을 포함한 인문학의 위기를 초래하였다.

최근 다시 인문학의 위기가 재론[28]되고 있으나, 한국학계에서 인문

---

28) 2006년 9월 15일 고려대학교 문과대 교수 121명 전원이 인문학의 위기 타개를 촉구하는 '인문학 선언'을 발표하였다. 그리고 2006년 9월 26 · 27일 양일간 한국학술진흥재단과 전국 인문대학장단 공동으로 이화여대에서 '열림과 소통으로서의 인문학'을 주제로 '인문주간 학술제'가 개최되었다. 임영상은 인문학위기가 재론되는 시점에서 전통인문학이 활력을 얻기 위해서는 응용인문학 분야가 적극 장려되어야 함을 지적하였다(임영상, 「왜? 다시 '인문학의 위기' 인가」, 『한겨레신문』 2006년 9월 22일자).

학의 위기에 대한 논의는 이미 1990년대 후반부터 이루어졌다. 이 시기 논의 중 대표적인 것으로 조지형의 논고[29]를 들 수 있다. 조지형은 당시 학계에서 인문학의 위기를 초래한 요인으로 인문 전공학생의 수적 감소, 인문 교과목의 인기 하락, 구태의연한 교육방식, 지식습득 위주의 직업교육 중심의 교과과정, 전공 안주주의와 분과학문체계뿐만 아니라 인문학을 위한 대학 정책의 부재 등을 거론한데 대해[30] 비판적 입장을 취하였다. 인문학위기 원인으로 지적된 요인들은 사실 '위기'와 서로 영향을 주고받으면서 함께 진행되어 온 것들로서 인과관계라기보다는 다중적이며 다층적인 관계망에 얽혀 있는 것이며, 인문학의 위기는 결과가 아니라 과정이라는 것이다. 그 과정에서 여러 가능성이 펼쳐지기도 하고 접혀지기도 하는데, 이 중 가능성이 펼쳐지는 부문이 인문학에 하나의 새로운 기회를 제공할 것으로 보고 그 방향을 제시하려고 하였다.[31]

이를 위해 먼저 인문학의 정보화 환경을 살펴보고 제도적 인문학이 '열린' 학문으로 변화하는 과정을 검토하였다. 그는 정보화와 가장 밀접하게 변화하면서 등장하고 있는 다학제적 인문학 분야로 전산인문학을 제시하였다. 그에 따르면 "전산인문학이란 컴퓨터의 전산적 기능 등을 활용하여 인문학 자료를 제작하거나 이를 검토하는 학문분야이다."[32] 이러한 전산인문학이 주목되는 것은 '컴퓨터기반 영상환경(CAVE)' 혹은 이와 유사한 가상현실 체험실을 통해 인문학 연구 및 교육에 혁명적인 변화를 가져올 것으로 전망했기 때문이다. 예를 들어 고대 그리스

---

29) 조지형, 2002, 「정보화시대와 '열린' 인문학」, 『미국학논집』 32호.
30) 박거용, 1998, 「한국 인문학 정책-연구지원과 그 평가를 중심으로-」, 『현대사회 인문학의 위기와 전망』, 69~87쪽.
31) 조지형, 앞의 글, 6~7쪽.
32) 조지형, 위의 글, 25쪽.

가상현실 영상체험실에 들어간 학생들은 아테네에서 소크라테스와 플라톤을 만나 철학을 이야기하는 총체적인 가상경험을 통해 체험적으로 다학제적인 인문학을 학습할 수 있다는 것이다.[33]

조지형은 "최근 들어 전산인문학보다 더욱 주목받고 있는 다학제적 인문학 분야가 문화연구 특히 영상문화학"이라고 한다. 그는 "이러한 영상문화학은 언어로서의 영상(이미지)을 기반으로 한 '새로운 인간'과 그 인간의 '새로운 환경과 경험'에 대한 인문학적인 성찰을 중심으로 한다"고 보았다. "특히 영상문화학은 디지털화된 가상공간"을 통해 "인간의 새로운 경험, 즉 가상경험에 주목한다"는 점에서 "보다 넓은 범주를 갖는 표현인문학의 한 분야'로 볼 수 있다고 하였다.[34]

결국 조지형은 "인문학의 '위기'에 직면하여 전통적 인문학의 대안을 찾으려는 태도나 새로운 세계를 허무주의적 세계로 바라보는 관점은 그 이면에 흑백논리식의 대립이나 반목의 '닫힌' 세계를 감추고 있다"고 비판하면서, "전산인문학이나 영상문화학 등이 전통적 인문학의 세계에 표현의 풍요를 가져다 줄 것이며 전통적인 인문학은 이해의 질서를 새로 마련하게 될 것"이라고 전망하였다. 나아가 "이러한 상생의 흐름 속에서 인문학은 미래를 축소하거나 억압하지 않으면서 현재화함으로써 인간과 인간경험, 그리고 인간다움의 더 많은 다양성과 가능성을 실험하는 '열린' 학문이 될 수 있을 것"으로 바라보았다.[35]

한편 정대현은 박이문·유종호·김치수·김주연·정덕애·이규성·최성만과 공동으로 5년간 인문학의 위기에 대해 연구한 후『표현인문학』[36]을 세상에 내놓았다. 여기서 모든 글쓰기는 '사람다움의 표현'

---

33) 조지형, 위의 글, 28~29쪽.
34) 조지형, 위의 글, 29~30쪽.
35) 조지형, 위의 글, 32쪽.
36) '표현인문학'이란 "일차적으로 문자, 그리고 이차적으로는 非文字를 포함하는 문화활동을

이므로, 모든 글쓰기는 인문적인 것이라 하였다. 그리고 인문학 글쓰기를 좁은 의미와 넓은 의미로 구분하고, 한국어와 같이 자연언어로 글쓰는 것이 좁은 의미의 글쓰기라고 하였다. 인간이 하는 모든 예술활동과 옷을 고르는 것과 같은 인간의 행위, 무엇을 만드는 행위도 글쓰기라 하며, 이러한 글쓰기가 넓은 의미의 글쓰기라 하였다. 즉 '사람다움의 모든 표현'을 글쓰기라고 보고 있다.[37]

전통적으로 언어는 자연언어 또는 논리적인 이상언어만을 지칭하였으나, 그 개념은 시대에 따라 부단히 확장되어 왔다.[38] 즉, 넓은 의미의 글쓰기는 언어개념의 확장에 따른 결과라고 할 수 있다. 따라서 이미지 시대에는 보다 "사람다움을 표현하는 다양한 표현매체와 표현활동"에 보다 주목하고자 한 것이 정대현 등의 입장이다. 그렇다면 자연언어 이외에 '사람다움을 표현'하는 다양한 언어가 언어로 받아들여지는 이유는 무엇인가? 예를 들어, 몸짓이나 표정이 신체언어라고 할 수 있는 것은 그 자체가 자연언어로 해석될 수 있는 구조를 가지고 있기 때문이다. 그런 점에서 "인간의 눈이 가닿는 모든 대상은 텍스트라는 언어의 일부로 전환되는 것이다. …… 그리하여 정보사회에서 교환되는 모든 것은 정보일 수 있으며, 이들은 언어이면서 동시에 누군가의 표현인 것이다. 컴퓨터에 의해 전달될 수 있는 어떠한 장르나 내용도 표현의 대상이 된다. 표현에 대한 새로운 이해는 표현의 변화의 양식인 것이다."[39]

통해 사람다움의 표현을 모색하는 노력"이라고 정의하였다(정대현 외, 2005, 『표현인문학』, 생각의 나무, 29쪽).

37) 정대현 외, 위의 책, 363~364쪽.

38) 정대현 외, 위의 책, 366쪽. 특히 391쪽에서는 언어는 "전통적으로 논리적 이상 언어만이 진정한 언어"였기에, "플라톤의 이데아의 언어만이 실재의 언어"로 인정되었으나, 이제 "한국어, 영어 같은 자연 언어만이 아니라, 아인슈타인의 상대성 이론 같은 이론 언어"도 언어에 포함된다며, 언어의 개념이 확장되는 사례를 언급하고 있다.

『표현인문학』의 넓은 의미의 글쓰기는, 오늘날 이미지시대에 정보의 많은 양이 영상으로 구성되어 있음을 주목한다. 영상도 일종의 언어이지만, 영상언어는 일상언어와 다른 특징을 지닌 것으로 이해하고 있다. 즉, 영상언어는 현실을 포함하지만, 현실 자체는 아니다. 그러므로 영상언어는 상상력을 발휘할 수 있는 공간이자, 현실을 확장한 또 하나의 공간이다. 따라서 영상언어는 함축적이므로 다양한 해석이 가능하다.[40]

본 연구는 조지형과 정대현 등의 연구 결과를 적극 받아들이고자한다. 정대현 등이『표현인문학』에서 서술한 언어 개념의 확장에 기반한 넓은 의미의 글쓰기에는 예술활동이나 영상도 포함되어 있다. 이개념에 의하면 자연언어·신체언어·이론언어 뿐만 아니라, 본 연구에서 논의하고자 하는 컴퓨터나 웹(web)상에 표현되는 문자, 그리고 2D·3D·애니메이션·동영상·가상현실(virtual reality) 등의 이미지가 모두가 넓은 의미의 인문학적 글쓰기의 범위에 포함된다.

디지털콘텐츠는 문자·2D이미지·3D이미지·영상언어 등 모든 것을 하나의 언어체계로 표현하고 있다. 이러한 의미에서 디지털콘텐츠는 통합 매체이다.[41] 디지털콘텐츠가 통합매체라는 것은 인문학자에게 이미지시대가 인문학의 위기가 아니라 오히려 표현방식을 다양하게해주고 글쓰기 방식을 확장해 주고 있음을 의미하는 것이다.

특히 조지형이 다학제적 인문학 분야로 제시한 전산인문학에서 가상현실 체험실을 통해 인문학 연구 및 교육에 혁명적인 변화를 가져올것으로 전망한 부분을 주목하고자 한다. 가상현실이 인문학의 대상임

---

39) 정대현 외, 위의 책, 392쪽.
40) 정대현 외, 위의 책, 367~368쪽.
41) 정대현 외, 위의 책, 370쪽.

은 물론이고, 인문학에 혁명적인 변화를 초래할 것으로 보았기 때문이다.

<h2>제2절 │ 정보화시대의 역사학</h2>

1. 디지털콘텐츠와 역사학

앞에서 살펴본 바처럼 1990년대 후반 인문학계가 정보화와 이미지시대로의 전환이 역사학을 포함한 인문학에 위기를 가져올 것인가? 기회가 될 것인가에 대해 논쟁하고, 조지형과 정대현 등이 전산인문학과 표현인문학 개념을 통해 디지털콘텐츠가 인문학 대상임을 논의하고 있을 때, 정부와 기업 주도로 디지털콘텐츠는 역사학을 만나고 있었다.

1995년에『CD-ROM 국역 조선왕조실록』이 출현하였고, 1999년 지방자치단체에서 발행한 향토지 수록 내용이 디지털콘텐츠화하여 인터넷을 통해 서비스되었다.[42] 그리고 2000년부터 정부 주도로 국가지식정보자원관리사업이 추진되면서 방대한 역사 자료 디지털콘텐츠로 전환되기 시작하였다. 『CD-ROM 국역 조선왕조실록』은 서울시스템이라는 기업이 하나의 상품으로 제작한 것이고, 향토지의 인터넷 탑재는 지방자치단체가 실행한 것이며, 국가지식정보자원관리사업은 중앙정부 주도로 시작된 것이다.

역사학과 디지털콘텐츠의 결합은 다양한 형태로 이루어지고 있다.

---

42) 1987년 발간된『고양군지』는 1999년 고양시청 홈페이지(http://city.koyang.kyonggi.kr [1999.11.10])를 통해 서비스되었다.

앞에서 살펴본 바처럼 첫째, 역사 자료가 데이터베이스화하는 형태, 둘째, 역사 연구 결과가 디지털콘텐츠화하는 형태, 셋째, 역사 연구 성과가 재가공 되어 디지털콘텐츠화하는 형태 세 가지이다. 첫째 형태는 정부 주도의 국가지식정보자원관리사업에서 이루어지고 있다. 한국의 대표적인 역사자료 웹 사이트인 역사정보통합시스템과 문화유산의 대표적인 웹사이트인 국가문화유산종합정보시스템도 이 사업의 일환으로 이루어지고 있다. 둘째 형태는 지방자치단체에서 향토지를 편찬한 후 인터넷을 통해 서비스하는 것과 한국학중앙연구원이 추진하는 향토문화전자대전에서 이루어지고 있다. 셋째 분야는 이제 시작 단계인데 이 중 가상현실이 대표적인 사례이다.

역사학의 디지털콘텐츠화 사업이 역사학에 미치는 영향은 매우 크다. 현재 역사학자들은 디지털콘텐츠화된 정보를 통해 역사자료를 검색하고, 연구 성과를 검색하고 있다. 그런데 역사학의 디지털콘텐츠화 작업이 정부와 기업 주도로 시작되고, 디지털콘텐츠화 작업이 활발히 진행되는 현 시점에도 일부 역사학자들이 디지털콘텐츠 생산의 주역이 되기보다 생산물의 소비자에 머무르려는 입장을 취하고 있는 것은 역사학의 발전을 위해 바람직하지 않다고 생각된다.

역사학의 디지털콘텐츠화는 지금까지 역사학의 영역이 아니었던 분야를 역사학 영역에 포함시킬 것을 요구하고 있고, 이를 위한 새로운 방법론 개발이 요구되고 있다.

전통적인 역사학에서 역사학자의 작업은 개인 단위로 이루어졌다. 예외는 있지만 대부분의 역사학자는 스스로 연구주제를 정하고 혼자서 사료를 찾아 분석하여 그 결과를 개인의 이름으로 발표하였다. 역사학자는 사료와 연구서만 있으면 단독으로 연구를 수행할 수 있었다. 사료 조사 편찬 작업도 관련 기관에서 공동으로 이루어졌으나, 작업 과정은 개인이 분담하여 자신이 맡은 작업을 진행하는 형태였다.

 그런데 역사학이 디지털콘텐츠와 만나면서 역사학자에게 전통적인 방식이 아닌 다른 형태의 작업 방식이 요구되었다. 역사학의 디지털콘텐츠화가 정부와 기업 주도로 이루어졌다는 것은 그것이 하나의 프로젝트 형태로 진행됨을 의미한다. 물론 이전 역사연구 작업도 프로젝트로 이루어지기는 하였으나 그 역시 공동 연구주제를 개인이 분담하여 연구하거나, 집단적인 연구를 통해 집단의 이름으로 발표하는 정도였다. 그러나 디지털콘텐츠화 작업은 대부분 인문학과 기술의 만남이고, 인문학자와 기술자가 만나서 진행하는 산학협력사업이다. 아울러 여러 학문분야의 학자들과 공동으로 진행하는 학제간 협동사업이다.

 인문분야와 기술분야는 관심 영역과 문제에 대한 접근 방법이 서로 다르기에, 긴밀한 협의와 협력이 요구된다. 이 경우 양쪽을 모두 이해하고 조정할 수 있는 기획자의 역할이 매우 중요한데, 이 기획자에게 요구되는 것은 인문학적 지식을 바탕으로 기술을 이해하는 능력이다. 훌륭한 디지털콘텐츠의 생산은 디지털 정보가 가지는 기술적인 특징을 이해하지 않고는 불가능하기 때문이다.

 이러한 요구에 부응하여 새롭게 제기된 학문이 인문정보학이며, 이는 김현이 처음 제창하였다.[43] 김현은 "인문정보학은 문화와 기술을 아우르는 현대사회의 복합적 지식 수요에 부응하는 지식 정보의 계발을 목적으로, 전통적인 인문과학 분야의 지식과 정보 기술 사이의 학제적 소통 및 응용 방법에 대해 연구하는 학문"이라고 정의하고, "상호 이해를 필요로 하는 두 분야 사이의 가교 역할을 함으로써 인문 지식의

---

43) 김 현, 2001, 「인문정보학에 관한 구상」, 『민족문화연구』 35.
　　＿＿, 2002, 「디지털 정보시대의 인문학」, 『오늘의 동양사상』 7.
　　＿＿, 2003, 「인문콘텐츠를 위한 정보학 연구 추진방향」, 『인문콘텐츠』 창간호.

사회적 공유체계를 구축하고, 그 체계 안에서 훈련을 받은 인문학 전공자가 정보 전문가로서 정보화 사회에 진출할 수 있는 여건을 만드는 것이 이 학제적 활동의 목표"라고 하였다.[44] 이제 역사학은 사료 이해를 위해 한문을 공부하였듯이, 의미 있는 디지털콘텐츠를 생산하기 위해서는 인문정보학을 필요로 하고 있다.

앞에서 살펴보았듯이 문자보다 영상으로 대표되는 이미지가 의사표현의 주요 수단으로 변하고 있는 현 시점에서 영상에 대한 이해도 요구되고 있다. 앞에서 살펴본 바처럼 영상도 영상언어이기에 인문학적 글쓰기에 포함된다. 따라서 영상물을 제작하는 행위, 영상물을 분석하는 일 등 모든 것이 인문학적 글쓰기이다. 뿐만 아니라 2D · 3D 등 컴퓨터 웹상으로 구현되는 모든 표현 수단을 만들거나, 분석하는 것도 당연히 인문학적 글쓰기이다.[45]

역사학이 관심을 가지는 영상물은 기록물로서의 영상과 역사를 소재로 하는 영상물 두 가지가 있는데, 이들 영상물의 창출 및 활용을 탐구하는 학문이 영상역사학이다. 역사 다큐멘터리와 역사를 소재로 하는 영화, 그리고 TV 드라마 사극이다. 이들 영상물의 창출 및 활용을 탐구하는 학문이 영상역사학이다. 기록물로서의 영상물은 현장에서 생산되는 1차 사료적 의미를 가지는 생애사 인터뷰, 구술자료, 민속 등을 기록한 영상물과 다큐멘터리를 말한다. 역사를 소재로 하는 영상물은 역사와 관련되어 있는 내용을 재가공한 영상물로 역사 영화와 드라마가 여기에 포함된다.

재가공된 영상역사물은 역사학 관점에서 역사적 사실과 상상력이

---

44) 김현, 2006, 「문화콘텐츠와 인문정보학」, 『인문학과 문화콘텐츠』, 다홀미디어, 75쪽.
45) 김기덕, 2006, 「자료의 힘과 역사적 상상력 : 역사학과 문화콘텐츠」, 『인문학과 문화콘텐츠』, 61~62쪽.

문제가 된다. 역사학의 목표가 역사적 진실을 찾는 것인데, 재가공한 영상역사물에는 당연히 제작자나 이를 다루는 사람의 주관이 포함된다. 물론 이러한 측면들은 역사가가 사료를 해석하는 과정에서 자신의 주관이 들어간다는 점에서 유사한 측면이 있다. 그러나 역사학에서 사료가 논리적 추론과정을 거쳐 역사상과 사회상으로 전환하는 것에 비하여, 영상역사물에서는 이러한 사료의 간극을 주로 작가적 상상력 또는 문학적 상상력이라는 틀로 메우고 있다.[46] TV 사극과 같은 역사를 소재로 하는 영상물에서 작가적 상상력을 어디까지 허용할 수 있는가가 문제이다.

김기덕은 "영상역사물의 목표는 폭넓게 공감되고 올바른 메시지를 전달하는 역사적 진실을 제시하는 것"으로 보았다.[47] 그러므로 사극이라고 할 때는 '역사적 사실'과 이를 바탕으로 하는 한정된 또는 역사적 상상력을 전제로 한 '작가적 상상력'만을 허용해야 한다고 보았다.[48] 그러나 영상역사물은 예술의 한 장르이며, 예술 창작에서 가장 존중되어야 할 부분이 상상력의 발휘이므로, 역사를 소재로 한 영상물이라고 역사적 고증과 역사적 진실을 추구할 것을 요구하는 것은 곤란하다고 생각된다.

웹상에 구현되는 이미지 중 역사를 주제로 하는 가상현실은 작가적 상상력이 발휘될 여지가 별로 없다. 현재의 기술수준으로는 인터넷에서의 원활한 구동을 위해 콘텐츠의 용량이 제한받고 있기 때문이다. 그리고 현재 가상현실 제작 내용도 역사적 자료를 충실히 복원하거나, 역사적 사실을 재구성한다 하더라도 비교적 단순한 수준으로 구성되기

---

46) 김기덕, 위의 글, 62~63쪽.
47) 김기덕, 위의 글, 64쪽.
48) 김기덕, 위의 글, 63~65쪽.

때문이다. 이 말은 웹상으로 구현되는 영상물을 포함한 이미지는 자료
에 충실하고, 상상력을 발휘한다 하더라도 역사적 상상력을 발휘하여
제작된다는 것을 의미한다.

2. 가상현실과 역사학

본 연구에서는 가상현실을 역사학의 새로운 영역으로 주목하고자
한다. 전통적인 역사학은 역사상을 문자로 표현하는데 반해 가상현실
은 입체적인 공간 형태로 역사상을 표현해 준다. 가상현실은 문자를
통해 역사적 상황을 설명해 줌과 동시에 2D사진·3D·애니메이션·동
영상과 같은 이미지, 그리고 음향·음성 등 다양한 수단을 구사하여
역사상을 재구성 할 수 있다. 인간이 살고 있는 곳은 평면이 아니라
입체적인 공간이다. 그러므로 입체적인 공간을 구현하는 가상현실이
문자로만 서술된 역사상보다 실제 인간이 사는 모습을 훨씬 현실감
있게 표현해 줄 수 있을 것이다. 미술 작품을 설명할 때 문자로만 설명하
는 경우, 사진과 함께 설명하는 경우, 동영상과 함께 설명하는 세 가지
경우를 놓고 어느 것이 미술작품을 정확하게 설명하고 이해하게 해
주는가를 비교해 보면 답은 자명한 것이다.

1) 가상현실의 개념

가상현실은 실제 환경과 유사하게 만들어진 컴퓨터 모델 속에서
시각, 청각, 촉각, 후각, 미각 같은 감각들을 사이버 미디어를 통하여
체험하고 대화식으로 정보를 주고받는 기술을 말한다. 가상현실이란
용어는 1970년대 중반 'video space' 개념을 창안한 마이언 크루거
(Myron Krueger) 박사에 의해 만들어졌다. 그 후 아이폰(eyephone)과

데이터글로브(dataglove)라는 가상현실 장비를 개발한 미국 VPL 리서치사의 사장이던 제이론 래니어(Jaron Lanier)가 '컴퓨터에 의해 제작된 몰입적인 시각적 경험'을 '가상현실(VR : Virtual Reality)'이란 단어로 표현하면서 널리 알려졌다.[49]

가상현실은 다양한 정의가 가능하나 세 가지 요소가 갖추어져야 가상현실이라고 할 수 있다. 첫째, 가상공간 속으로 감각적 몰입이 되어야 하고, 둘째, 사용자가 가상공간 속으로 항해를 할 수 있으며, 셋째, 상호작용이 가능해야 한다.[50] 그리고 가상현실은 구현 형태에 따라 5가지 정도로 나눠지는데 몰입형(Immersive Type), 투사형(Projected Type), 시뮬레이터형, 증강형(Augmented Type), 데스크탑형(Desktop Type) 등이 있다.[51]

가상현실 제작 기술은 크게 이미지 기반 VR(Image-based VR)과 모델 VR(Model base VR) 두 가지가 있다. 전자는 대상물을 사진으로 촬영하여 보여주는 방법으로, 사용자가 일정 장소에 위치해서 주위 배경을 둘러보는 것과 같은 효과를 주는 기술인 Panorama VR과 물체는 가운데 두고 관찰자가 대상물의 표면을 돌려가면서 관찰할 수 있는 Object VR이 있다. 이미지 기반 VR은 공간과 공간을 이동하는 효과와 이동 중 특정 부분을 확대해서 보거나 축소해서 볼 수 있고, 사용자가 사물을

---

49) http://blog.naver.com/ararikim?Redirect=Log&logNo=70009602247[2006.11.3].

50) 박재희 외, 1998, 『가상현실 중장기 기술기획 연구』, 한국전자통신연구원
(http://agent.itfind.or.kr/Data2000/etri/98/RR98-KET04988/98-04988.htm[2006.5.10].
웹 사이트에 탑재된 연구 자료는 고정된 페이지가 기재된 자료와 기재되지 않은 자료 두 종류가 있다. 後者의 자료 를 인용할 경우 페이지를 기재하는 것은 의미가 없다. 왜냐하면 다운 받을 당시의 조건에 따라 페이지가 임의로 기재되기 때문이다. 본 논문에서는 後者의 자료를 인용할 경우 페이지를 기재하지 않고, 웹 사이트 명을 괄호 안에 부기하였다.

51) 박재희, 앞의 책(http://agent.itfind.or.kr/Data2000/etri/98/RR98-KET04988/98-04988.htm [2006.5.10]).

360도 돌려 볼 수도 있다.[52] Model VR은 'Web 3D'[53]라고 불리기도 하며, 사물이나 사람을 modeling 해서 실시간 rendering으로 가상의 공간을 표현하는 기법이다.

이러한 가상현실은 그동안 산업, 교육, 오락, 영상, 문화재 복원 분양 등 여러 분야에서 활용되었다. 산업분야에서 가장 널리 쓰이는 것은 CAD(Computer Aided Design)인데, CAD는 실시간으로 3D를 조작할 수 있어 단순한 기어부터 항공기 설계에까지 이용되고 있다. 항공기, 자동차 설계, 건축 설계 등에서 설계 단계에서 최종 완성된 제품과 건물 모습을 미리 체험할 수 있어 많은 시행착오를 줄일 수 있다. 그리고 항공기 · 기차 · 탱크 · 의료 · 선박 · 항공관제소 · 원자력통제센터 · 무기 등 다양한 분야의 교육에도 활용되고 있으며, 컴퓨터상의 오락게임은 대부분 가상현실을 이용한 것이다.[54]

분야별로 살펴보면 다음과 같다.[55]

① 건축 분야 : 건축은 가상현실 기술의 응용으로 많은 효과를 볼 수 있는 부문이다. 특히 가상현실 기술의 특징인 내비게이션(navigation)을 가장 잘 활용할 수 있다. 그 이유를 살펴보면, 첫째, 가상현실은 가상의 건축물에서 각 건자재가 잘 들어맞는지를 모형화해 볼 수 있고, 둘째, 건축물을 세우기 전 건축주나 설계자로 하여금 건축물 내부를 둘러보게 하여 만족스럽게 설계되었는지를

---

52) http://teda.kookmin.ac.kr/utocity/[2006.9.3].
53) 박소연 · 양종열, 2003, 「가상현실 기술을 이용한 문화재의 디지털 복원」, 『디자인학연구』, 51, 222~223쪽.
54) 강진갑, 2003, 「경기도 문화유산 가상현실 시스템 개발과 인문학자의 역할」, 『인문콘텐츠』 창간호, 106쪽.
55) 가상현실을 산업에 응용하는 것은 다음 2개의 자료를 주로 참조하여 작성하였다.
　　박재희, 앞의 책 (http://agent.itfind.or.kr/Data2000/etri/98/RR98-KET04988/98-04988.htm) [2006.5.10] ; http://teda.kookmin.ac.kr/utocity[2006.9.31.].

쉽게 파악할 수 있게 해 준다는 것이다. 현재 국내에서도 이 분야에는 비교적 많은 응용 사례가 있다.

② 항공기 설계 : 가상현실 기술을 항공기설계, 제작에 이용하고 있다.

③ 영상사업 및 방송 분야 : 특수영상기법 영화산업 분야는 VR의 상업화에 큰 부분을 차지하고 있다. 방송 쪽에서는 과학·기술·역사 등의 해설 프로그램에 가상현실 기법을 활용하고 있다. KBS 방송의 '역사 스페셜'은 가상현실 기법을 많이 활용한 예이다.[56]

④ 관광 분야 : 가상현실 기법이 상당히 많이 이용되고 있다. 멀리 떨어진 관광지를 가보지 않고 미리 체험한다거나, 휴가를 떠나기 전 여행지를 고르고, 여행지 숙박업체 홈페이지에서 가상현실로 구현된 시설을 둘러보고 예약하는 것은 이미 일반화되었다.

⑤ 게임과 오락 : 현재 가상현실은 수백 가지의 게임과 오락 기구에 응용되고 있다. 가상현실이 이 분야에 강점을 갖는 것은 종류의 다양성뿐만 아니라, 상대적으로 적은 비용과 낮은 단계의 기술수준만으로도 가상현실 응용이 가능하기 때문이다.

⑥ 스포츠 분야 : 스포츠 영역에서도 가상현실 이용이 확대되고 있다. 이미 조깅머신, 사이클링머신 등이 개발되어 있는데, 대부분 대형 스크린 상에서 사용자가 움직이는 방향과 속도에 따라 경치가 바뀌는 상황을 묘사하고 있다. 이 분야에서의 핵심은 실내에서 실제와 비슷한 가상환경을 만들어 체험할 수 있는 시스템의 개발이다. 가상 사이클링, 가상 스키는 개방형 가상현실 기술을 이용하여 개발이 충분히 가능하다. 예를 들어 가상 하이사이클링 시스템은 실내에서 HMD를 착용한 채 실제 자전거를 타고 가상환경을

---

56) 정종목, 2000, 『역사스페셜』, 효형출판.

여행하거나 코스를 지나는 훈련을 체험할 수 있다.[57] 운동선수들의 훈련이나 자세·동작 교정 등에 이용할 수 있다.

⑦ 예술분야 : 연극이나 영화의 시나리오를 가상현실을 이용해 입체적으로 작성할 수 있을 것이다. 또한 가상현실을 미술 등의 창작을 위한 도구로 사용할 수도 있다. 가상현실 예술은 미디어 개념이며, 동시에 기술로서 존재한다.

⑧ 과학기술 분야 : 과학적 사실의 시각화 혹은 시뮬레이션 세포나 우주와 같은 미세 또는 거대 세계를 상호작용하며 볼 수 있도록 하는 다양한 프로그램들이 개발되어 사용되고 있다.

⑨ 교육 분야 : 가상현실 응용교육의 선구는 군사 분야였으나 최근에는 일반 교육·훈련에도 많이 적용되고 있다. 국내의 항공사도 항공기 조종시뮬레이터를 이용한 비행훈련 프로그램을 개발해 운용하고 있다.

⑩ 국방분야 : 현재 전투기조종사나 탱크운전병들의 훈련 과정 등에 시뮬레이터가 사용되고 있으며, 그밖에 개인 화기의 조작을 이용한 전투능력 배양 등에 이용되고 있거나 될 것으로 보인다. 무기개발에도 활용되고 있으며, 군인들이 가상의 환경 하에서 모의 전투를 수행할 수 있도록 도와 준다.

⑪ 의료분야 : 진단과 임상치료 부문에 모두 사용되고 있다. 의사는 가상현실 기기를 이용해 환자의 체내를 탐색할 수 있어 의료진단에 큰 도움을 받을 수 있을 것이다. 제약 설계자는 이미 약의 분자구조를 보기 위한 컴퓨터그래픽을 이용하고 있다. 이러한 분야에 가상현실을 이용할 경우 그 효과는 더욱 클 것으로 예상되고 있다. 가상현실을 이용한 수술훈련, 미세수술과 원격수술도

---

57) http://www.3digm.com/s102_10.htm[2006.12.20].

자주 논의되고 있으며 곧 실용화단계에 이르리라 보인다.

⑫ 유통분야 : 전자상거래는 이미 일반화되었으며, 인터넷에서 상품을 광고하고 판매하는 데 가상현실 기술이 서서히 사용되고 있다.

한국에 가상현실 기술이 처음 소개된 것이 1993년이며,[58] 이후 앞에서 살펴 본 각 분야에서 가상현실은 활발히 사용되고 있다.

2) 역사학의 새로운 영역으로서의 가상현실

가상현실이 역사 연구와 교육에 유용한 방법이 될 것임은 일찍부터 여러 학자들에 의해 제기되었다. 데이비드 트라우브(David C. Traub)는 "남북전쟁(또는 공룡의 멸망)처럼 복잡한 역사상의 사건은 영화를 사용하는 것보다 컴퓨터 시뮬레이션으로 표현하고 창조하는 것이 더 쉽고 간단할 것이다. '실제 사실인 것처럼 묘사하는' 표현은 정황과 윤리상의 문제를 야기할 수도 있지만, 역사적으로 발생한 일을 정확히 시뮬레이션 하는 능력은 교육적 설계목적에 부합하는 것이다. 학생들은 가상현실을 통해서 시뮬레이션으로 만들어진 역사의 현장에 직접 참여할 수 있다"며 가상현실이 역사 교육에서 유용한 수단임을 지적하고 있다.[59]

조지형은 "'컴퓨터기반 영상환경(CAVE)' 혹은 이와 유사한 가상현실 체험실을 통해 인문학 연구 및 교육에 혁명적인 변화를 가져 올 것"이다. "물론 컴퓨터기반 영상환경에 의한 인문학 연구와 교육은 구상 혹은 시작단계이긴 하지만, 이미 항공학이나 해양학에서는 초보적인 형태로

---

58) 박재희 외, 1998,『가상현실 중장기 기술기획 연구』, 한국전자통신연구원, 5쪽.
59) 데이비드 트라우브, 1994,「교육도구로서의 가상현실 : 가상환경에 있어서의 학습설계」,『가상현실과 사이버스페이스』, 세종대학교 출판부, 183쪽.

컴퓨터기반 영상환경이 이용되고 있다"며 가상현실 체험실은 실현 가능할 것으로 예견하였다. "학생들은 1519년 마틴 루터의 요한 에크(Johann Eck)와의 유명한 라이프찌히 토론을 직접 관람할 수도 있고, 소크라테스와 플라톤과 함께 아테네 회랑을 걸으며 철학을 이야기할 수도 있을 것이다. 고대 그리스 영상실험실을 들어갔다가 나온 학생들은 총체적인 가상경험을 통해 체험적으로 다학제적인 인문학을 학습할 수 있을 것"으로 전망하고 있다.(60)

김민제는 가상현실로 표현되는 역사학에 대한 평가는 대단히 긍정적이다. 김민제는 우선 "디지털화는 전통적인 책의 한계를 역사상 처음으로 극복했다. 이것은 500여 년 만에 나타난 실로 역사적인 사건이었다. 기존의 책은 텍스트와 사진만을 매체로 하여 독자들에게 정보를 제공했지만, 디지털화된 책은 텍스트, 음성, 사진, 그림, 동영상을 동시에 연결해줄 수 있다"고 설명하였다. 그리고 하이퍼텍스트를 사용하고 "하이퍼링크를 동반한 디지털 역사 자료는 인간이 만들어 낸 역사 형성의 상황을 좀더 올바르게 묘사해줄 수 있다. 더욱이 가까운 장래에 가상현실과 인공지능이 하이퍼텍스트화된 디지털 자료에 사용되면, 디지털 역사는 과거의 상황을 과거에는 상상할 수 없을 정도로 생생하고 좀더 실제 상황에 가깝게 재현해줄 것이다. 디지털 역사가 제대로 이루어지면 '총체적인 역사적 실제' 상황을 구현해 주어, 전통적인 역사 연구와 그 결과물이 가지고 있던 한계를 상당 부분에서 극복할 수 있다"며, 가상현실로 구현된 역사학이 이전 전통적 역사학보다 총체적이고 실제 역사적 상황에 가깝게 역사상을 구성해 줄 것으로 평가하였다.(61)

---

60) 조지형, 앞의 글, 28~29쪽.
61) 김민제, 2001, 「역사학의 위기와 디지털 역사학」, 『한국교원대학 사회과학연구소 학술대회 발표자료』(http://hongik.ac.kr/~mjkim/article/htm/김민제-디지털 역사학.htm)[2006.12.30].

　　현재의 가상현실 기술로도 역사적 상황을 문자·이미지·오디오를 통한 입체적인 구성이 가능하고 실제 이루어지고 있다. 전통적인 역사학과 가상현실을 통해 발표되는 역사학의 가장 중요한 차이는 표현이 평면적인가 입체적인가에 있지 않다. 전통적인 역사학의 연구 성과가 담긴 인쇄매체와 독자와의 정보유통 구조는 일방적이지만, 가상현실로 표현되는 역사학은 쌍방향 정보교류 구조라는데 있다. 물론 현재의 기술 수준으로는 가상현실 속의 역사적 인물과 이용자가 대화를 하는 것은 불가능하지만, 이용자가 입체적으로 구성된 가상 역사공간을 항해할 수 있으며, 닫힌 공간도 열고 들어가 볼 수 있고, 필요한 정보를 하이퍼링크를 통해 곧 바로 제공받을 수도 있다. 과학기술분야에서 가상현실에 대한 연구가 활발히 이루어지고 있으므로, 향후에는 가상현실 속에 구현된 역사상의 인물과 이용자가 역사적 사실을 두고 토론도 가능해질 것이다.

　　그렇다면 웹상에 구축되는 역사소재 이미지, 그 중에서도 가상현실 제작 시 지켜야 할 사항은 무엇인가? 가상현실 제작은 크게 네 단계로 이루어진다. 첫째, 자료조사 및 기획 단계이다. 가상현실 구성 대상을 선정하고 관련 역사자료를 수집하고 연구 성과를 정리하는 단계이다. 이 단계에서는 정보통신 기술수준을 감안한 적용 프로그램을 결정한다. 두 번째 단계는 구성 단계이다. 자료조사와 역사 연구 성과 정리를 바탕으로 시나리오를 작성하고 이 시나리오와 스토리보드를 작성한다. 스토리보드는 화면 속의 장소, 상황, 동작, 타이밍, 효과 등을 표시한 일종의 화면 설계도이다. 세 번째 단계는 작업 단계이다. 먼저 대상을 모델링(modeling)한 후, 가상현실 프로그램 작업을 하면 이 단계는 종료된다. 가상현실 프로그램 작업이란 이용자가 가상세계에 쉽게 다가갈 수 있도록 탐색 경로, 음향, 상호 작용 등이 가능하도록 프로그램을 구성하는 것을 말한다. 이 단계에서 제작되는 대상물에 대한 철저한 고증이 이루어져야 한다. 넷째 단계는 최종 점검 단계이다.[62] 이러한 작업 과정을 거쳐 가상현실이 완성된다.

가상현실 작업과정은 앞에서 살펴본 바처럼 산학협력, 학제간 협동에 의해 이루어지는 작업이고, 기획자에게 인문학적인 지식과 정보통신에 대한 이해가 요구되는 작업이다. 자료수집, 역사연구 성과가 철저히 정리되어야 하고, 구축물 이미지를 역사적 자료에 근거하거나, 자료가 남아 있지 않을시 대상물과 가장 가까운 사례를 찾아 복원해야 한다. 특히 시나리오 작성 시에도 역사적 상상력을 충분히 발휘하여 역사적 사실과 진실에 가깝게 제작해야 하나, 딱딱한 교훈적 역사물을 만들어서는 곤란하다. 웹상의 이미지 제작물은 재미가 있어야 하기 때문이다. 그러므로 재미와 역사적 진실을 동시에 구현하는 상상력과 연출력이 필요한 것이다. 웹상에 구축된 가상현실 분석 시 이러한 것들이 기본적인 분석틀이 될 수 있을 것이다.

---

62) 박소연과 양종열은 가상현실을 적용한 문화재 복원단계를 작업환경 결정, 시나리오 작업, 스토리보드 작업, 모델링 작업, 텍스트 표현 작업, 가상현실 프로그램 작업 단계로 구분하였다 (박소연 외, 2003, 「가상현실 기술을 이용한 문화재의 디지털 복원」, 『디자인학연구』 51, 224~226쪽). 필자는 이 연구 성과를 바탕으로 가상현실 제작 단계를 재구성하였다.

| 제3장 | **문화유산의 디지털콘텐츠화 양상**

제1절 | **문화유산 디지털콘텐츠 등장과 종류**

역사학자와 일반 대중이 한국사 자료의 디지털콘텐츠화가 가지는 영향력과 그 파급효과를 처음 느낀 것은 1995년에 출시된 『CD-ROM 국역 조선왕조실록』이었다. 『CD-ROM 국역 조선왕조실록』의 간행은 역사학자를 포함한 인문학자에게는 충격이었다. 당시 대학원에서 한국근대사를 전공하고 있던 필자에게 조선시대 전공자들이 장시간에 걸쳐 한자로 된 『조선왕조실록』을 한장 한장 넘기며 카드를 작성하고, 논문을 집필하는 모습은 수도승이 수도하는 모습처럼 비추어졌다.[63]

그런데 『CD-ROM 국역 조선왕조실록』이 간행되면서, 조선시대 연구

---

63) 1980년대 초 필자가 대학원 석사과정 재학시, 대학원 지도교수였던 한우근 박사는 강의 시간에 『조선왕조실록』을 평생에 걸쳐 카드화한 것을 무척 자랑스러워하였다. 모두 49권인 『조선왕조실록』 1권을 카드화하는데 한 학기가 소요되었다고 하였다. 이는 한우근 박사의 학문적 자산이었다.

자들이 『조선왕조실록』에서 필요한 자료를 찾는데 소요되는 시간은 이전과 비교되지 않을 정도로 단축되었으며, 논문 집필 속도도 훨씬 빨라졌다. 그리고 역사학자는 물론이고, 사회과학자와 일반인들도 『조선왕조실록』을 1차 자료로 활용하기 시작하였다. 1995년은 디지털콘텐츠에 대한 개념 자체가 출현하기 이전이므로, 역사학자들은 『CD-ROM 국역 조선왕조실록』간행으로 초래된 조선시대 연구와 관련된 여러 변화상에 대해 한국사 사료의 전산화가 주는 연구의 편리함 정도로만 이해했지만, 그것은 디지털콘텐츠 출현이 지식분야에서 초래할 혁명적인 변화의 예고편이었다.[64]

이후 역사와 문화유산 관련 지식정보의 디지털콘텐츠화는 빠른 속도로 진행되었다. 문화유산 디지털콘텐츠는 크게 세 가지 형태로 제공되는데, CD-ROM, 영상물, 웹사이트가 그것이다. 이전 출판물 형태와는 달리 디지털콘텐츠로 제공되는 정보는 문자와 사진은 물론이고, 음향·플래시 애니메이션·3D 모델링·동영상이 일부 또는 전부 결합된 멀티미디어 형태로 제공되고 있다.

우리의 문화유산이 디지털콘텐츠로 구현되는 방식을 CD-ROM, 영상물, 웹사이트 등 세 가지 유형으로 나누어 살펴보고자 한다.[65]

1. CD-ROM

먼저 역사와 문화유산 관련 CD-ROM 중 대표적인 것을 살펴보면

---

64) 강진갑, 2004, 「향토문화자원의 디지털콘텐츠 개발 현황과 과제」, 『한국향토사연구전국협의회 · 한국정신문화연구원 공동심포지엄 자료집 '한국향토문화전자대전 편찬작업, 어떻게할 것인가'』, 64쪽.
65) 강진갑, 위의 글, 65쪽 ; 이남희 외, 2002, 『지식정보화 관련 법령 분석과 인문학 진흥을위한 정책 제안 연구』, 인문사회연구회 · 한국교육개발연구원, 4~5쪽.

다음과 같다.

○ 『과천 향토사 CD-ROM』(과천향토사편찬위원회 · 과천문화원, 1993)

○ 『중요무형문화재 멀티미디어 데이터베이스 CD-ROM』(문화재관리국, 1994)

○ 『표점(標點) 원전 조선왕조실록 CD-ROM』(국사편찬위원회 · 서울시스템, 1994~2002)

○ 『국역 조선왕조실록 CD-ROM』(민족문화추진회 · 세종대왕기념사업회, 1995)

○ 『동의보감 CD-ROM』(여강출판사, 1995)

○ 『전국문화유적총람 데이터베이스 CD-ROM』(문화재청 국립문화재연구소, 1995~1997)

○ 『삼국사기 CD-ROM』(한국사사료연구소, 1996)

○ 『서울 600년사 CD-ROM』(서울특별시사편찬위원회, 1997~1998)

○ 『경기도 문화유산 CD-ROM』(경기도, 1998)

○ 『국역 고려사 CD-ROM』(북한 사회과학원 번역본, 1998)

○ 『국역 · 원전 고종순종실록 CD-ROM』(조선왕조실록연구회, 1998)

○ 『국역감교(國譯勘校) 삼국사기 CD-ROM』(한국정신문화연구원, 1999)

○ 『경기민요 CD-ROM』(경기도 · 경기문화재단, 1999)

○ 『신동의약보감 CD-ROM』(서울대 천연물과학연구소, 1999)

○ 『자료 현대경기도사(1982~1995) CD-ROM』(경기도사편찬위원회, 2000)

○ 『수원의 역사와 문화 CD-ROM』(수원시, 2000)

○『국역·원전 고려사 CD-ROM』(동아대학교, 2000)

○『국역 증보문헌비고 CD-ROM』(세종대왕기념사업회, 2000)

○『한국의 향토문화자원 CD-ROM』(전국문화원연합회, 2001)

○『경기도 역사문화체험 가상현실 시스템 CD-ROM 1, 2, 3』(경기도·
경기문화재단, 2001~2003)

○『수원 CD-ROM』(수원시, 2005)

이상에서와 같이 한국사 사료에서부터 국가문화유산에 이르기까지 다양한 주제와 분야에서 CD-ROM이 간행되어 왔다. CD-ROM의 유형은 『조선왕조실록』이나『전국문화유적총람』처럼 자료 자체를 데이터베이스화한 것이 있는가 하면,『과천향토사』와 같은 시군지 CD-ROM은 지역사와 문화유산 지식을 일정한 체계를 갖추어 수록·간행한 것들이다. 나아가『경기민요』나『경기도 역사문화체험 가상현실 시스템』등은 단순한 자료 축적이나 자료들의 결합 수준을 뛰어넘어 역사와 문화유산 지식을 콘텐츠에 맞게 가공한 CD-ROM들이다. 이처럼 별도의 콘텐츠를 구성해서 제작하기도 하지만, 여전히 많은 CD-ROM이 자료의 데이터베이스나 시군지 출판물을 CD-ROM에 그대로 다시 수록하여 발간하는 경우가 대부분이다. 한편 CD-ROM과 인터넷으로 동시에 서비스 하는 경우도 있는데,『서울 600년사 CD-ROM』과『경기도 역사문화체험 가상현실 시스템 CD-ROM』이 그 한 예이다.

2. 영상물

지금까지의 문화유산 디지털화가 주로 텍스트 위주의 데이터가 중심이었다면, 최근에 들어와 디지털 기술의 발전으로 화상정보·영상정보 · 3차원정보 등을 활용하는 디지털 멀티미디어 제작이 활발하게 이루어지고 있다. 이러한 멀티미디어 제작 형태로는 방송프로그램과 같은 동영상 · 6㎜ 영상물 · 구술자료 등의 음성 및 텍스트 자료, 그리고 그림이나 사진 자료들이 있을 수 있다.[66]

디지털 기술의 발달과 함께 문화유산을 포함한 다양한 국가의 지식 정보 자료들이 영상물로 제작되었다. 이를 살펴보면, 먼저 국립문화재연구소는 1995년부터 현재까지 기록화 사업의 일환으로 국가중요무형문화재를 비디오로 제작하고 있는데, 2005년까지 총 92개의 영상물이 제작되었다. 이중 인간문화재와 문화재애호기간행사를 담은 영상물을 제외하면 91개이다.[67] 영상물은 전통장 · 매듭장 · 배접장 · 소반장 · 한산모시짜기 등의 공예기술 종류와[68] 경주교동법주, 문배주, 조선왕조궁중음식의 음식제조, 그리고 전통연행의 여러 가지 종류를 포함하고 있다. 농악 · 춤 · 탈춤 · 굿 · 놀이 등 그 종류도 다양하다.[69] 국가중요무형문화재는 기록 영화로 제작됨과 동시에 책자로도 발간되었다.[70]

---

66) 김기덕 외, 2002, 『인문학관련 영상자료 실태조사 및 인문학 영상 아카이브 구축방안』, 인문사회연구회 · 한국교육개발연구원.

67) 국립문화재연구소 홈페이지 '중요무형문화재 기록화'(http://nricp.go.kr/kr/folk/assets/content4(0417)_1.jsp)[2006.7.1] 참조.

68) 제와장, 전통장, 매듭장, 배접장, 소반장, 옥장, 윤도장, 대목장, 자수장, 완초장, 사기장, 각자장, 탕건장, 목조각장, 화각장, 갓일, 단청장, 망건장, 금속활자장, 궁시장, 유기장, 명주짜기, 바디장, 염색장, 소목장, 나주샛골나이, 한산모시짜기, 채상장, 조각장, 염장주철장, 나전장, 악기장, 칠장, 백동연죽장 등이다.

69) 평택농악, 강릉농악, 예천통명농악, 임실필봉농악, 이리농악, 진주삼천포농악, 고성농요남도들노래가 있고, 태평무, 승무, 살풀이, 처용무, 봉산탈춤진주검무, 강령탈춤, 승전무, 학연화대합설무와 서울새남굿, 경기도도당굿, 남해안별신굿, 양주소놀이굿, 진도씻김굿, 동해안별신, 서해안배연신굿 및 대동굿, 안동 차전놀이, 양주별산대놀이, 남사당놀이, 고성오광대, 줄타기통영오광대, 북청사자놀음, 영산쇠머리대기, 은율탈춤, 동래야류, 수영야류, 발탈, 가산오광대, 강강술래, 밀양백중놀이, 진도다시래기, 광주칠석고싸움놀이, 영산줄다리기, 좌수영어방놀이, 송파산대놀이, 하회별신굿탈놀이, 석전대제, 강릉단오제, 은산별신제, 영산재 등이다.

70) 김덕묵, 2002, 「민속 연구에서 영상자료의 가치와 활용방안」, 『우리 인문학과 영상』, 푸른역

경기문화재단도 1999년 이후 경기도지정 무형문화재를 다큐멘터리로 제작하였다. '경기문화재발견'이라는 시리즈명이 붙은 비디오물인데 경인방송을 비롯한 여러 방송사를 통해 방영되었다. 안성 남사당놀이 풍물놀이, 양주 상여 회다지소리, 승무와 살풀이 춤, 선비문화의 꽃 벼루, 다시 살아나는 색 옻칠, 우리 배[한선(韓船)]이야기, 우리 술 부의주(浮蟻酒), 구리 갈매동 도당굿, 입사장, 김포 통진두레놀이, 단청장, 경기소리, 물에 담은 불 남한산성 소주, 천년의 꿈 한지, 선비문화의 풍류 송서율창, 예향 안성의 춤사위 향당무, 가슴으로 만드는 북소리 악기장, 쇠뿔에 담은 혼 화각장, 천년의 광채 나전칠기장, 바늘의 미학 자수장, 놋쇠에 거는 희망 방짜 유기장 등이 제작되었다.

영상물 비디오는 초기에는 비디오테이프 형태로 제공되었으나, 최근에는 CD 형태로 제작하여 보급하고 있다.[71] 그러나 영상물 제작의 전제조건인 기술적 진보와 확산이 최근에 와서야 이루어진 형편이므로, 제작 기관이 몇 군데에 한정되어 있으며, 물량도 그다지 많은 편은 아니다.

3. 웹 사이트

디지털콘텐츠가 다양한 형태로 제공되고 있으나, 인터넷 시대 디지털콘텐츠는 웹사이트가 중심이며, 최근에는 모든 디지털콘텐츠가 웹(Web)으로 통합되는 추세이다. 한국역사정보통합시스템에서 보듯이 데이터베이스(이후 DB)도 웹 기반으로 구축되고 있다. 인터넷 네트워크에 연결된 웹 사이트만 있으면 시공을 초월하여 검색 및 열람이

사, 79~83쪽.
71) 강진갑, 2004, 「향토문화자원의 디지털콘텐츠 개발 현황과 과제」, 앞의 책, 65~66쪽.

가능하기 때문이다.[72]

이들 웹 사이트 중에서 역사와 문화유산을 주제로 하는 경우는 상당히 많아, 그 수를 정확하게 파악하는 것은 불가능하다. 2006년 11월 17일 기준으로 야후 디렉토리에서 '역사' 디렉토리에 포함된 웹 사이트가 1,891개, '문화유산'이 2,257개인데,[73] 실제는 이보다 훨씬 많을 것으로 보인다.

1) 제작 및 운영주체에 따른 분류

문화유산과 한국역사를 주제로 한 디지털콘텐츠는 제작 및 운영주체에 따라 크게 정부 및 출연기관, 민간 기관 단체, 개인 세 부류로 나눌 수 있다.

중앙정부의 출연기관이 서비스하는 문화유산 관련 웹사이트는 모두 국가지식정보자원관리사업의 일환으로 제작된 것이다.[74] 먼저 정부 및 출연기관이 제작한 문화유산을 주제로 하는 대표적인 웹사이트를 살펴보면 다음과 같다.

'국가기록유산 웹사이트'[75]는 문화재청에서 유실 및 훼손되기 쉬운 국보와 보물로 지정된 국가지정 전적문화재(典籍文化財)를 원문 DB로 검색 및 활용할 수 있도록 서비스 시스템을 구축한 것이다. 다음은 '국가문화유산종합정보서비스'[76]인데, 문화관광부가 문화유산 관련 기

---

72) 정민 외, 2002, 『한 · 중 전통문화관련 디지털 인문콘텐츠 실태비교 및 수준향상 방안 연구』, 인문사회연구회 · 한국교육개발연구원, 3쪽.

73) 야후 디렉토리에 '문화유산'은 없으며, 유사한 개념의 디렉토리로 '문화재' '전통건축', '전통놀이'가 있다. 이 세 개의 디렉토리가 모두 '문화유산' 범주에 포함되므로, '문화재'와 '전통건축', '전통놀이'의 상위 디렉토리인 '전통예술 · 문화' 디렉토리로 분류된 웹 사이트 수를 '문화유산' 디렉토리 산정 기준으로 삼았다.

74) http://www.knowledge.go.kr/index.jsp[2006.11.1].

75) http://www.memorykorea.go.kr[2006.11.1].

관이나 단체에서 보유하고 있는 각종 문화유산 지식정보 DB를 구축하여 관리하고, 특화된 문화유산 콘텐츠로 제작한 것이다. 박물관 소장 문화유산에서 문양을 추출하여 데이터베이스화하고 이를 독창적이고 차별화된 디자인 소스로 서비스하기 위해 구축된 것이 '한국의 문양 웹사이트'77)이다. 다음으로 '국립문화재연구소웹사이트'78)는 문화재 학술조사연구를 통해 축적된 연구자료를 디지털화하여 영구보존하고, 학술연구에 활용할 수 있도록 서비스하고 있다.

그리고 국립중앙과학관이 국가자연사 관련 자료를 DB로 구축하여 서비스하는 '국가자연사 종합정보시스템',79) 한국한의학연구원이 한의학 분야 정보서비스시스템과 고문헌 DB를 구축하고 약재정보 멀티미디어 기술을 제공하는 '한의학 지식정보자원 웹서비스',80) 법제처가 한국 근대 법제도 도입 이후부터 대한민국 정부 수립 이전까지의 법령정보를 데이터베이스화한 근대법령 지식정보 DB구축사업 내용을 수록하고 있는 '법제처 종합법령정보센터',81) 국립중앙도서관의 '한국고전적종합목록시스템',82) 한국교육개발원의 도서실에 보유한 개화기 이후 교과서를 영구히 보존·관리하고 교육적·학술적으로 활용하기 위해 구축한 '사이버 교과서 박물관',83) 독립기념관이 항일유적지 정보·구술음성자료·도서·필름·신문기사 등 독립기념관 소장 자료를 DB화하여 인터넷을 통하여 이용자에게 서비스를 제공하는 한국독립운동

76) http://www.heritage.go.kr/index.jsp[2006.11.1].
77) http://www.pattern.go.kr[2006.11.1].
78) http://www.nrich.go.kr/kr/index.jsp[2006.11.1].
79) http://naris.science.go.kr[2006.11.1].
80) http://jisik.kiom.re.kr[2006.11.1].
81) http://www.klaw.go.kr[2006.11.1].
82) http://www.nl.go.kr/nl_classics/intro/intro.php[2006.11.1].
83) http://www.textlib.net[2006.11.1].

사 · 종합지식정보시스템을 수록하고 있는 '독립기념관 웹사이트',[84]
국사편찬위원회가 주관기관이 되어 서비스하는 '한국역사정보통합시
스템'[85] 등이 있다.

'한국역사정보통합시스템'은 경상대학교 문천각 · 국가보훈처 · 국
사편찬위원회 · 독립기념관 · 명지대학교 국제한국학연구소 · 민족문
화추진회 · 민주화운동기념사업회 · 서울대학교 규장각 · 성균관대학
교 존경각 · 전쟁기념사업회 · 한국국학진흥원 · 한국여성개발원 · 한
국학중앙연구원 등 13개 자료소장기관이 소장 역사자료를 데이터베이
스화한 것을 통합하여 서비스하는 웹 사이트이다.

이상의 웹사이트는 모두 국가지식정보자원관리사업에 의해 중앙정
부 또는 산하 출연기관에 의해서 제작된 것이다.

두 번째는 민간 영역에서 제작한 역사와 문화유산 관련 사이트로
학회 및 연구소 · 사립박물관 · 문화단체 · 동호회 등에서 제작 운영하
는 것이 있다.

학회 및 연구단체 웹사이트로는 한국고고학회[86] · 한국고대사학
회 · 한국상고사학회 · 한국미술사학회[87] · 한국고구려연구회 · 역사
학회[88] · 미술사연구회[89] · 한국근대미술사학회[90] · 사단법인 남명학
연구원 웹사이트[91] 등이 있다.

사립박물관의 경우는 국가문화유산종합정보서비스사업 중에서 전

84) http://www.i815.or.kr[2006.11.1].
85) http://www.koreanhistory.or.kr[2006.11.1].
86) http://www.kras.or.kr[2006.11.1].
87) http://www.korea-art.or.kr[2006.11.15].
88) http://www.kha.re.kr[2006.11.15].
89) misa.hongik.ac.kr[2006.11.15].
90) myhome.naver.com/geundaemisul[2006.11.15].
91) http://nammyung.org/new[2006.11.15].

국 박물관 웹사이트 설치사업 중에 하나로 지원을 받아 웹사이트를 개설하고 있다. 이 사업의 주요 목표는 전국 각지에 있는 국립박물관과 대학박물관 뿐만 아니라 각 사립박물관을 사이버상으로 웹상에서 연결하려는 것이다. 사이버박물관으로 연결되어 있는 박물관의 수는 2006년 현재 서울·인천·경기지역에 27개,[92] 강원도 지역 5개,[93] 대전·충남·충북이 10개,[94] 광주·전남·전북·제주도 지역 11개,[95] 경상도 19개로[96] 총 72개이다.[97] 이중 국립이 아닌 경우는 대체로 대학박물관이 중심이며, 경상도의 경우 하회탈박물관처럼 지역에서 지역성과 지역을 대표하는 문화재를 다루는 박물관인 경우가 대부분이다.

문화단체로는 전국문화원연합회 웹사이트가 있는데, 한국향토문화

---

92) 서울·인천·경기(27개) : 가톨릭전례박물관, 경기대학교박물관, 경희대학교중앙박물관, 국립민속박물관, 단국대학교 고고·역사분야, 단국대학교박물관 민속·복식분야, 덕성여자대학교박물관, 동국대학교박물관, 디아모레뮤지엄, 명지대학교박물관, 삼육대학교박물관, 상명대학교박물관, 서강대학교박물관, 서울교육사료관, 서울대학교의학박물관, 서울시립대학교박물관, 성균관대학교박물관, 성신여자대학교박물관, 숙명여자대학교박물관, 연세대학교박물관, 우리은행 은행사박물관, 육군박물관, 이화여자대학교 자연사박물관, 전쟁기념관, 조흥금융박물관, 지구촌민속박물관, 한국미술박물관.

93) 강원도(5개) : 관동대박물관, 국립춘천박물관, 삼척시립박물관, 원주시립박물관, 태백석탄박물관.

94) 대전·충남·충북(10개) : 국립공주박물관, 국립부여박물관, 국립청주박물관, 대전대학교박물관, 대전보건대박물관, 보령석탄박물관, 한국교원대박물관, 한남대학교자연사박물관, 한밭대교육박물관, 화폐박물관.

95) 광주·전남·전북·제주(11개) : 국립광주박물관, 국립전주박물관, 국립제주박물관, 군산대박물관, 목포자여삽가물관, 순천대학교박물관, 전북대학교박물관, 전주대박물관, 제주민속박물관, 조선대학교박물관, 팬아시아박물관.

96) 대구·경북·부산·울산·경남(19개) : 국립경주박물관, 국립김해박물관, 국립대구박물관, 국립진주박물관, 경북대학교박물관, 경상대학교박물관, 경주대학교박물관, 대가야왕릉전시관, 대구가톨릭대박물관, 대구대박물관, 대구한의대학교박물관, 동대박물관, 문경새재박물관, 문경석탄박물관, 부산대학교박물관, 부산복천박물관, 안동대학교박물관, 하회동탈박물관, 해군사관학교박물관.

97) 국가문화유산종합서비스(http://www.heritage.go.kr/index.jsp)[2006.12.1] 사이버 박물관.

자원, 지역축제, 전국향토문화공모전 수상논문이 수록되어 있다. 동호회가 개설한 웹 사이트로는 국립중앙박물관 강좌수강생을 중심으로 구성된 '국립중앙박물관회',98) 서울시 성동구청 직원 모임인 '우리문화유적답사회'99)와 신성여자중학교 문화재 동아리 웹사이트인 '제주문화재지킴이'100) 등이 있다.

개인이 제작하여 운영하는 웹사이트는 전문연구자와 교사, 그리고 일반인이 운영하는 것으로 나눌 수 있다.

전문연구자는 한국 역사 또는 고고학을 전공하는 대학 교수, 석사 또는 박사학위를 소지한 전문연구자, 기타 학계에서 인정받는 연구자들이 운영하는 웹사이트들이다. 이들은 주로 온라인 강의나 강의계획서를 올리는 용도로 활용하고 있으며, 연구자의 관심분야나 관련 자료를 공유하는 장으로서 사이트들을 사용하고 있다. 뿐만 아니라 이 사이트들은 게시판을 통해서 강의와 관련한 질문과 과제를 내주는 소통구조로 활용되고 있다.101)

교사는 중고등학교 교사가 운영하는 웹사이트가 대부분이고, 초등학교 교사가 운영하는 것은 상대적으로 적은 편이다. 이는 중등학교의 경우 전공과목이 있고, 초등학교의 교육은 그렇지 않은데서 기인하는 것으로 보인다. 일반인이 운영하는 웹사이트의 경우도 적지 않다.

최근에는 기존 홈페이지와 달리 컴퓨터 초보자도 쉽게 만들고 관리

---

98) http://www.museummembers.org/board4/index2.php[2006.12.1].

99) http://www.koreasurveyclub.com[2006.12.1].

100) http://www.shinseong.ms.kr/moon/[2006.12.1].

101) 홈페이지를 개설하고 있는 교수나 연구자는 강봉룡, 김민제, 김병준, 김상환, 김태식, 고석규, 고영진, 도진순, 박섭, 박순준, 박응수, 박종진, 박찬승, 박혁순, 박환, 신성곤, 신동하, 오수창, 유장근, 이기순, 이영석, 이종경, 장지연, 정해본, 차인배, 표교열, 한규철 등으로 많은 수의 교수와 전문연구자들이 원활한 수업을 위한 보조 수단으로 활용하고 있는 것을 볼 수 있다(한국역사연구회 홈페이지 참조).

할 수 있는 블로그[102)가 큰 인기를 얻고 있다. 블로그는 인터넷상에서 글과 사진, 그림 등을 자유롭게 올릴 수 있는 일기장 서비스를 뜻하는데, 이를 활용하여 문화재 관련 정보를 제공하고 있다.

블로그는 운영자의 취향에 따라 다양한 정보를 제공하고 있는데, 문화재 정보만을 제공하기도 하나 다른 정보와 함께 제공하는 것이 특징이다. '비밀의 비밀공간'[103)은 운영자가 제작한 문화재 정보는 없으나, '문화재 모듬 정보'라 하여 중요한 문화재 관련 웹 사이트를 링크할 수 있도록 서비스하고 있다. 그리고 인테리어 소품과 같은 일상적인 정보도 함께 제공하고 있다. 블로그에 많은 이용자가 접촉하기 때문에 웹사이트를 운영하는 개인과 단체, 정부기관이 별도로 블로그를 운영하기도 한다. 서울시가 운영하는 '천만상상 오아시스'[104)가 그 한 예이다.

2) 내용에 따른 분류

역사와 문화유산을 주제로 하는 웹사이트를 수록된 콘텐츠를 종류별로 분류하면 자료, 연구 성과물, 대중을 위해 가공된 콘텐츠, 교육관련 내용, 게시판 등 크게 다섯 가지로 나눌 수 있다.

자료는 무형문화재, 문헌을 포함한 유형문화재 등을 텍스트·사진·동영상 형태 등으로 제공되고 있다. 화면상으로 내용을 직접 확인할 수 있고, 검색도 가능하다. 이미지를 다운받거나 희귀 한자 등을 화면에 띄우기 위해서는 별도의 프로그램을 설치해야 하는 경우도 있지만,

---

102) 인터넷을 의미하는 웹(Web)과 일지를 뜻하는 로그(Log)의 합성어. 이런 점에서 처음엔 웹로그로 쓰였으나, 요즘엔 블로그로 통용된다. 1인 미디어 속성과 인터넷 커뮤니케이션 툴이라는 속성을 모두 갖고 있다(야후용어사전 http://kr.dic.yahoo.com)[2006.11.10].

103) http://kr.blog.yahoo.com/parah8977/79[2006.12.1].

104) http://blog.naver.com/seoulites?Redirect=Log&dogNo=30873536[2006.12.1].

대체로 파일 형태로 제공하여 이용자가 다운로드 받은 뒤 이용할 수 있도록 편의를 제공하고 있다. 연구성과물로는 연구자나 연구단체의 연구업적·목록·연구활동·연구성과 등이 제공되고 있다. 연구성과를 제공하는 형식은 두 가지인데 자료와 마찬가지로 텍스트 형태로 제공하거나 파일로 제공하기도 한다.

대중을 위해 가공된 콘텐츠로는 문화유산 및 역사학 연구성과를 바탕으로 시민·외국인·학생 등이 이용할 수 있도록 텍스트·이미지·동영상·애니메이션·가상현실 등 다양한 형태로 제공되고 있다. 교육 관련 내용은 대학 교수와 중·고등학교 교사가 운영하는 두 종류로 대별할 수 있다. 대학교수가 운영하는 웹사이트는 강의 계획과 강의 내용, 그리고 강의 진행에 필요한 보조자료를 제공한다. 반면, 교사들은 향토문화 등 특정 주제를 재가공하여 학생 이용자들에게 학습자료로 제공하고 있다. 마지막으로 게시판은 이용자가 질문하면 웹사이트 운영자가 답변하거나, 다른 이용자가 대신 답변하는 쌍방향 통신도구로서 인터넷의 특징을 드러내는 기능이다.[105]

다음으로 제작 주체에 따라 웹사이트에 수록된 콘텐츠는 어떤 것들이 있으며, 각각의 특징은 무엇인지 살펴보기로 한다.

정부 및 출연기관이 구축한 콘텐츠는 자료를 중심으로 다양한 콘텐츠를 구축하고 있다. 구축 초기에는 자료 중심으로 서비스하였으나 최근에 들어 연구성과와 가상현실과 같은 가공된 콘텐츠도 제공하고 있다. 그러나 아직까지는 자료 제공이 웹서비스의 중심을 이루고 있다. 게시판 기능도 활발한 편이나 구축된 콘텐츠가 각기 다른 프로그램으로 목록화되어 연계되지 못하는 단점을 가지고 있다. 이에 한국역사분야

---

105) 오수창, 2002, 『역사콘텐츠의 실태와 개발방안에 대한 실무적 연구』, 인문사회연구회·한국교육개발연구원, 6~8쪽.

종합정보센터를 지정하고 연계협의체를 구성하여 한국역사통합검색시스템을 구축하고 포털시스템을 개발하기에 이르렀다. 초기에는 검색목록이나 분류체계의 문제점, 이체자나 약자가 많은 한자의 경우는 제대로 검색되지 않는 등 다양한 문제점이 제기되었으나, 검색엔진의 지속적인 업그레이드로 최근에는 통합 검색은 물론이고 신출 한자까지도 검색이 가능하다.

정부 및 출연기관의 콘텐츠는 문화재 이미지와 텍스트·고문서·고도서 원본 및 번역본 등의 원사료를 텍스트와 이미지 형태로 가공하여 거대한 분량의 콘텐츠를 제공하고 있다. 이는 정부가 많은 예산을 투입한 국가지식정보자원관리사업의 일환으로 추진되었기 때문이다. 그런데 학자들 사이에서는 무차별적으로 원사료를 공개하는 데 대한 반대 견해도 있다.

민간이 제작 운영하는 웹사이트의 경우, 학회의 웹사이트들은 전체적으로 콘텐츠 구축에 별 관심이 없고, 학회소개 및 공지사항 중심으로 운영되고 있다. 연구성과를 파일이나 텍스트로 제공하는 것도 일부이며, 게시판 기능도 활성화되어 있지 않다. 민간연구소 및 연구단체 중 남명학연구원의 경우 자료와 연구 성과를 제공하는 등 많은 콘텐츠를 수록하고 있으며, 동호회의 경우 국립중앙박물관회는 답사 자료 및 학술강좌 내용을 텍스트로 서비스하고 사진도 제공하고 있으며 게시판도 운영하고 있다. 제주문화재지킴이도 제주지역 문화재 및 답사 자료를 충실히 수록하고 있다.

개인이 제작하여 운영하는 웹사이트의 경우, 전문연구자의 웹사이트는 대부분 대학 교수의 개인 사이트이다. 개인의 활동이 다양한 만큼 제공되는 콘텐츠도 다양하다. 연구성과를 파일이나 텍스트로 제공하고 있고, 이미지 자료를 제공하기도 한다. 교사들이 운영하는 웹사이트는 원자료로 제공되거나, 학계의 전문적인 연구성과를 제공하는 경우가 드물다.

3) 한국역사 콘텐츠 구축 현황

웹사이트 종류별로 한국역사 콘텐츠 구축 현황을 살펴보면, 운영 주체에 따라 콘텐츠의 활용 방식도 다르게 나타나고 있다. 이에 대한 오수창의 분석에 따르면, 전문연구자들이 콘텐츠를 가장 잘 활용하고 있으며, 역사학 자료소장 기관이나 연구소가 그 다음이라고 보았다. 교사나 동호회, 개인으로 내려올수록 원사료나 연구성과보다는 대중용 이미지와 텍스트 개설의 비중이 높다는 것을 알 수 있다.[106]

〈표 2〉 웹사이트 종류별 한국역사 콘텐츠 구축상황

콘텐츠 운영주체	분석 대상 사이트	사료 텍스트	사료 이미지	사료 파일	자료목록 해제	연구성과 소개	연구성과 화일	연구물 텍스트
1. 역사학 자료소장 및 연구기관	10	6	4	1	5	6	2	5
2. 학회	15					14	5	5
3. 공공기관 연구소, 연구팀	15		2		3	14	4	6
4. 민간 연구소, 연구단체	8		1	2		4	2	
5. 전문연구자	34	2	5	7	1	27	14	16
6. 교 사	10							
7. 동호회	19		4				6	1
8. 개 인	11							

---

106) 오수창, 2002, 『역사콘텐츠의 실태와 개발방안에 대한 실무적 연구』, 인문사회연구회
  · 한국교육개발연구원, 9~12쪽.

운영주체 \ 콘텐츠	분석대상사이트	대중용텍스트	대중용이미지	개설	게시판	질문답변기능	강의계획	강의콘텐츠
합 계	122		12	14	9	65	33	33
1. 역사학 자료소장 및 연구기관	10	1	3	5	5	2		
2. 학회	15	2	2		11	3		
3. 공공기관 연구소, 연구팀	15	1	1	2	10	2		
4. 민간 연구소, 연구단체	8	1	1	3	7	4	1	
5. 전문연구자	34	15	6	4	19	6	22	12
6. 교사	10	1	5	8	9	4	1	5
7. 동호회	19	4	5	6	16	11		
8. 개인	11	2	2	9	7	1		
합 계	122	27	25	37	84	33	24	17

출전 : 오수창, 2002, 『역사콘텐츠의 실태와 개발방안에 대한 실무적 연구』, 10쪽.

　역사 교사들의 사이트는 전국역사교사모임[107]을 통해 확인할 수 있다. 이 사이트에 등록되어 있는 교사들의 홈페이지는 현재 「김명수의 국사교실」,[108] 「김태훈의 역사교실」,[109] 「김한종의 역사와 역사교육」,[110] 「류형진의 역사에 대한 짧은 이해」,[111] 「박건호의 역사사랑」,[112] 「송영심의 역사교실」,[113] 「이영권의 제주역사이야기」,[114] 이자영의 「이선생의 역사만화」,[115] 「이창호의 역사교육」[116]이 등록되어 있다.

107) http://www.okht.njoyschool.net/club[2006.10.14].
108) http://kms4282.new21.org[2006.10.14].
109) http://user.chollian.net/~tongth[2006.10.14].
110) http://home.knue.ac.kr/~kimhj[2006.10.14].
111) http://www.sacho.pe.kr[2006.10.14].
112) http://guno.pe.kr[2006.10.14].
113) http://edusong.netian.com[2006.10.14].
114) http://jejuhistory.com[2006.10.14].

역사교사의 홈페이지는 편차가 상당히 심한 편이나 대체적으로 강의와 관련한 교재와 교실소식, 게시판이 중심이다.

「김명수의 국사교실」을 살펴보면 왼쪽 상단 메뉴바에 '알려드립니다', '교과서따라잡기', '사이버국사교실', '국사자료방', '세계사자료방', '읽기자료방', '유물자료방', '인물자료방', '수능실전문제', '교실속으로', '문화계소식방', '의견나눠요', '삶의여유를', '가족이야기', '추천사이트' 등으로 구성되어 있다. '교과서따라잡기'는 교과서 목차별로 강의안을 정리한 것이고, '사이버국사교실'은 한국사이해에 전반적으로 필요한 용어와 지도, 참고자료를 주제별로 구분한 것이다. '국사자료방'의 경우는 시험문제를 중심으로 요점을 정리해준 것이다. 자료방의 다른 것도 형태는 유사하다. 대체로 시험문제나 모의고사를 중심으로 충실하게 서비스 되고 있다.

「이영권의 제주역사이야기」는 상단 메뉴를 '기사모음', '시사칼럼', '책읽기 책일기', '학생과함께', '답사앨범', '제주역사와문화', '제주역사기행', '제주의인물', '연구논문', '역사에세이', '4·3교육자료' 등으로 분류하였다. 강의내용이나 교과교재를 중심으로 한 교사들의 사이트에 비해 화면 구성이나 콘텐츠가 지역 중심으로 구성된 것이 특징이다. 그러나 대부분의 역사교사 홈페이지는 강의와 관련한 교재와 교실소식, 게시판이 중심이다. 이는 콘텐츠 가공에 많은 공력이 투입되고, 개인이 구축하기에는 비용이나 시간면에서 어려움이 있기 때문이다.

비전문가가 개인적으로 운영하는 한국역사 관련 웹사이트는 많지만, 일정한 형식과 내용을 갖춘 콘텐츠는 많지 않다.[117] 앞서 오수창의

---

115) http://okht.njoyschool.net/club/service/cl_main.asp?gid=10028549[2006.10.14].

116) http://chang256.new21.net[2006.10.14].

117) ①자료소장기관의 경우에는 정부의 지원을 받아 고문서, 고도서 등 원자료를 텍스트와 이미지로 가공하여 거대한 분량의 콘텐츠를 구축하고 있으며, 주로 정보가 연구성과나 연구물,

분석표에서도 알 수 있듯이 개인의 경우는 사료 텍스트나 파일, 이미지나 연구 성과 등 전문적인 내용보다는 대중적인 내용이 주를 이루고 있다. 이는 개인의 의지와 노력만으로 웹사이트 구축이 어려운 환경을 대변하는 것이다.

이상에서 문화유산과 한국역사 관련 웹사이트를 제작 주체별, 콘텐츠 내용별로 나누어 살펴보았다. 제작 주체에 따라 웹사이트는 정부와 출연기관이 제작 운영하는 웹사이트와 민간 및 개인이 제작 운영하는 웹사이트로 나눌 수 있다. 전자가 후자에 비해 웹사이트 수는 훨씬 적으나, 콘텐츠의 양과 질은 비교가 되지 않을 정도로 방대하고 풍부하다. 이는 정부가 2000년부터 방대한 예산을 투입하여 국가지식정보자원관리사업을 추진하였기 때문이다.

민간이나 개인이 제작한 웹사이트는 다시 전문연구기관·공공연구소·민간연구소·전문연구자·교사·동호회·일반인 등으로 세분할 수 있다. 그러나 개인이 제작한 웹사이트라 하더라도 콘텐츠의 구성과 내용면에서는 차이가 나타났다. 즉 대학교수 등 전문연구자의 경우 이미지, 연구성과물 파일이나 텍스트가 주종을 이루는 데 비해 교사·동호회·개인의 경우는 주로 대중용 텍스트·대중용 이미지·개설·

사료이며, 대중용 텍스트나 답변 기능은 상대적으로 약한 것을 알 수 있다. ②학회의 경우는 대체로 콘텐츠 구축보다는 해당학회의 연구성과를 소개하는데 만족하고 있다. ③공공기관의 연구소, 연구팀은 그런대로 담당 업무에 따라 관련 자료를 가공하여 제공하고 있다. ④민간연구소의 경우 순수민간단체 임에도 원자료를 가공하여 제공하는 곳이 있으며, 다른 사례에 비해 질문이나 답변에 충실하다. ⑤전문연구자는 주로 대학교수의 개인사이트인 경우가 많다. 다양한 형태의 콘텐츠를 제공하고 있으나, 그 분량이 많은 것은 아니다. 대부분이 강의와 관련하여 강의계획이나 강의에 따른 자료 제공이 주이다. ⑥교사의 경우는 주로 한국사 통사 개설 내용을 학생들에게 학습자료로 제공하는 정도에 머물고 있으며, ⑦동호회는 특정 주제에 대한 공동적인 관심을 반영하고 있는데, 타 사이트에 비해 활발한 움직임을 보이고 있다. 그러나 역사인식 부분에 있어서 우려할 점이 발견되기도 한다. ⑧개인의 경우는 비전문가로서 웹사이트가 많지는 않다. 이는 비전문가가 개인의 노력만으로는 웹사이트 구축이 어려운 환경을 대변한다(오수창, 2002, 앞의 책, 8~12쪽).

게시판 기능이 활성화되어 있었다. 때문에 일반인이 제작한 웹사이트 자료들은 대부분 단편적이고 개인적인 것들이 많아 역사자료로서 의미 있는 데이터를 집적하기는 어려운 실정이다.

제2절 │ 정부의 국가지식정보자원관리사업

1. 「지식정보자원관리법」의 제정과 추진

2000년은 한국문화유산과 역사 관련 정보의 디지털콘텐츠화가 본격적으로 추진되기 시작한 해이다. 정부는 2000년에 「지식정보자원관리법」을 제정하고 이 법에 근거하여 지식정보자원관리사업을 추진하였다. 총 4장 16개 조문으로 구성된 「지식정보자원관리법」은 최종 법안의 제안 이유에서 알 수 있듯이 "21세기 지식기반 사회에서는 지식정보자원의 관리와 활용이 국가발전을 좌우할 것으로 전망됨에 따라 국가 또는 지방자치단체 등에 산재되어 있는 지식정보자원을 체계적으로 관리, 보존하기 위하여 지식정보자원관리위원회를 설치하고, 지식정보자원 관리계획을 별도로 지정하여 특별 관리하고 디지털화된 형태로 자료를 수집·활용하며, 지식정보자원에 대한 자유로운 접근과 이용을 보장"하기 위한 것이었다.[118)]

지식과 정보가 개인과 집단, 기업을 넘어 국가 차원에서 중요한 위상을 차지하는 최근의 추세에서 국가가 지식의 생산·유통·공유·활용

---

118) 이남희, 2002, 『지식정보화관련 법령 분석과 인문학 진흥을 위한 정책제안연구』, 인문사회연구회 · 한국교육개발원, 9쪽.

을 촉진하고자 하는 것은 당연하다고 하겠다. 미국·유럽·일본 등 이른바 선진국에서는 이미 1990년대 초부터 국가 차원에서 DB를 구축·확장하고 이를 연계하는 프로젝트를 추진해 오고 있다. 우리나라 역시 1990년대 후반 이후 정부와 공공기관을 중심으로 다양한 지식정보 데이터베이스가 구축되었으며, 지금도 진행 중에 있다. 「지식정보자원관리법」은 이러한 정보화사업의 법적 기반을 제공할 뿐 아니라 박차를 가하는 계기가 되었다.

「지식정보자원관리법」의 제정 목적은 제1조에서 명시하고 있듯이 "지식정보 자원의 관리 및 활용에 관한 사항을 규정해 지식정보 자원의 개발을 촉진하고 그 효용을 높여 지속적인 이용을 도모함으로써 국가경쟁력을 높이고 국민경제의 발전에 기여"하기 위해서였다. 때문에 "다른 법률에 특별한 규정이 있는 경우를 제외하고는" 모두 이 법에 의거하도록 하였다(제4조).

이때 법률에서 말하는 '지식정보자원'이란 "국가적으로 보존 및 이용 가치가 있고 학술·문화 또는 과학기술 등에 관한 디지털화 또는 디지털화의 필요성이 인정되는 자료"를 말한다(제2조 1항). 그리고 지식정보자원의 효율적인 관리와 활용을 위해 국가 또는 지방자치단체는 적절한 시책을 강구해야 하며, 대학·연구기관·기업 및 개인 기타 지식정보자원을 구축 및 관리·운영하고 있는 자에게 적극 협력하도록 요청해야 한다고 했다(제3조).[119]

2000년 1월 「지식정보자원관리법」이 제정되고 같은 해 8월 동법 시행령과 시행규칙이 마련되자 국가지식정보자원에 대한 체계적인 지식정보기반화사업을 추진할 수 있게 되었다. 이에 정보통신부에서는 '지식정보자원관리 기본계획(안)'을 수립하였다. 이 기본계획(안)에서

---

119) 이남희, 위의 책, 12쪽.

는 창조적 지식기반 국가의 건설을 비전으로 제시하고 그 목표로서 지식정보자원의 수집·축적·보존·공유·활용 등의 지식정보자원관리 과정을 정보기술을 활용하여 재설계함으로써 언제·어디서·누구나 유용한 지식정보를 손쉽게 획득하여 공유·활용할 수 있는 체계, 곧 각종 지식정보자원의 전자적 공유체계 구축을 제시하였다.

이에 따라 2000년부터 2004년에 걸쳐 이른바 제1차 지식정보자원관리 5개년 계획이 추진되면서 전략적 데이터베이스 구축분야가 선정되어, ①디지털 지식정보자원을 대폭 확충함으로써 국가사회 전반의 디지털화를 획기적으로 제고시키고, ②지식정보자원의 유통을 활성화하며, ③국가 지식정보자원의 관리체제를 정비하고, ④지식사회기반으로의 전환을 위한 법과 제도를 정비하며, ⑤지식정보자원관리의 표준화 및 기술개발을 촉진한다는 실천계획을 수립하기에 이르렀다.[120]

2. 국가지식포털사업

지식정보자원관리사업은 정보통신부가 1999년 공공근로사업으로 추진했던 국가문화유산정보화사업, 유교문화 종합정보DB 구축사업을 이어받아 추진한 것으로 21세기 지식정보화사회에 대비하여 지식정보 데이터베이스의 확충을 목적으로 한다.[121]

사업내용은 한국역사만이 아니라, 교육 및 학술·과학기술·문화·정보통신·건설 교통·법령·산업 경제·해양 수산·생물 의학 분야를 대상으로 하고 있으며, 국가지식포털을 통해 서비스되고 있다. 한국

---

120) 교육인적자원부, 2005, 『역사자료정보화사업 중장기 발전방안에 관한 연구』, 13쪽.
121) 오수창, 2002, 『역사콘텐츠의 실태와 개발방안에 대한 실무적 연구』, 인문사회연구회 · 한국교육개발연구원, 15쪽.

정보문화진흥원(당시 한국전산원)에서 전담한 이 사업은 2000년에 시작하여 2005년까지 추진하였다. 그간의 사업성과를 간략하게 살펴보면 다음과 같다. 1999년부터 2003년까지 과학기술·교육학술·문화·역사 등 4대 분야 총 67개 과제에 1,915억 원을 지원하여 지식콘텐츠 DB를 구축하였다. 2004년에는 국가문화유산정보화사업 등 30개 과제에 433여억 원의 예산을 투입하여 2004년까지 총 97개 과제에 2,385억 원을 지원하여 과학기술·교육학술·문화·역사 등 4대 분야의 지식정보 콘텐츠 중 약 43%를 디지털화하였다. 현재 국가지식웹사이트[122]를 통해 서비스하고 있는 콘텐츠는 크게 교육기술·과학기술·문화·역사·정보통신·건설교통·법령·산업경제·해양수산·생물의학 등 총 10개 분야이다. 다음에서는 역사정보통합시스템 구축 사업과 국가문화유산종합정보시스템을 통해 국가지식포털사업을 좀 더 구체적으로 살펴보고자 한다.

1) 역사정보통합시스템 구축 사업

역사정보통합시스템은 2000년 1월 「지식정보자원관리법」의 시행에 따라 한국정보문화진흥원이 전담하여 운영하는 지식정보자원관리사업 가운데 하나인 역사 분야 지식포털을 말한다.

역사 분야에서는 지식자원관리법 시행으로 2001년 3월 국사편찬위원회가 한국역사분야종합정보센터로 지정되고, 그 이듬해인 2002년에 '한국역사분야 지식정보기반화전략계획(ISP)안'을 수립함으로써 DB 구축방법론과 시스템개발, 표준화 등의 문제에 대한 방향을 제시하였다. 특히 DB 구축으로부터 촉발된 지식정보관리사업의 취지에 따른 역사정보통합시스템구축사업은 사료의 DB 구축과 귀중 자료의 보존

---

122) http://www.knowledge.go.kr/index.jsp[2006.10.15].

관리란 측면에 역점을 두었다.

이에 따라 역사 분야에서의 지식정보자원관리사업은 한국역사자료의 수집·연구·편찬기관인 국사편찬위원회와 고전국역기관인 민족문화추진위원회, 그리고 역사자료를 가장 많이 소장하고 있는 서울대학교 규장각, 한국학중앙연구원(당시 한국정신문화연구원)이 공동으로 '한국역사정보통합시스템구축사업'을 추진하게 되었다.

1999년도에 시작한 이 사업은 국사편찬위원회가 한국역사분야 종합정보센터로 지정됨으로써 대표기관인 4개 기관이 공동으로 2004년 11월 말까지 1단계 사업 총 392억 원(추경 제외)을 투입하여 마무리하고, 2005년도 현재 한국역사분야 종합정보센터인 국사편찬위원회가 2단계 1차 사업을 추진하고 있다. 이는 종합정보센터가 이미 12개 전문정보센터협의회 중심으로 운영되는 체계를 갖추었고, 향후에도 계속하여 전문정보센터가 늘어나는 추세에 대응하고자 했기 때문이다.[123)]

DB구축 현황을 살펴보면, 한국역사정보통합시스템 구축 1단계 사업을 공동으로 추진해온 4개 기관은 소장하고 있던 각종 역사자료를 기관의 특성에 맞추어 통합 서비스하는 체계를 구축하였다. 특히 2004년부터는 기왕의 국사편찬위원회, 민족문화추진위원회, 서울대학교 규장각, 한국학중앙연구원 및 독립기념관, 한국국학진흥원, 한국여성개발원을 비롯하여 새로이 경상대학교 문천각, 국가보훈처, 민주화운동기념사업회, 성균관대학교 존경각, 전쟁기념관 등이 메타데이터 검색방식의 체계 하에 연계 서비스를 진행하고 있다. 현재 이들 각 기관의 메타데이터는 서지 단위 메타 6만 3,628건, 기사 단위 메타 476만 3,256건으로 한국역사정보통합시스템에서 통합하여 관리 서비스하고 있는바, 이는 각 기관이 사용자들에게 양질의 신속한 서비스를 제공하기

---

123) 교육인적자원부, 2005, 『역사자료정보화사업 중장기 발전방안에 관한 연구』, 13~14쪽.

위하여 합의한 결과이다.

1999년에서 2005년까지 연도별 역사 관련 과제의 국가지식포털 추진 현황을 살펴보면 다음과 같다.[124]

〈표 2〉 국가지식포털 역사 과제 연도별 추진 현황

연도	기 관	사업내용
1999	국사편찬위원회, 민족문화추진위원회 서울대학교규장각, 한국정신문화연구원	한국역사정보통합시스템 구축
	한국국학진흥원	유교문화종합정보DB 구축
2000	한국국학진흥원	유교문화종합정보DB 구축(2차)
2001	국사편찬위원회, 민족문화추진위원회 한국정신문화연구원	한국역사통합시스템
	규장각	한국학고전원문정보디지털화사업
	한국여성개발원	한국여성사지식정보시스템 구축
2002	국사편찬위원회, 민족문화추진위원회 서울대학교규장각, 한국정신문화연구원	한국역사통합정보시스템
	독립기념관	한국독립운동사종합지식정보
	한국국학진흥원	유교문화종합정보DB 구축
2003	국사편찬위원회, 민족문화추진위원회 서울대학교 규장각, 한국정신문화연구원	한국역사정보통합시스템 구축(통합)
	규장각	한국학 고전 원문정보 디지털화 사업
	민족문화추진위원회	고전국역총서 및 한문문집총간
	국사편찬위원회	한국역사정보통합시스템 구축(추경)

---

124) 국가지식포털사이트 홈페이지 ; 한국전산원, 2005, 『2005 국가정보화백서』, 213~216쪽.

연도	기 관	사업내용
2004	국사편찬위원회, 민족문화추진위원회 한국정신문화연구원	한국역사정보통합시스템
	한국여성개발원	한국여성사 지식정보자원구축사업
	민주화운동기념사업회	민주화운동사료 DB구축사업
	전쟁기념사업회	한민족전쟁사관련자료 디지털화사업 및 대국민서비스
	국가보훈처	독립운동관련기록물의 대국민서비스체제구축
	한국국학진흥원	유교문화종합정보 DB구축
	성균관대존경각	한국경학자료 DB구축사업
	경상대도서관	남명학관련 고문헌 원문 DB구축
2005	국사편찬위원회	한국역사정보통합시스템 및 포털시스템 업그레이드
	한국학중앙연구원	장서각 소장 국학자료 전산화 작업
	민족문화추진위원회	고전국역총서 및 한국문집 총간
	한국국학진흥원	유교문화종합정보DB 구축
	국가보훈처	독립운동관련기록물의 대국민서비스체제구축
	서울대학교 규장각	한국학 고전원문 디지털화사업
	한국국학진흥원	지식정보기반 유교문화권 체험관광서비스 구축
	경상대도서관	경상대학교 도서관 및 남명학연구소 소장 남명학 관련 고문헌 원문 DB구축
	성균관대학교 동아시아학술원 존경각	한국경학자료 DB구축 사업(2차)
	명지대학교 국제학국학연구소	한국관련 서양고서 원문 DB구축사업
	민주화운동기념사업회	민주화운동사료 DB구축 및 활용 2차 사업
	한국여성개발원	한국여성사 지식정보자원구축사업(3차)
	한국학중앙연구원	한국 전근대 인물정보시스템 개발

그러나 국가지식자원관리사업에 의해 추진된 문화유산 및 한국사 관련 사업은 추진 초기 많은 문제점을 드러냈다. 전문가가 폭넓게 참여하여 기획하기보다는 행정분야에서 강력하게 추진한 사업이었기 때문이다. 대표적인 예로 한국역사정보통합시스템의 경우 통합 포탈시스템

인데 통합검색이 되지 않는다든지, 한자 원문 사료 검색에서 문제가
발생하기도 하였다.[125] 또 자료 분류의 과정에서도 문제점들이 노출되
었다. 예를 들면 '시문류(詩文類)'가 고문서로 분류되어 있는데, 고문서
는 '발급자와 수취자의 존재가 필수 요건이며, 양자 사이에 문서를
주고받는 목적이 있을 때'에만 문서로서 성립된다는 점에서 시문류는
고문서로 분류할 수 없다.[126] 사소한 듯 보이나 한국사 자료 분류 체계
를 흔들어 놓을 수도 있는 중요한 문제이기 때문이다.[127]

　　최근 한국역사통합정보시스템은 기존 문제점을 극복하였으며 검색
엔진도 개선되었다. 먼저 통합색인의 추출과 자료별 서지사항의 형식
통일, 분류체계를 구성하는 통합서비스 실시, 한자 사용의 문제점을
해결하였다.[128]

　　각각의 시스템 구성자인 국사편찬위원회나, 민족문화추진위원회,
서울대 규장각, 그리고 타 연계 기관에서 만들어진 메타데이터를 수집
하여 통합검색 서버에 전송하고, 메타데이터에 기반 한 통합 색인 서버
를 지원하고 있다. 즉 통합메타데이터 DB 구축을 통한 통합검색 기능을
구현한 것이다. 그리고 자료별 서지사항을 통일하여, 제목(대표제목과
대체제목), 생성자(작성자, 편찬자, 발신자), 주제, 자료의 유형, 발행자,
날짜(발행일, 생성일, 갱신일, 원자료 발행일, 원자료 생성일, 사건발생
일) 별로 요소의 출처와 인코딩스킴 방식을 규정하여 통합메타데이터
를 생성 정리했다.

---

125) 한상구, 2001, 「한국역사 정보화의 방향」, 『역사학과 지식정보사회』, 서울대학교 출판부,
　　49쪽.
126) 崔承熙, 1989, 『增補版 韓國古文書硏究』, 지식산업사, 22쪽.
127) 오수창, 2002, 『역사콘텐츠의 실태와 개발방안에 대한 실무적 연구』, 인문사회연구회
　　· 한국교육개발연구원, 23~24쪽.
128) 국사편찬위원회 한국역사분야 종합정보센터, 2005, 『한국역사정보통합시스템 소개』.

또한 사용자가 참여기관에서 구축한 자료를 쉽게 찾을 수 있도록 분류체계를 확정, 분류하였다. 즉 고도서, 고문서, 도서, 문서, 연속간행물, 고전국역서, 연구자료, 목록 · 해제, 인물, 지도, 사전, 연표, 멀티미디어 자료로 구분하여 통합서비스를 실시한 것이다.

역사통합검색시스템에서 가장 문제가 되었던 한자의 경우는 색인방식을 다양화하였다. 먼저 한자음가 테이블과 이체자 테이블을 이용하여 중복 색인을 확인하고, 특수용어의 경우 검색어를 확장하는 방식으로 검색영역을 확대한 것이고, 동일한 한자이면서 음가(音價)가 다른 특수한 역사용어에 대해서는 다양한 이음가(異音價)를 모두 검색할 수 있도록 하는 등 한자 사용에 대한 폭을 넓혔다. 또한 한자의 뜻에 따라서 독음이 달라질 경우를 모두 포함하여 테이블을 만들어, 기존의 한자 검색에서 발생한 여러 가지 문제점들을 보완하였다.[129]

〈표 3〉 한자 및 특수용어 사용례

한자	음가	한자	이체자	특수용어	검색확장
金	김, 금	晉	晋	사복시	司僕寺
				지방	디방

2) 국가문화유산종합정보시스템

국가지식포탈사업의 일환인 국가문화유산종합정보시스템은 문화관광부가 2000년부터 2005년까지 지정문화재정보(1만 3,000건), 사이버문화재탐방(500테마), 문화유산전문용어(1,700건), 박물관 유물정보(56만 1,505건), 사이버박물관(77동, 3D 4,641점), 교육 학습동영상(22

---

129) 교육인적자원부 · 한국교육학술정보원, 2005, 『2005 교육정보화백서』, 354쪽.

편), 유물동영상(105편), 민속동영상(150편), 명품유물동영상(12편), 박
물관 특별전(20편), 역사탐방(11편) 등 총 63만여 건에 대한 지식정보자
원을 구축한 사업을 말한다.[130] 이를 통해 전국 박물관에 소장된 유물
등 국가적으로 중요한 문화유산 정보를 지식DB로 구축하고, 국가 차원
에서 유물관리 시스템 및 정보서비스 체계를 마련하고, 인터넷을 통해
국민들에게 서비스를 제공하고 있다.

현재 모두 294개 박물관 홈페이지를 구축하였고,[131] 문화유산 관련
동영상, 사이버박물관 등을 구축하여 정보를 제공하고 있다.[132] 통합
사이버박물관은 한국의 문화유산을 집대성했다고 할 만큼 풍부한 내용
이 담겨 있으며, 전문가뿐만 아니라 일반 대중 및 어린이들도 흥미롭게
접근할 수 있는 멀티미디어관과[133] 어린이 플래시 애니메이션 등 다양
한 코너를 마련하였다.[134] 현재 국가문화유산종합정보서비스는 월평
균 접속건수가 390만여 건에 이르는 등 수요가 폭발적으로 증가하고
있다. 이처럼 1990년대 후반부터 시작된 국가문화유산정보화사업은

---

130) 문화관광부 · 한국문화관광정책연구원, 2006, 『2005 문화정책백서』, 문화관광부,
      116~117쪽 및 국가문화유산종합정보서비스(http://heritage.go.kr/index.jsp)[2006.11.30].
131) '이뮤지엄(www.emuseum.go.kr)[2006.12.10]'서비스에서는 전국 문화재, 유물, 동영상,
      특별전 등의 정보를 통합검색 할 수 있다. 2006년 현재 국가문화유산종합서비스에 등록되어
      있는 전국 박물관은 총 294개로 지역별로 구분해 보면 서울시 86개, 경기도 37개, 충청북도
      13개, 충청남도 22개, 전라북도 10개, 전라남도 12개, 강원도 17개, 경상북도 25개, 경상남도
      16개, 제주도 11개, 인천광역시 7개, 대전광역시 11개, 대구광역시 6개, 광주광역시 6개,
      부산광역시 13개, 울산광역시 2개이다.
132) 통합 사이버박물관은 중요 유물을 인터넷 가상공간에서 구축한 것으로 한 장소에서 관람할
      수 있게 시대별 전시관, 주제별 전시 1관, 주제별 전시 2관, 민속전시 관 등 총 4개의 전시관으로
      구성한 것으로, 2006년 현재 서울 · 인천 · 경기지역에 27개, 강원도 지역 5개, 대전 · 충남 · 충
      북이 10개, 전라도지역 11개, 경상도 19개로 총 72개이다.
133) 멀티미디어관의 경우는 우리 문화유산을 동영상이나 애니메이션을 통해 배우는 서비스로,
      테마관, 홍보관, 유물관, 민속관, 특별전, 교육관, 역사탐방관 등 7개의 테마 200여 편으로
      구성되어 있다.
134) 강진갑, 2004, 「전통문화유산디지털콘텐츠 제작 현황과 과제」, 앞의 책, 116~117쪽.

일반 국민들이 언제 어디서나 문화유산에 대한 각종 정보와 성과물을 인터넷을 통해 접속할 수 있게 해주었다.

성과가 있는 반면 개선해야할 점도 있다. 현재 구축된 시스템은 각 관련 기관·단체의 지식DB를 상호 연계한 통합검색시스템을 활성화하고, 표준화된 지식정보자원 구축체계를 정립하여 이를 효율적으로 관리하기 위한 콘텐츠의 관리체계를 확보하는 것이 요구된다. 또한 각 기관에서 생성된 문화유산 관련 지식정보 DB구축에 있어 표준유물관리시스템이 보급되어 추가 비용 없이 유지할 수 있어야 한다는 과제가 남아 있다.[135]

아울러 유형문화재 중심으로 콘텐츠가 구축되고 있다는 점도 개선을 요하는 부분이다.[136] 유형의 문화재 가치를 뛰어 넘어 다음 세대에 전통으로 계승시켜 줄 수 있을 뿐만 아니라, 인류에 가치 있는 문화유산까지 디지털콘텐츠로 가공하고 구축해야 할 것이다.

현재 디지털화의 대상물 중 가장 우선시 되는 것은 국가문화유산이다. 국가문화유산을 간단한 텍스트와 이미지 정보로 구축하여 3D나 사이버박물관을 통해 서비스가 제공된다. 이는 접근하기 쉽고 디지털화가 손쉽기 때문이라는 장점도 가지고 있다. 그러나 향후는 무형문화재 또는 각종 민속자료 등으로 확대해야 한다. 물론 국가중요무형문화재는 국립문화재연구소에서 이미 상당 부분 작업을 진행하긴 했으나 좀 더 범위를 넓혀 지적문화유산이나 생활문화유산 등으로 대상을 확대할 필요가 있다. 또한 우리 시대의 생활문화도 정리해야 한다. 과거의 것도 중요하지만, 동시대의 문화와 역사적 흐름을 반영하는

---

135) 문화관광부 · 한국문화관광정책연구원, 앞의 책, 118쪽.
136) 장노현, 2005년, 「문화유산 디지털화의 새로운 방향 모색」, 『인문콘텐츠』 제5호, 인문콘텐츠학회.

생활모습을 보존해야 하기 때문이다.

 기존 디지털 정보 사업은 한정된 자료와 정보를 담고 있어, 이를 통해 새로운 지식을 창조하기 어렵다. 때문에 자료의 구축이나 가공 과정에서 해당 유물이나 자료에 대한 다양한 접근이 필요하다. 그러나 디지털 정보사업을 추진해 나가는 주체는 대부분이 IT업체로 원자료에 대한 해석과 풍부한 지식을 수행할 전문연구자의 참여가 제한적으로 이루어지고 있다. 자문 역할을 하거나 사업 종료 시 감수를 맡는 경우로 는 사업의 중심축으로 기능했다고 보기 어렵다. 전문연구자들의 참여 가 제한적인 데에는 전문연구자들이 전자텍스트에 대한 이해가 부족하 여 이에 대한 구체적인 의견을 개진하기 어렵다는 점도 간과할 수 없다. 이러한 점들은 향후 지속적으로 개선되어야 할 사항이다.

 전문연구자들의 참여를 높이기 위해서는 사업구상 단계에서부터 전문연구자들이 참여하여 정보의 단순 가공 정도를 지양하고 보다 높은 차원의 정보를 생산하는 방향으로 정보 생산의 전문성을 강화해야 한다. 또한 정보의 생산은 일반 이용자들에 의한 대중적인 생산방식을 포함해야 한다.[137) 디지털 정보를 좀 더 효율적으로 활용하기 위해서는 몇 가지 점에서 개선이 필요하다. 첫 번째는 구축된 자료는 재활용이 어려운 최종 정보라는 점이다. 때문에 새롭게 가공을 하거나 수정을 하려면 그 만큼의 비용과 노력이 들어가야 한다는 점에서 이중삼중의 비용 지출이 발생한다. 두 번째로는 잘 구조화된 디지털 문서로 작성될 수 있어야 한다.[138) 메타데이터의 구성과 구성된 텍스트들의 합의된

---

137) 장노현은 정보생산에 대중이 참여하게 되면서 오는 혼란은 이를 사용하는 사람들에 의해서
    정보가 걸러지고 여과되면서 정보의 정확성과 투명성을 확보하게 된다고 하였다(2005, 「문화
    유산 디지털화의 새로운 방향 모색」, 『인문콘텐츠』 제5호, 인문콘텐츠학회, 171쪽).
138) 장노현, 2004, 「정보양식의 변모에 따른 전자텍스트의 새로운 구조 연구」, 『정신문화연구』
    통권 94호, 한국정신문화연구원. 여기서 초구조 · 거시구조 · 미시구조라는 표현을 쓰고

구조, 그리고 그 단위정보가 위치하는 정보들과의 연계성들이 잘 정리
되어야 자료의 효용성도 높아지게 된다.[139]

제3절 │ 지역 역사문화 정보의 디지털콘텐츠화

21세기 정보화시대에 지식과 정보의 주된 유통경로는 인터넷이다.
그리고 인터넷을 통해 제공되는 지식과 정보는 공급자가 정한 바에
따른 것이 아니라 수요자가 필요한 내용을 편집해서 필요한 만큼 묶어
내는 수요자 중심이다. 한 지역의 역사와 문화에 관한 지식과 정보
제공에 있어서도 마찬가지다. 그 가능성과 현황을 지역사 관련 웹사이
트와 향토지를 사례로 살펴보고자 한다.

1. 지역사 정보의 디지털콘텐츠화

지역의 문화유산과 향토사 관련 정보는 문헌 자료와 같은 전통적인
방식뿐만 아니라 CD나 영상물, 그리고 웹사이트 등의 방식으로도 제공
되고 있다. 특히 최근에는 웹사이트를 통해 제공되는 추세이며, 그
제작 주체는 지방자치단체와 출연기관, 민간 및 개인으로 나눌 수 있다.

있다. 초구조는 메타데이터가 위치하는 층위를, 거시구조는 텍스트들이 관습적으로 내용구조
면에서 일정 틀을 갖춘 것을, 그리고 미시구조는 텍스트의 문자열 사이에 삽입되어 다른
단위정보들과 연계성을 확보해주는 태그구조를 의미한다.

139) 장노현은 기존 문화유산정책에 대한 대안으로서 한국학중앙연구원에서 진행하고 있는
향토문화전자대전에 큰 의미를 두고 있다(「문화유산 디지털화의 새로운 방향 모색」, 앞의
책, 161~174쪽).

그 중에서 개인은 연구자나 관련 단체 종사자가 만든 경우가 많으나 운영 목적, 정보의 수준과 양 등에서 제한적이므로, 이 경우를 제외하고 살펴보겠다.

지역의 문화유산과 향토사 관련 정보는 주로 지방자치단체가 운영하는 웹사이트를 통해서 제공된다. 지방자치단체가 웹사이트를 개설한 시기는 1990년대 후반부터이다.[140] 광역자치단체와 기초자치단체 간에도 차이가 나타난다. 광역자치단체 웹사이트는 주로 지역과 관련한 다양한 정보를 제공하기 때문에 전체 정보에서 문화유산과 향토사 관련 정보의 비중이 높지 않다. 한 예로, 경기도의 경우, 2004년에 홈페이지에서 제공한 관련 정보는 '경기도의 유래', '경기도의 연혁', '위치와 자연환경', '행정구역', '경기도문화유산', '향토지적재산', '만화로 본 경기도', '축제와 행사', '관광코스' 정도였다. 2006년 현재에도 제공되는 관련 정보는 2004년과 큰 차이가 없다. 제공되는 정보 유형은 텍스트, 이미지 · 동영상 · 가상현실 등 다양하다.[141]

광역자치단체의 경우와 달리, 기초자치단체 웹사이트에서는 지역의 문화유산과 향토사 정보가 상대적으로 높은 비중을 차지한다. 수원시청 웹사이트를 보면, '열린시장실, 시정정보, 문화관광, 민원, 기업물가정보, 생활정보, 위생환경정보, 시민참여, 통계'로 구성되는데, 그 중 '시정정보'와 '문화관광'에 지역의 역사와 문화 관련 내용이 다수 소개되어 있다. '시정정보' 하위 메뉴인 '수원시 소개'에 '수원시 역사, 수원시 유래, 전통 의전복, 수원시 지도, 수원의 인물, 수원의 지명유래, 수원의 길 이름, 우리고장 수원' 등이, '문화관광'의 하위 메뉴인 '문화재'에 '수원시 문화재, 축제, 근교 관광, 특산물 · 관광상품'이 소개되어 있다.

---

140) 경기지역사연구소, 2000, 「인터넷으로 본 향토사」, 『향토사연구』 12, 34~35쪽.
141) 강진갑, 2004, 「향토문화자원의 디지털콘텐츠 개발 현황과 과제」, 앞의 책, 68쪽.

이들 정보는 3개 언어(한국어 · 영어 · 일어)로 서비스되는데, 텍스트 중심이며 동영상도 일부 제공된다.

지역의 문화유산과 향토사 정보는 자치단체 출연기관 중 관련 사업 담당 기관에 의해서도 서비스된다. 한 예로, 수원시 화성사업소의 웹사이트는 세계문화유산이자 수원 최대의 관광자원인 화성을 집중적으로 소개한다. '화성과의 만남', '화성행궁 소개', '화성가상여행', '행사 및 이벤트', '테마여행', '커뮤니티', '자료실', '화성사업소 소개' 등으로 나뉘며, 언어는 한국어로 서비스된다. 콘텐츠는 텍스트와 동영상 중심이다. '화성가상여행'을 할 수 있도록 구성하였으나 그 방식이 파노라마기법에 국한된 점은 이 웹사이트의 장점이자 한계이다. 또한 수원을 상징하는 화성을 특징적으로 부각시키지 못한 점도 한계로 볼 수 있다.[142]

민간에서 제작한 지역 문화유산 및 향토사 관련 웹사이트는 시군 단위로 설립된 지방 문화원과 향토사 단체가 주로 운영하고 있다. 그중 지방문화원 웹사이트는 그 지역의 역사와 문화유산 관련 정보를 비교적 상세히 서비스하고 있다.

과천문화원 웹사이트[143]는 '과천의 문화', '향토사연구회', '추사연구회', '민속보존회', '갤러리', '고객센터'로 구성되어 있다. '과천의 문화'의 하위 메뉴는 '과천의 역사, 문화재, 민속, 구전설화' 등이다. 역사 부분에는 인구 변천과 면적, 지명유래, 광복 직후의 행정구역, 과천의 분리지역 등이 시기별, 주제 중심으로 서술되어 있고, 인물 76명에 대해서도 자세하게 수록되어 있다. 과천의 지도 부분에서는 법정동, 하천, 고개, 지도, 자연마을, 들, 바위, 산, 골짜기, 기타 등 지역을 보여줄 수 있는

---

142) 강진갑, 2005, 「수원지역문화콘텐츠 제작 현황과 활성화를 위한 제언」, 『수원학연구』 창간호, 125쪽.
143) http://www.gccc.or.kr[2006.12.30].

지형지물을 비교적 잘 수록하고 있다. 또 지정문화재, 비지정문화재, 명소, 과천8경 등도 실려 있다. 이외에도 지역에 관련한 역사와 문화유산에 대해 상세하고 자세한 정보를 구축하고 있다.

가평문화원 웹사이트[144]는 '문화원 소개', '가평군 안내', '문화행사', '문화교실', '향토사연구', '문화관광', '게시판'을 상단메뉴에 배치하였다. 그 중 '가평군 안내'에서는 역사, 인구, 기후, 지리, 상징물을 백과사전식으로 소개하고, '향토사연구'에서는 향토지, 지명과 유래, 6·25전투사, 가평군 중등교육 50년사, 석봉실기, 가평군 초등교육 100년사 등에 대한 간략한 서지사항을 제공한다. '문화관광'에서는 문화재, 기념비, 유적기, 가평8경 등을 소개하고 있다.

지역문화원 웹사이트는 상당히 많은 양의 정보를 체계적으로 담고 있으며, 사진이나 게시판의 활용도도 높아서 지역문화의 중심역할을 하고 있다. 이에 비해서 향토사 단체의 웹사이트는 운영주체에 따라 큰 차이를 보인다. 경기도향토사연구협의회 웹사이트[145]의 경우 단체 소개 및 활동사항 중심으로 콘텐츠가 구성되어 있는데, 향토사 관련 자료 및 연구 성과를 제공하지 않으며, 게시판도 활성화되지 못한 상태이다. 서울문화사학회 웹사이트[146]도 비슷하다. 반면, 화성연구회 웹사이트[147]는 매우 활성화되어 있다. 화성연구회는 수원시민이 중심이 되어 화성을 연구·조사하고, 발굴 사업 및 교육, 홍보, 화성 안내사업 등을 위해서 설립한 법인이다. 웹사이트는 '화성연구회 소개', '역사문화공부방', '체험학습 프로그램', '화성지도 사진', '열린마당', '화성강좌', '자료실'로 구성되어 있으며, 화성 관련 자료, 연구 성과, 이미지 자료를

---

144) http://www.gpc.or.kr[2006.12.30].
145) http://www.hyangto.org[2006.5.14].
146) http://www.smsh.or.kr[2006.5.14].
147) http://www.hwasong.org[2006.5.14].

풍부하게 제공한다. 게시판도 매우 활성화되어 있으며, 콘텐츠를 계속 업데이트하고 있다. 정부의 지원을 받는 문화원에 비해 순수 민간단체의 경우 운영자의 의지에 따라 콘텐츠의 차이가 상당함을 알 수 있다.

2. 향토지의 디지털콘텐츠화

1) 향토지의 편찬과 디지털화 가능성[148]

향토지는 특정 지역에서 그 지역의 역사와 문화를 조사·연구한 서적을 지칭한다.[149] 지역 주민이나 초등학생 등이 자기 고장의 역사를 알고 싶을 때 지역교과서 제작 및 교육 기본 자료로 활용되는 책이며, 연구자도 지역사 연구입문서로 가장 먼저 찾는 책이다. 또한 지방자치 단체가 행정이나 지역개발 계획을 독자적으로 수립하고 이를 추진하는 경우에도 기본 자료로 활용된다. 이처럼 향토지는 해당 지역의 역사와 문화를 이해하는 데 기본이 되는 중요한 자료이다.

향토지가 특정지역에 대한 정보를 종합적으로 수집하여 정리하였다는 면에서 그 역사는 고려와 조선시대의 지리지[150]까지 거슬러 올라간

---

148) 강진갑, 1997, 「경기도 향토지 편찬의 문제점과 개선방향」, 『인문과학논집』 4집, 강남대학교 인문과학연구소, 227~238쪽.

149) 향토지와 함께 쓰이는 용어로 '향토사'가 있다. '향토사'는 '지역(방)사'와 혼용되기도 하고 구별되기도 한다. 후자의 경우 '향토사'는 '자기 고장 사람이 애향심을 바탕으로 조사, 연구한 자기 고장의 역사'를 지칭하며, '지역(방)사'는 전문적인 역사학자가 특정 지역의 역사를 연구한 경우를 지칭하였다. 그래서 '향토사'라 할 경우 비전문가가 향토애를 바탕으로 하는 작업이고, '지역(방)사'라 할 경우 전문 역사학자가 전문적인 영역에서 하는 작업으로 구분되어 왔다. 따라서 향토사 연구 결과물로서의 '향토지' 역시 비전문가들의 연구 결과물로 평가되어 왔다. 그러나 1990년대부터 대학에서 역사학을 전공한 전문연구자들이 향토지 편찬과 집필에 참여하면서 향토지에 대한 평가가 달라지기 시작하였다.

150) 지리지는 넓은 의미로는 여행안내기, 山川 雜記로부터 이론적이고 전문적인 지리서까지 광범위한 분야를 포괄하는 뜻으로 썼다. 좁은 의미로서의 지리지는 특정 지역에 대한 종합적이고 총체적인 기록을 지칭한다(양보경, 1987, 「조선시대 읍지의 성격과 지리적 인식에

다. 대표적인 것이 『삼국사기』와 『고려사』의 지리지인데, 이들은 국가에서 편찬하여 사서(史書)에 1개편으로 첨부된 것이었다. 후대로 올수록 지리지가 사서의 1개편으로 구성되는 것이 아니라 독자적으로 만들어지기 시작했다. 지명의 변천이나 고증의 수준을 넘어 정치, 경제, 사회, 인물, 예속, 시문 등 각 분야의 내용을 포괄하고 지속적인 증보를 통해서 사회 변화상을 반영했다. 조선 전기까지 관주도의 편찬은 16세기 후반 『신증동국여지승람』으로 종결되고, 이후 지방 단위로 사림이나 수령이 중심이 되어 부(府)·목(牧)·군(郡)·현(縣) 등 고을 단위로 지리지가 광범위하게 편찬되는데, 이것이 읍지이다. 그러나 19세기 이후 읍지는 독창성과 현실성이 약화되고 고답적 형태의 관학적 성격으로 변해갔다.[151]

현재 편찬되고 있는 향토지의 종류는 다양하다. 서술지역 단위로 구분하면 도사(道史), 시(市)·군(郡)·구(區)지, 혹은 시·군·구사, 읍·면·동지, 혹은 읍·면·동사, 마을지 등이 있다. 내용상으로 구분할 때, 앞서 언급한 유형은 자연환경·역사·문화재·정치·경제·사회·문화 등 지역에 대한 모든 내용을 백과사전적으로 수록한 향토지에 속한다. 이외에 특정 주제를 중심으로 하는 지명유래집과 전설집, 금석문집과 문화유적총람 등이 있다. 편찬목적에 따라서는 연구서, 자료집, 해설서, 교재용 등으로 구분된다.

여러 향토지 중에서도 조선시대 읍지를 잇는 것이 지금의 시군지라고 할 수 있다. 그 편찬은 경기도에서 가장 활발하게 이뤄지는데,[152] 최근에는 매년 하나 이상의 지방자치단체에서 시군지가 발간되고 있다.

관한 연구」, 서울대학교 박사학위논문, 13쪽).

151) 양보경, 위의 글, 7~8쪽.

152) 경기도 향토사 연구 및 향토지 편찬 현황에 대해서는 최홍규, 1988, 「경기지역의 향토사연구 현황과 방향」, 『경기사론』 2를 참고하였다.

〈표 4〉 1970년대~2006년간 경기·인천 지역 시군지류 편찬 현황

	1990년 이전	1990년대 이후
수원	수원시사(1986)	수원시사(4권, 1995~1999) 수원의 역사와 문화 CD-ROM(2000)
부천	부천시사(1988)	부천시사(5권, 2002)
안양		안양시지(1992), 안양시사(2007 추진중)
성남	성남시지(1978), 성남시사(1982)	성남시사(1993), 성남시사(5권, 2005)
동두천	동두천향토지(1988)	동두천시사(2권, 1998) 동두천지방행정사(2권, 2002)
평택	평택군지(1985)	평택시지(2권, 2002)
남양주		남양주시사(6권, 2000)
화성	화성군사(1990)	화성시사(4권, 2005)
용인	용인군지(1990)	용인시사(8권, 2006)
이천	이천군지(1984)	이천시지(7권, 2001)
안성	안성군지(1990)	
여주	내 고장 전통 가꾸기(1982) 여주군지(1989)	여주군사(7권, 2005)
파주	중흥파주군사(1970) 파주군사 상(1984)	파주군지(3권, 1995)
오산		오산시사(2권, 1998)
시흥	시흥군지(2권, 1988) 시흥금석대관(1권, 1988)	시흥의 생활문화(3권, 1995) 시흥시사(10권, 2007 근간)
양평		양평군지(1991), 양평군지(3권, 2005)
고양	고양군지(1987)	고양시사(7권, 2005)
김포	김포군지(1977)	
포천	포천군지(1984)	포천군지(2권, 1997)
가평	가평향토지(가평문화원, 1990)	가평군지(6권, 2006)
광주	광주군지(1990)	광주군사(2007 추진중)
연천	연천군지(1987)	연천군지(2권, 2000)
안산	내고장 안산(1990)	안산시사(3권, 1999)
양주	양주군지(1978)	양주군지(2권, 1992)
의정부	의정부市政20년사(1983)	의정부市政30년사(2권, 1994)
하남		하남시사(2권, 2001)

과천		과천향토사(2권, 1994, CD-ROM 제작) 과천시지(7권, 2007, CD-ROM 및 웹 제작)
구리		구리시지(2권, 1996)
광명		광명시지(1993), 광명시지(4권, 2005)
군포		군포시사(1권, 1999)
의왕		의왕시사(7권, 2007 근간)
인천 광역시	인천개항100년사(1983) 개항100주년 사진첩(1983) 강화사(강화문화원, 1976 ; 1988 증 보), 옹진군지(1990)	인천시사(1993), 중구향토지(1995) 부평사(1997), 서구향토지(1997) 인천광역시사(6권, 2002) 강화사(3권, 2003)
경기도	경기도사 1, 2(1979, 1982)	경기도항일독립운동사(1995) 경기도 역사와 문화(1997)

출전 : 허홍범, 2003, 「지역사 연구와 지방지 편찬 - 경지 지역을 중심으로」, 『역사와 현실』 48호, 119쪽. '〈표 3〉 1970년대~2003년간 경기 지역 시군지류 편찬 현황'을 수정·보완한 것임.

경기도에서 현대적인 향토지는 한국전쟁이 막바지에 접어든 1953년 『경기도지』 편찬부터 시작되었다고 볼 수 있다. 당시 경기도는 전쟁복구, 피난민 구호 및 전선지원 사업 등으로 혼란하였음에도 불구하고 전쟁의 피해로부터 벗어나 미래를 건설하기 위해 과거 역사에 대한 정리가 필요함을 절감하고, 경기도지편찬위원회를 구성, 『경기도지』 편찬에 착수하였다.[153] 그리고 1955년부터 1957년까지 『경기도지』 전 3권을 순차적으로 간행하였다. 이후 경기도사 편찬은 20년간 단절되었다가 1977년 5월에 경기도사편찬위원회 조례를 제정하여 도사편찬위

---

153) 『京畿道誌』 序文에서는 편찬배경을 다음과 같이 밝혔다. "悽慘苛烈한 戰禍에서 피해당한 모든 시설을 전국에서 솔선하여 부흥하고 특히 수도 서울을 擁有한 雄道로서 면목도 일신하도록 재건하자면 경기도가 스스로 負荷한 사명과 책무도 곧장 조국의 내일을 점치게 되는 것이라 하여 過言이 아니라 따라서 이 시기에 그 역사적인 유래를 찾아 盛衰와 隆替의 자취를 밝히고 나아가 앞날의 문화적 향상을 도모하며 빛나는 장래에 照應케 한다고 함은 무엇보다도 소중하며 긴요한 事案이 아닐 수 없다. 이러한 점에 뜻을 두고 착안한 바 있어 경기도에서는 일찍이 道誌編纂事業을 계획하고 추진경영하기 三年有餘에…"(1955, 「序文」, 『京畿道誌』 上卷).

원회를 구성하고 편찬에 착수함으로써 비로소 재개되었고, 그 결과 1979년 11월에 제1권, 1982년 3월에 제2권이 간행되었다.

그러나 실제 지역사 연구가 경기도에서 주목받기 시작한 것은 1972년 인천교육대학교 기전문화연구소가 『기전문화연구』를 간행하면서부터이다. 이 논문집에는 경기도의 역사·민속 등에 대한 조사·연구 성과를 수록하여 지역의 역사와 문화를 체계적으로 접근한 선구적 업적으로 평가받고 있다. 이즈음 『중흥파주군사』(1970), 『강화사』(1976) 등이 간행되면서 시군 차원에서도 향토지가 편찬되기 시작하였다. 그러나 이 시기 향토지들은 경기 지역사 연구성과를 충실히 반영하지는 못했다.

1980년대 들어와서는 각 시군에서 시군지 편찬이 활발해졌다. 그러나 이 당시의 시군지는 열악한 편찬 환경으로 인해 지역적 특수성을 담보하지 못한 채 한국사 전체, 한국문화 전체의 보편성에 치우치는 등, 내용 면에서 많은 문제점을 드러냈다. 한편, 자생적인 향토사 연구 단체들이 향토지를 활발하게 발간하기 시작했다. 대표적인 사례는 1982년 창립된 용인향토문화연구회의 『내 고장 민요』, 『용인향토문화 연구』, 1986년 수원에서 창립한 기전향토문화연구회의 정기간행물 『기전문화』 등이다.

1990년대에 들어 경기도 향토사 연구와 향토지 편찬은 활기를 띠기 시작하였다. 우선 새로운 지방자치시대가 개막된 직후인 1995년 11월 7일 「경기도사편찬 10개년계획」이 확정된 것은 주목할 만하다.[154] 이

---

154) 1993년 10월 상임위원 및 보조원으로 한국사 전공자가 위촉되면서 경기도사 편찬작업은 재개되어 1993년 12월 「경기도사 편찬 기본계획」을 수립하였다. 그러나 1995년에 들어 기존 계획이 경기도의 역사를 모두 담기에는 소략하고 자료 조사 계획이 미비하다는 지적이 제기되면서, 기존의 편찬 계획은 수정되었다. 1995년 7월 민선 자치단체장이 취임하고 새로운 지방자치시대가 개막된 직후인 1995년 11월 7일 「경기도사편찬 10개년계획」이 확정된 것이

계획은 1996년부터 2005년까지 장기적인 계획 아래 향토지 편찬을 추진한 것이 특징이다. 그 내용을 살펴보면, '선사시대부터 현대까지의 시대사 11권, 부록으로 『연표』 1권, 『총색인』 1권, 『경기도사 문헌목록』 2권을 간행하여 모두 15권을 편찬한다.' '고대부터 현대까지 경기도 관련 사료를 조사 정리하여 16권 분량의 『경기도사자료집』을 편찬하고, 연구총서도 간행한다.' 그 결과, 1996년부터 2005년 말까지 『경기도사』 7권, 『경기도사자료집』 20권, 『경기도 역사와 문화』 등 연구총서 3권, 『박물관에서 미술관까지』 등 대중서 2권, '경기도 문화유산'을 비롯한 CD-Rom 2장 등 총 34종을 발간하였다.[155]

1990년대 들어 경기도에는 1995년 결성된 경기사학회 등 많은 지역사 및 향토사 연구단체가 조직되어 현재 활발하게 활동하며 연구 성과물을 발간하고 있다.[156] 이들 단체의 연구 성과와 역량이 시군지 편찬에도 반영되고, 전문 연구자들이 시군지 편찬에 상임위원이나 연구원 등으로 적극 참여하면서 1990년대 이후 발간된 향토지와 그 이전 향토지는 차별성을 지닌다. 이는 시군지보다 작은 지역을 다룬 읍면동지나 마을지에서도 마찬가지다.

1980년대까지 시군지가 지역적 특성을 잘 드러내지 못했던 데 비해서 이 시기부터는 지역적 특성을 드러내는 주제와 목차를 설정하기 시작하였다. 또한 그것을 향후 관광 등의 타 분야에 활용할 것을 염두에 두고 편찬 계획을 수립하는 추세인데, 시군지의 내용은 거의 모든 자치단체의 홈페이지에 설정되어 있는 문화관광 정보 사이트의 주요 콘텐츠

다.

155) 경기도사편찬위원회, 2006, 「2006년 경기도사편찬추진계획」 참조.
156) 『경기향토사학』 1 · 2집(문화원연합회 경기도지회 경기향토사학회, 1996 · 1997) ; 『경기사학』(경기사학회, 1997), 『경기향토사연구』(경기도향토사연구협의회, 1997) ; 『경기사론』(경기대학교 사학과, 1997).

로 활용되고 있다. 이러한 경향은 2000년대 들어 더욱 두드러진다. 또 하나 주목해야 할 점은 향토지가 다른 역사 관련 출판물과 비교할 때 좀 더 이미지 자료를 중시한다는 것인데, 이는 향토지의 특징 중 하나이기도 하다. 최근 들어 그러한 성격은 더욱 강화되는 추세인데, 향토지 편찬을 위해 전근대 문헌과 근현대 문헌을 수집하는 과정에서 각종 사진자료가 중요한 수집 대상이 되고 있다. 내용에 맞추어 수록 사진 목록을 작성하고, 내용에 따라 옛 사진을 수집하거나, 새롭게 사진을 촬영하기도 한다. 사진은 촬영 당시의 생활사를 이해하는 데 매우 중요하게 활용되고 있다.

이러한 변화에도 불구하고 기존의 향토지가 가진 근본적인 한계는 지면으로 출판되었다는 점이다. 또한 예산상의 문제 등으로 인해 한정된 부수만 제작되고, 비매품으로 배포된다는 점도 그러하다. 그로 인해 일반인은 도서관을 찾아가야 볼 수 있을 정도로 향토지를 접하기 쉽지 않다. 디자인과 활용의 용이성 측면에서 책의 두께도 한계로 지적되었다. 1990년대 초까지 대부분의 향토지는 한 권의 두께가 1,500쪽, 심지어는 1,800쪽까지 되기도 하였다. 이로 인해 펼쳐 보기 불편할 뿐만 아니라, 책의 무게로 인해 제본이 손상되기 쉬웠다. 이러한 문제점을 감안하여 『파주군지』(1995)와 『구리시지』(1996)는 일반인이 접할 수 있도록 별책으로 축약한 보급판이 발행되기도 하였다.

1990년대 중반부터 향토지 편찬은 사용자의 편리를 도모하는 방향으로 변화하였다. 크게 두 가지 경향으로 나타나고 있는데, 첫 째는 1권의 두께를 500쪽 내외로 하여 여러 권으로 분책, 발간함으로써 사용자의 편리를 도모한 것이다. 두 번째는 책 외에 그 내용을 수록한 CD를 함께 제작하여 배포한 것이다. 2000년대 들어서는 더 나아가 그 내용을 인터넷 상에서 서비스하는 단계에 이르고 있다. 그 내용 면에서도 한국사 관련 웹사이트가 자료 중심으로 서비스하는 것과 달리, 다양한 영상 자료를 함께 제공하는 추세인데, 이는 향토지가 적극적으로 이미지 자료에 관심을 기울인 결과로도 볼 수 있다.

2) 디지털콘텐츠로서의 인터넷 향토지

1999년 '인터넷 향토지' 편찬의 필요성이 제기되었다. 인터넷이 정보 교류의 주요한 통로가 되면서 향토지 편찬 형태에도 변화가 요구된 것이다. 이전 향토지는 출판물 형태로만 간행되었으나, 그것을 웹사이트에 실어 인터넷으로 서비스할 필요성이 제기된 것이다.[157] 웹사이트에 탑재되어 인터넷을 통해 서비스되는 향토지를 '인터넷 향토지'로 이름을 붙이는 한편, '인터넷 향토지'는 기존 출판물 형태의 향토지와는 달리 음성과 동영상이 들어갈 수 있기 때문에 이미지의 중요성이 크게 증대될 것이고, 향토지의 목차도 이전 출판물 형태와는 달라질 것으로 예상하였다. 인터넷은 정보를 디지털화하여 저장하기에, '인터넷 향토지'는 책으로만 출판된 '향토지'와 비교할 때 매우 많은 이점을 지니고 있다.

첫째, '인터넷 향토지'는 많은 사람들이 쉽게 이용할 수 있다. 기존의 '향토지'는 예산 문제로 인해 1,000~2,000부 한정 부수로 간행되어, 일부 도서관이나 행정기관에만 배포되었다. 그래서 일반인은 물론이고 학자조차도 향토지를 이용하는 데 불편이 많았다. 그러나 '인터넷 향토지'는 인터넷에 접속할 수 있는 사람은 누구나 이용할 수 있기에 이용이 훨씬 용이해진 것이다. 지역 연구자는 연구 자료를 쉽게 검색하여 이용하고, 지역 주민은 지역의 정보를 안방의 컴퓨터를 통해 이용할 수

---

157) 강진갑, 1999, 「21세기 정보화시대 향토사학계의 변화 전망」, 제13회 한국향토사연구전국학술대회 발표논문집, 73~77쪽.

있게 되었다. 또한 초등학교 3~4학년의 향토사 과목과 중학교 사회과목의 '지역사회 탐구'에 향토사 관련 부분이 개설되어 있는데, '인터넷 향토지'는 초중등학생의 과제물 작성이나 향토사 교육을 위해서 활용할 수 있다. 그리고 외국어로 번역될 경우 세계 어디에서나 외국인도 이용할 수 있다. 기존에 향토지의 성과가 문화관광정보 등에 부분적으로 활용하던 것에서 나아가 '인터넷 향토지'가 관련 분야 홈페이지와 연결되어 활용될 때, 그 활용도는 거의 폭발적일 것이다.

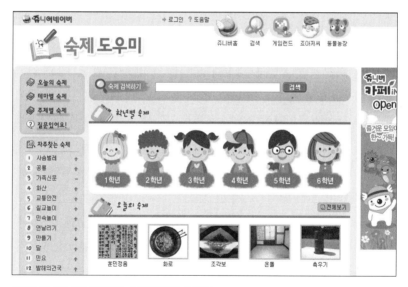

〈자료 1〉 주니어네이버의 숙제도우미 사이트

: 초등학생 숙제를 도와주기 위해 개설된 네이버의 「숙제도우미」. 현재 인터넷에서 가장 인기있는 것 중 하나가 학생들의 숙제를 도와주는 사이트라는 점은 우리에게 시사하는 바가 크다.

둘째, '인터넷 향토지'는 기존 '향토지'와는 달리 문자 이외에도 오디오와 비디오를 함께 수록할 수 있고, 지면의 제한을 받지 않아 사진도 무한정 수록할 수 있다. 한 예로, 민속놀이에 대해 '향토지'에서는 사진과 문장으로만 표현할 수 있으나, '인터넷 향토지'에서는 놀이 내용을 오디오와 함께 동영상으로 수록하여 놀이 동작을 이용자에게 그대로 보여줄 수 있다. 이는 민속놀이 원형도 보존해 주는 부수적인 효과도 거두게 해 줄 것이다. '향토지'에서는 '죽은 민요'만을 만나게 되지만, '인터넷 향토지'에서는 '살아 있는 현장의 민요'를 만날 수 있는 것이다.

셋째, '인터넷 향토지'는 수록 내용의 양에 제한을 받지 않는다. '향토지'는 지면의 한계로 인해 수록할 수 있는 내용이 한정될 수밖에 없다. 그러나 '인터넷 향토지'는 서버 용량이 허용하는 한, 무한정 수록할 수 있다.

넷째, '인터넷 향토지'는 내용의 첨삭과 수정이 가능하다. 따라서 새로 발굴된 자료와 연구 성과를 곧바로 반영할 수 있다. 예를 들어 새로운 사료가 발굴되어 전시회가 열리면 도록 내용을 그대로 인터넷에 수록할 수 있어, 시간이 흐를수록 '인터넷 향토지' 내용이 충실해질 것이다. 그리고 서술 내용 중 오류가 있을 경우 곧 바로 수정할 수 있다. 오류를 확인하고 제보한 이가 주민이라면, '인터넷 향토지'야말로 주민과 함께 만들어 가는 향토지가 될 것이다.

다섯째, '인터넷 향토지'는 재편집을 통해 다양하게 활용할 수 있다. 예를 들어 자치단체에서 문화재 안내 책자를 제작할 때, '인터넷 향토지'에 수록된 내용 중 필요 부분만 발췌해서 재편집, 출판하면 자료 조사 및 사진 촬영, 원고 입력, 편집 비용을 절감할 수 있다. 이로 인한 예산 절감 효과는 매우 클 것이다. 그리고 일반 이용자가 필요한 부분만을 편집해서 다양하게 책으로 묶을 수도 있다. 예를 들어 학교에서 답사 자료를 만들 때 답사 대상 유적지 관련 문화재·지명유래·역사·전설 부분을 발췌하여 재편집하면 인쇄비만으로도 답사안내 책자 발간이 가능해진다.[158]

필자가 확인한 바에 의하면, 최초의 '인터넷 향토지'는『고양군지』이다. 1987년 발간된『고양군지』는 1999년에 고양시청 홈페이지를[159] 통해 서비스되기 시작하였다. 이는 출판물 형태로 발간된『고양군지』를 단순히 재수록한 것이지만, 시민들로부터 수록 내용의 오류를 인터넷 상으로 신고 받아 수정하는 시스템을 갖추는 등 '인터넷 향토지'가 지닌 장점을 살렸다. 특히 웹사이트를 통해 군지 내용을 최초로 서비스하였다는 점은 높이 평가받아야 할 것이다. 고양군지 인터넷 서비스는 2006년『고양시사』발간으로 중단되었다.

전국 16개 광역자치단체와 234개 기초자치단체 대부분은 도사·시사·군지 형태의 향토지를 발간하고, 일부 자치단체는 웹사이트를 통해 그 내용을 서비스하고 있다. 그중 광역자치단체에서는『서울육백년사』, 기초자치단체에서는 경기도에서 2000년 이후 발간된 시군지류의 향토지 사례가 있다.

『서울육백년사』는 서울시사편찬위원회가 1977년부터 1996년까지 20년에 걸쳐 편찬한 향토지이다. 책자 형태 외에 CD-ROM 4장으로도 제작·배포되었고, 서울시 문화광관 정보사이트인 '비지트 서울'[160]을 통해서 인터넷으로 서비스되고 있다.『서울육백년사』는 정치·경제·사회·문화 전반에 걸쳐 국가적인 사항보다 서울의 역사에 초점을 두어 편찬된 책으로, 선사시대부터 1979년까지의 서울의 역사를 시대별로 정리한 시대사 6권, 분야별 특수사 3권(민속편, 문화사적편, 인물편) 등 총 9권으로 구성되어 있다. 시대사 편은 고대부터 조선 전기 임진왜란 전(1592)까지가 제1권, 임진왜란 이후부터 1863년 철종 말까지 조선

---

158) 강진갑, 2000,「21세기 정보화시대 '인터넷 향토지' 편찬에 대하여」,『향토사연구』12, 78~80쪽.

159) http://city.koyang.kyonggi.kr[1999.11.10].

160) http://seoul600.visitseoul.net[2006.10.7].

후기가 제2권, 1863년 고종 즉위부터 1910년까지가 제3권, 1910년부터 1945년까지 일제강점기가 제4권, 1945년 광복부터 1961년 5·16 이전까지가 제5권, 1961년부터 1979년 제4공화국까지가 제6권에 수록되어 있다. 문화사적편은 서울에 있는 문화사적과 그 유지를 문화유산별로, 민속편은 서울 사람들의 사고와 행동양식, 생활방식·민간신앙·민속 문학 등을, 인물편은 고대에서부터 조선말까지 서울에서 출생했거나 장기간 거주하여 서울의 발전에 기여한 역사적 인물 약 3,500명의 행적을 수록하였다. 『서울육백년사』 웹사이트는 책의 전문, 수록 사진 및 동영상자료 등을 서비스하고, 검색 기능을 갖추었다. 특히 동영상을 다양하고 풍부하게 제공하고, 시민 교양강좌 성격을 지닌 인터넷방송과의 연동체계를 갖추었다는 점이 특징적이다.

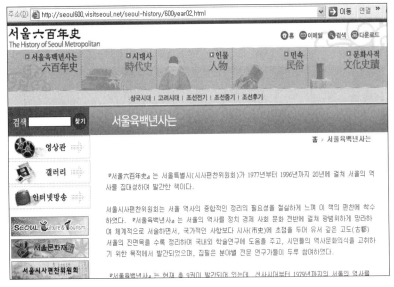

〈자료 2〉 서울육백년사 홈페이지(2006년 11월 현재)

『남양주시사』는 2000년에 총 6권의 규모로 발간되었다. 남양주시는 시사 발간 후 책 내용을 그대로 시청 홈페이지에서 서비스하였다. 이 웹사이트161)는 목차, 본문 단어 검색과 색인 기능이 있었고, 텍스트와 2D 이미지를 제공하였으며, 2D 이미지는 확대해서 볼 수 있었다. 2006년 현재는 시청 홈페이지 내 남양주사료관 배너를 통해 서비스되나, 목차 및 색인은 서비스되지 않는다. 현재 홈페이지에 수록된 내용은 『남양주시사』의 목차와 내용을 그대로 전제하고 있다. 그러나 텍스트만을 우선으로 올려놓아 이미지 자료를 확인하기 어렵다.

『평택시사』는 2003년 총 2권으로 발간되었으며, 2004년부터 출판된 내용 그대로 시청 홈페이지를 통해 서비스하고 있다. 평택시사는 본문을 볼 때 본인이 원하는 서체를 몇 가지 선택할 수 있는 점은 특이하나, 본문과 사진을 장과 절로 분류하여 제공하는 수준에 머묾으로써 실제로는 인터넷 서비스의 장점을 살리지 못하고 있다. 다만, 본문 내용 중 모르는 단어가 나올 때 네이버, 엠파스 등 포털사이트로 바로 연결할 수 있게 장치한 점은 인터넷 향토지의 장점을 살렸다고 평가된다.162)

2005년 말 발간된 『여주군사』도 여주군청 홈페이지163)에서 서비스되고 있다. '주제', '시간', '공간'으로 대분류하여, 주제에서 군사의 내용 전체를 서비스하고, 시간에서 여주군의 역사적 변천 과정을 하나로 보여주는 연표, 그리고 공간에서 여주군의 지표가 되는 주요 지점을 로드맵으로 형태화하였다. 이로써 텍스트 중심으로 구성된 웹 사이트가 주는 지루함을 덜고, 실제로 움직이는 것처럼 여주 지역을 체험할 수 있도록 함으로써 접속자들의 관심과 흥미를 끌 수 있도록 제작되었

---

161) http://www.nyj.go.kr/doc/nmcg/index.html[2006.9.5].
162) 강진갑, 2004, 「향토문화자원의 디지털콘텐츠 개발 현황과 과제」, 앞의 책, 69쪽.
163) http://210.179.84.164/[2006.10.12].

〈자료 3〉 여주군사 홈페이지(2006년 11월 현재)

다. 이 사례는 텍스트 중심으로 서비스되는 다른 사례에 비해서 발전된 형태이다.

2005년 12월 전4권으로 발간된『광양시지』는 광양시청 홈페이지를 통해 서비스되고 있다.164) 광양시청 홈페이지에서 광양시 소개 메뉴에 들어가면 광양시지 4권을 본문 그대로 PDF파일로 다운받아 볼 수 있다. 다른 시군지의 서비스가 발간 완료된 내용을 서비스하고 있어 일방향적이고 완결적인데 비해 광양시지는 오류게시판이란 코너를 개설하여 시지의 내용에서 잘못된 사항을 접수받고, 이를 수정하고 있어 현재진행형이란 점에서 특징적이다.

한편 지방자치제가 활성화되면서 각 지방자치단체에서 시군지보다 규모가 작으면서 좀 더 구체적인 내용을 담을 수 있는 마을지를 발간하

---

164) http://210.97.59.34/site/Home/introduc/story/siji/[2006.12.29].

는 경우가 많다. 마을지의 경우도 시군지와 마찬가지로 점차 인터넷 서비스를 병행하는 추세이다. 향토문화전자대전의 일환으로 추진된 디지털성남문화대전에서도 별도의 구성으로 마을지를 서비스하고 있다.165) 현재 서비스되는 마을지는 성남시 분당구 수내동·운중동·판교동, 수정구 고등동, 중원구 은행동·금광동 등이다. 마을지의 구성은 가족사·마을사·의생활·식생활·주생활·이야기·노래·언어·평생의례·마을신앙 등 10개의 주제로 이루어져 있다.

2006년 신도시 개발로 사라질 운명에 처한 경기도 남양주시 별내마을에서는 1년 반의 작업을 통해 '별내사이버고향전시관'을166) 만들고 화보집 '기억 속의 작은 별내'와 마을지 '배꽃마을 별내' 외에 10분짜리 다큐멘터리 영화 4편도 제작하였다. 이제 종이 인쇄물이던 향토지는 e-book과 같은 책자의 온라인 서비스 단계를 넘어 멀티미디어의 단계로 진화하고 있다. 앞서 언급하였듯이, 인터넷 향토지의 장점은 한정된 부수로 찍는 출판물 향토지에 비하여 인터넷에 접속할 수 있으면 누구나 쉽게 이용하고, 향토지 내용을 재편집하여 다양하게 활용할 수 있다는 점이다. 위 사례에서 인터넷을 통해 서비스됨으로써 그 이점을 누릴 수 있음을 보여준다.

그런데 향토지를 출판물 형태로 간행하는 것보다 인터넷을 통해 서비스하는 진정한 이점은 따로 있다. 전술한 바와 같이 동영상은 물론이고, 음향, 플래시 애니메이션, 3D 모델링 등 멀티미디어 기능을 이용하여 내용을 다양하게 구성할 수 있다는 점과 출판물처럼 지면의 제한을 받지 않는다는 점 등이다. 인터넷으로 서비스되는 『서울육백년사』와 『남양주시사』 등은 이와 같은 이점을 지니지 못하였다. 왜냐하면

---

165) http://seongnam.grandculture.net/aks/village/viewDong.jsp[2006.12.26].
166) byulnae.iklc.co.kr/[2006. 12. 26].

인터넷을 통해 서비스할 목적으로 향토지가 편찬된 것이 아니라, 출판 목적으로 제작된 향토지를 발간 이후 인터넷에 올리기만 하였기 때문이다.

'인터넷 향토지'는 출판물 형태의 향토지와는 편찬목적과 추진체제가 달라야 한다. '인터넷 향토지'의 특성을 반영하기 위해 향토지 내용을 담당하는 편찬팀과 웹상에서 구현을 담당할 기술팀이 편찬 계획 단계부터 결합할 필요가 있다. 그리고 원고와 사진 촬영만 하는 것이 아니라 멀티미디어 형태의 정보를 제공할 수 있도록 자료를 가공해야 하는데 이를 위하여 우선 음성 및 동영상 자료수집이 편찬 계획에 포함되어야 한다. 목차에 있어서도 인터넷의 특성을 살리는 방향으로 설정되어야 할 것이다.[167]

한편, 인터넷 향토지의 웹사이트가 폐쇄된다든지, 운영자의 사정에 따라 서비스가 중단될 경우, 웹사이트에 수록된 많은 정보는 유실될 가능성이 제기된다. 한 예로, 2001년에 전 2권으로 발간된『하남시사』는 2004년부터 출판된 내용 그대로 시청 홈페이지를 통해서 인터넷 서비스되었으나 2006년 현재 서비스가 중단된 상태이다. 이로 인해 수많은 관련 정보가 유실되었다. 앞으로 인터넷 향토지는 웹사이트의 폐쇄에 대비해야 하며, 그러한 상황을 방지하기 위해서 편찬 초기부터 '인터넷 향토지' 편찬을 목적으로 추진되어야 할 것이다.

3. 향토문화전자대전

기존 향토지의 인터넷 서비스가 가진 한계를 극복하고자 출현한

---

167) 강진갑, 2004,「향토문화자원의 디지털콘텐츠 개발 현황과 과제」, 앞의 책, 68~70쪽.

인터넷 향토지가 한국학중앙연구원이 추진 중인 향토문화전자대전[168]이다. 향토문화전자대전은 향토문화 자료의 발굴, 수집, 연구분석을 통한 문화콘텐츠 사업기반 마련 및 주체적으로 21세기 문화시대에 대비하고, 새로운 민족문화의 공동체 형성을 위해 주체적인 향토문화를 집대성할 필요에 의해 추진되는 순환형 지식정보시스템 구축 사업이다. '순환형 지식정보시스템'이란 기초자료, 단편적 정보, 고급 정보가 한 시스템 내에서 순환하면서 새로운 지식 정보를 만들어내도록 도와주는 시스템으로서 서비스 이용자가 곧 더욱 발전된 지식 정보의 생산자가 될 수 있도록 함으로써 문화콘텐츠의 고품질화를 자체적으로 촉진하는

〈자료 4〉 디지털 성남문화대전(2006년 11월 25일 현재)

168) http://www.grandculture.net[2006.11.20].

시스템이다.[169]

향토문화전자대전 구축은 한국학중앙연구원 주관 하에 시범사업 2003년~2004년, 본사업 2004년~2013년으로 총 12년 동안 중앙정부와 지방자치단체 지원금을 합하여 총사업비 1,164억 원을 투입할 예정으로 추진되고 있다. 2006년 11월 현재 성남, 청주, 진주, 구미, 종로, 강릉, 밀양, 춘천, 남원, 전주, 제주, 해운대, 부천, 진도, 울릉, 울진, 안동, 순천, 용인, 논산, 음성, 안산, 여수 등 총 23개 시군에 향토문화전자대전이 구축되었거나 구축될 예정이다.[170] 3년간 추진율은 234개 시군의 10% 정도에 불과하나, 사업의 진행정도와 숙련도에 따라서 가속화될 여지는 있다.

향토문화전자대전은 성과적인 측면에서 볼 때 그간 개별적으로 진행된 '향토자료'가 일종의 포털사이트에 집적되어 하나의 구조안으로 체계화됨을 의미한다. 먼저 기초자료 조사 및 항목 개발 연구팀 또는 후보지역 선행조사 연구팀에 의해 제시된 항목을 '항목선정지침'에 의거 1차 선정하고, 분야·유형·시대 분류 및 그 외의 항목 관련 데이터를 검토·분석하여 최종 선정 작업을 한다.[171] 실제 작업에 들어가서는 텍스트 데이터 작업인 원고 의뢰, 수합, 교정 교열이 이루어지며, 이와 병행하여 유관 자료조사 수집, 촬영, 디지털화가 이루어지며 지리정보 편찬을 위한 Base Map이 동시에 이루어진다. 이를 바탕으로 통합 전자문서가 제작되는데, 국가지식포탈사업에서 이루어졌던 바와 같이 검색 및 색인이 가능한 포털사이트로 정리가 되는 것이다.

향토문화전자대전은 서술 및 구축의 대상 면에서 향토문화 전반을

---

169) 김현, 2005, 「한국향토문화전자대전 사업 추진 방향 및 정보 편찬 체계」, 『종로 향토문화콘텐츠 개발방안 심포지엄 자료집』, 15~26쪽.
170) 한국향토문화전자대전 홈페이지 공지&뉴스 게시판(2006년 11월 현재).
171) 권영옥, 2005, 『한국향토문화전자대전』 항목구성체계, 8쪽.

다루는데, 여기에 탑재될 지식과 정보를 체계적으로 분류하기 위해 1996년에 「한국향토문화표준분류체계(AKS안)」가 마련되었다. 이 안에서는 삶의 터전(자연과 지리), 삶의 내력(지방의 역사), 삶의 자취(문화유산), 삶의 주체(성씨와 인물), 삶의 틀1(정치와 사회), 삶의 틀2(경제와 과학), 삶의 내용(종교와 문화예술), 삶의 방식(생활과 민속), 삶의 이야기(구비전승과 어문학) 등 총 9개 영역으로 대분류하였는데, 기본적으로 현재 진행 중인 사업도 대분류에 있어서는 이 틀을 크게 벗어나지 않는다. 「한국향토문화표준분류체계(AKS안)」는 9개 대분류 밑에 41개 중분류를 두고, 다시 그 밑에 소분류를 두었다.

이 분류체계는 최초의 시범사업인 「디지털성남문화대전」에 적용되는 과정에서 분류의 모호성, 누락 항목의 발생 등의 문제가 제기되었다. 이에 새롭게 기존 안에 도서 분류법의 주류표와 조기표의 개념을 활용하여 '유형, 시대' 범주를 설정하고 9개 대분야에 38개 소분야, 19개

〈표 5〉 한국향토문화전자대전 분야·유형·시대 분류표(2006.6.26 개정시행 중)

분야			유형	시대		
대분류	중분류	소분류		대분류	중분류	내용
삶의 터전 (자연과 지리)	지리	자연지리	개념용어	선사	석기	
		인문지리	기관단체		청동기	
		동식물	놀이		철기	
삶의 내력 (역사)	역사	선사	동물	고대	초기국가시대	고조선 부여 옥저 동예 삼한
		고대	문헌			
		고려	물품도구			
		조선	사건			
		근현대	성씨			
삶의 자취 (문화유산)	문화유산	[유형유산]	식물		삼국시대	가야 고구려 백제 신라
		[무형유산]	유물			
삶의 주체 (성씨와 인물)	성씨 세거지	성씨세거지	유적			
		[인물]	음식물			

삶의 틀1 (정치와 사회)	정치행정	정치	의례
		법제행정	의복
	사 회	사 회	인물
삶의 틀2 (경제와 과학)	경제산업	경제산업	작품
	과 학	과학기술	제도
		의약학	지명
삶의 내용 (종교와 문화예술)	종 교	민간신앙	행사
		불 교	
		유 교	
		기독교(천주교)	
		기독교(개신교)	
		신종교	
	예 술	음 악	
		미 술	
		사 진	
		연극영화	
		무 용	
		대중문화	
	체 육	체 육	
	교 육	교 육	
	언론출판	언 론	
		출 판	
삶의 방식 (생활과 민속)	생 활	의생활	
		식생활	
		주생활	
	민 속	민 속	
삶의 이야기 (구비전승과 어문학)	언어문학	구비전승	
		언 어	
		문 학	

남북국시대		통일신라 발 해 태 봉 후백제
고려 시대	고려전기	918(태조)~1274(원종)
	고려후기	1275(충렬왕)~1392(공양왕)
조선 시대	조선전기	1392(태조)~1494(성종)
	조선중기	1495(연산군)~1673(현종)
	조선후기	1674(숙종)~1875(고종)
	조선말기	1876(개항)~1910(순종)
일제 강점기	일제강점기	1911~1945
현 대	현 대	1945.8.15 이후

* 출전 : 권영옥 · 김백희, 2006, 「향토문화 분류체계와 전자대전 항목구성체계의 접합 방안」, 『문화콘텐츠와 지역문화』, 130쪽.

유형, 시대 분류표로 나눈 '분야, 유형, 시대 분류표'를 마련하여 적용하였다.

그러나 이 분류체계는 고정된 틀은 아니며, 전자대전 편찬 작업의 과정에서 나타나는 분류의 난점들을 해결하기에 용이하도록 개정·증보되고 있다.172) 이러한 분야 중심의 분류와 함께 항목 분류체계의 필요성도 제기되고 있다.

향토문화전자대전의 분류 체계는 기존의 시군지나 국가지식정보사이트에서 중심적으로 구축하던 유형문화재 중심의 것과는 달리 대상을 확대하고 있다. 보다 긍정적인 면은 문화유산의 과거의 모습뿐만 아니라 현대적이고 동시대적인 모습을 포함하여 영역을 확대하였다는 것이다. 그러나 그러한 긍정적 측면에도 불구하고 분류체계는 기존 시군지의 연장선상에 있음을 확인할 수 있다. 기본적으로 전국의 기초자치단체를 대상으로 하고 있다는 점과, 시군지 서술내용과 사료가 기본적인 자료가 된다는 점에서 양자의 관계설정은 보다 명확해진다.173)

〈표 6〉 시군지(사)와 향토문화전자대전 비교

비교항목 \ 구분		시군지(사)	향토문화전자대전
기획 /예산	목적	향토문화 기록 및 보존, 지역문화 정책 수립	정보화, 지방분권화시대 향토문화의 경쟁력 확보
	주기	시군마다 10~15년	전국 시군구 230여 개 대상 1차 구축 10년⇒수시로 업데이트 가능
	편찬기간	3~5년	1개 시군구 3년

---

172) 권영욱 · 김백희, 2006, 「향토문화 분류체계와 전자대전 항목구성체계의 접합 방안화」 (2006.11.18. 한국향토문화전자대전 편찬사업을 위한 2006년 하반기 심포지엄 발표집), 124~139쪽.
173) 주혁, 2004, 「시군지 편찬과 향토문화전자대전」, 『한국향토문화전자대전 편찬작업, 어떻게 할 것인가?』 심포지엄(2004.6.5) 자료집, 54쪽.

비교항목 \ 구분		시군지(史)	향토문화전자대전
	소요액수	8천만 원~10억 원 (인건비, 원고료, 편집·인쇄비)	2억 원 이상
	재원	자치단체 예산	중앙정부 및 자치단체 예산
편찬 과정	발간주체	시군 직영 또는 문화원 위탁	한국학중앙연구원과 지방자치단체
	편찬주체	상임위원 2~3인(주)/대학연구소, 학술기관, 박물관, 학술용역기관	한국학중앙연구원 한국학연구센터, 지역문화 전문가, 코디네이터
	집필자	자연·인문·사회과학 연구자 중심(지 역인사, 공무원 포함)10~100명	左同
	발간형태	4×6배판/국배판/변형판	on-line(인터넷향토지)
	발간부수	본책(1,000~2,000질) 보급판 혹은 문화관광 소개책자 5,000여 권	
체계	자료유형	원고+사진+CD-ROM+……	원고+동영상+사진+음향+……
	목차	지(誌) : 유형별 분류, 공간축 사(史) : 시대별 분류, 시간축	전체 콘텐츠 분류 체계(삶의 터전~삶 의 이야기의 9개 대분류, 중분류, 소 분류)
	권수/쪽수	1, 3~5, 10권 내외/ 1,500쪽, 1,000쪽, 500쪽 내외	
	이용방법	"펼쳐서" 해당 페이지로	'click'과 검색어 입력
지역 문화상	단위	시군+元 행정구역(조선시대 기준)	현 시군 행정구역
	지역특성	특수성, 망라, 전통문화〉현대사회	보편성, 규격화, 전통문화〈현대사회
대중성 및 활용도	호환성	일방향	쌍방향
	배포처	문화원, 시군 향토사료실, 공공도서 관, 대학도서관 등 한정	인터넷으로 서비스
	글쓰기	전문성(각주), 대중성, 자료 단순정 리 및 번역 등 혼재	고등학교 졸업 이상이면 이해할 수 있 도록 함
	재생산	읍면동지, 마을지, 각종 학술보고서 의 데이터 뱅크 기능	향후 수요자의 기호에 따라 다양한 자 료원으로 활용 가능
	데이터 활용도	고정성	가변성

* 출전 : 주혁, 2004, 「시군지 편찬과 향토문화전자대전」, 『한국향토문화전자대전 편찬작업,
어떻게 할 것인가?』 심포지엄(2004.6.5) 자료집, 54쪽을 중심으로 내용 중 일부를
재구성하였음.

　향토문화전자대전의 역할은 다양한 정보가 제공되는 현대 사회에서 정보를 체계화하여 사용자에게 효율적으로 전달되어야 한다는 시대적 소명과 더불어 정보대상의 확대라는 차원에서는 분명 하나의 획을 그었다는 점에서 의미가 있다. 그러나 향토문화전자대전은 해결해야할 과제가 많다. 우선, 향토문화전자대전이 구축해야 할 콘텐츠는 무엇인가에 대한 고민이다. 수차 지적되어 왔지만, 실제로 디지털로 구현 가능한 요소와 실제로 표현해야 할 내용성에 대한 심도 있는 논의가 요구된다. 다음으로는 이미 자료로 대상화 되어 있는 글이나 사료, 또는 유무형의 자료에 대한 재고가 필요하다. 즉, 해당 사료에 대한 체계적이며 폭넓은 이해가 선행되어야 한다는 점이다. 새롭게 발굴되고 끊임없이 생산되는 정보들을 지식체계 안에 끌어들이는 작업이 수반되지 않는다면, 의미 있는 사료로 활용할 수가 없다. 누구를 위한 어떤 역사, 어떤 삶에 대해 가치를 부여할지를 전제로 하기 때문이다.

　향토문화전자대전에 대한 가장 주요한 논란의 핵심은 일률적인 중앙사적 시각과 삶의 방식을 지양하면서도 필연적으로 다를 수밖에 없는 지역문화를 보편화된 틀로 획일화할 우려가 있다는 점이다. 향토문화전자대전의 추진배경과 필요성에 대해서 급격히 소멸되어가는 향토문화자료의 보존·계승을 위해 '지방적 시각'의 체계적이고 종합적인 지방문화 정리 사업이 필요하다고 전제하였다. 그러나 현재 진행되고 있는 향토문화전자대전은 과연 지방적 입장에서 접근하고 있는 지 의심스럽다. 예를 들어, 현재 구축되어 있는 성남과 청주를 비교해 보면, 두 사이트가 계절별로 디자인을 바꾼 듯한 느낌을 받게 된다. 향토문화전자대전의 대분류체계에 매몰되어 천편일률적인 지역문화를 그리게 되지 않을까 하는 의구심마저 든다.

　또한 이러한 시스템 구축은 막대한 예산이 투입되어 진행되는 정부 주도의 사업이라는 점에서 필연적으로 아래로부터가 아니라 위로부터의 향토문화상이 투영되는 문제가 노출될 수 있다. 또한 그 의의와 목적, 그리고 영향에도 불구하고, '보편적 규격화'라는 자료구축 방법상의 문제가 집중적으로 제기되고 있다. 향토대전이 '사전'일 수밖에 없다는 점을 감안하더라도, 일방향성의 우려를 지적하지 않을 수 없다. 보편적 규격화가 향토문화 정보 구축과 관련된 필요조건이라면, '필연적'으로 다를 수밖에 없는 향토문화의 특수성을 '그 지역만의 색깔'로 드러내는 것은 충분조건에 해당한다.[174] 비록 향토문화전자대전이 기존에 텍스트를 읽는 차원의 향토지에서 콘텍스트를 보고 듣는 차원의 인터넷 향토지로 변화하는 과정에서, 현재로서는 가장 앞선 형태이지만, 이 충분조건을 어떻게 구현해 낼 것인가라는 점이 향토문화전자대전의 내용을 담보한다고 하겠다.

---

174) 주혁, 2004, 위의 글, 56~57쪽.

|제4장| 문화유산 가상현실 구축 사례

'경기도 역사문화체험 가상현실 시스템' 제작 사례를 중심으로

경기도와 경기문화재단은 2000~2003년까지 4년간 경기도의 문화유산을 소재로 하는 '경기도 역사문화체험 가상현실 시스템'175)을 제작하여 인터넷에 공개하였다. 이 시스템은 경기도의 문화유산을 국내외에 널리 알려 교육 자료로 활용토록 하고, 경기도 관광산업 진흥을 목적으로 제작되었기에, 한국어 · 영어 · 일어 · 중국어 등 4개 언어로 만들어졌다.

'경기도 역사문화체험 가상현실 시스템'은 3차로 나뉘어 제작되었으며, 모두 10개의 콘텐츠로 구성되어 있다. '남한산성', '화성', '경기도박물관'은 1차 연도인 2000년에 제작된 것으로, 현존하는 문화유산과 문화공간을 가상현실로 구현하였다. '회암사지'와 '고달사지', '전곡리 선사유적지'는 2차 연도인 2001년에 제작되었으며, 유적과 유물만 남아 있는 문화유산을 가상현실로 복원한 것이다. 이에 비해서 3차 연도인 2002년부터 2003년 간 제작된 '정조의 화성행차 이야기'와 '다산을 찾아

175) http://vrkg21.net[2006.9.1].

서', '효 애니메이션', '실학 애니메이션'은 정신사(精神史) 주제인 효와 실학을 콘텐츠로 구현한 것이다. 특히 '정조의 화성행차 이야기'는 정조의 '을묘년(1795) 화성 원행'이라는 역사적 사건을 가상 복원한 것이다.

이 시스템은 역사학자·고고학자·건축학자와 가상현실시스템 전문가, 제작회사의 그래픽 디자이너 등이 3년에 걸쳐 작업한 학제간 협동작업의 결과물이다. 제작 과정의 각 단계마다 전문가와 제작사의 결합 형태가 달라, 역사학 및 고고학 연구 성과와의 결합도가 콘텐츠의 완성도에 미치는 영향을 상호 비교할 수 있어 문화유산 가상현실 제작 사례 연구에 가장 적절한 분석 대상이다. 또한 문화유산을 가상현실로 복원하는 세 가지 유형을 모두 갖추었다는 점에서도 주목할 만한 가치가 있다.

본 장에서는 먼저 한국문화유산 가상현실 제작 양상을 살펴본 후, '경기도 역사문화체험 가상현실 시스템'에 구현된 콘텐츠를 앞에서 살

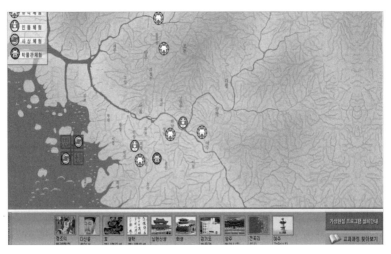

〈자료 5〉 경기도 역사문화 가상현실체험 시스템 메인 화면

퍼본 세 가지 유형으로 나누어 살펴보겠다. 즉, 가상현실 기법을 활용한 현존 문화유산의 구현, 유적지의 복원, 정신사 주제의 구축 등 세 가지 유형으로 나누어 차례대로 검토하고자 한다. 부언하자면, 이렇게 세 유형으로 문화유산을 분류하는 것은 가상현실 시스템의 적용방식과 밀접한 관련이 있다.176)

제1절 │ 한국문화유산 가상현실 제작 양상

1980년대 말 문화재연구소에서는 미륵사지 동탑 복원설계 시 처음으로 부재별로 컴퓨터 3D Modeling 작업이 이루어지고, 이에 의해 탑 전체의 모습을 구축한 시뮬레이션 작업이 이루어졌다.177) 탑의 층수에 대해 9층 설과 7층 설 등이 분분했으나, 부재를 컴퓨터에 넣어 체감률을 계산하니 9층임이 확인되었는데,178) 이것이 한국에서 가상현실 기술이 문화유산 관련 사업에 적용된 첫 사례이다. 이를 근거로 1993년 미륵사지 동탑이 복원된 것이다.179)

---

176) 가상현실의 활용과 관련하여 '제1형 문화유산의 구현, 제2형 유적지의 복원, 제3형 정신사 주제의 구축으로 구분하는 것은 기존의 문화유산 구분 개념과는 다른 것이다. 기존의 문화유산 구분은 대체로 지정 주체(지정 격)에 의한 구분과 주제별 구분방식이 일반적이다. 그런데 문화유산을 가상현실에 적용할 경우, 해당 문화유산을 어떻게 가상현실 공간에 드러낼 것인가가 보다 주요한 과제가 된다. 따라서 여기에서는 위와 같이 세 가지 유형으로 구분하고자 한다.

177) 윤희상, 2000, 「컴퓨터를 활용한 전통 목조건축의 복원 및 보전에 대하여」, 『43회 전국역사학대회 발표논문집』, 301쪽.

178) 2006년 11월 29일 당시 문화재연구소에 근무한 윤희상교수와 인터뷰 내용.

179) 미륵사지 동탑 복원에 대해서는 박진호, 2006, 『황룡사, 세계의 중심을 꿈꾸다』, 수막새, 56~75쪽 참조.

1990년대 초 봉정사 극락전 및 기타 건축물 복원은 건물로서는 최초의 가상현실 복원 사례이다. 고려시대의 건물로 우리나라에 남아있는 목조 건축물 중 가장 오래된 것으로 알려져 있는 봉정사 극락전에 대한 시뮬레이션은 1992년 당시 컴퓨터 그래픽을 이용, 실측 치수에 따라 형상을 조립해 그 과정을 볼 수 있게 한 것이다. 극락전의 디지털 복원 과정은 실제 건축과 똑같이 진행되었는데, 우선 기반을 닦은 뒤 기둥을 세우고, 서까래를 올린 다음 기와지붕을 올린다. 디지털작업에서도 실제처럼 지붕 올리기가 제일 힘들다고 한다. 하지만 3차원이라는 점을 감안하여 앞·뒤·옆, 그리고 위·아래에서 본 모든 장면들을 데이터로 만들어 구축했다. 이러한 데이터베이스의 구축이 복원의 토대가 되는 것이다.[180]

우리나라에서의 본격적인 디지털 복원의 사례는 2000년 신라 왕경의 복원을 들 수 있다. 2000년 9월에 열린 경주 세계문화엑스포에서 선보이기 위해 통일신라가 가장 강성했던 760년경 경덕왕 당시의 서라벌을 3차원 대형 입체영상으로 부활시킨 것이다. 이를 위해 40×52.8㎞의 서라벌 평야의 실제 지형을 위성 촬영하여 제작하였고, 도성의 경우는 국내외 학자들의 연구성과를 종합하고 최근의 고고학적 발굴 결과를 반영하여, 이미 사라졌거나 훼손된 문화재들과 옛 신라인들의 생활을 재현하였다. 이 프로젝트는 국내 최초로 Networking system 좌석이 설치된 가상현실 전용관에서 상영되었다.[181] 이 영상은 관객들이 1,000년 전 신라인들의 생활세계, 즉 안압지와 석굴암 속으로 들어가는 느낌을 갖도록 꾸민 것으로, 가상공간 속에서 신라인의 생활세계와 문화를

---

180) 『한겨레신문』, 2002년 2월 3일자.
181) 박소연·양종열, 2003, 「가상현실 기술을 이용한 문화재의 디지털 복원」, 『디자인학연구』 51, 227쪽.

재현하였다.182) 또한 이는 가상현실이 관광자원으로 사용될 수 있는 좋은 사례가 될 수 있음을 보여준 것이다.

2001년에는 무령왕릉 발굴 30주년을 맞아 무령왕릉의 본래 모습을 그대로 복원해 국립공주박물관에서 3차원 입체영상으로 상영하기도 했다. 황룡사9층목탑과 무령왕릉, 불국사가 디지털 복원에 의해 축조 당시의 모습을 되찾기도 했다.183)

위와 같은 초창기 과정을 통해 기술과 경험이 집적되어 최근에는 문화재 복원 과정에서 가상현실 기술의 사용은 일반화되었다. 가상복원이 필수적으로 사용되는 이유로는, 봉정사 극락전의 복원과정에서 언급하였듯이 다양한 각도에서 문화재를 살펴볼 수 있고, CAD로 부재 하나하나를 만들어 조립하면 실제 수리 및 조립과정에서의 시행착오를 줄여줄 수 있다는 점 때문이다.184)

최근 들어서는 이러한 컴퓨터를 활용한 문화유산의 보존 작업이 단지 복원이나 학술적인 성과만을 목적으로 하는 것이 아니라, 다양한 콘텐츠를 활용하여 세계적으로 문화유산의 가치를 홍보하고 인식시키는 데 활용하는 단계로까지 나아갔다. 이러한 목적으로 경기도에서 경기문화재단을 통하여 국내 최초로 화성과 남한산성, 그리고 경기도 박물관 및 성내 시설물 등 대규모의 문화유산 가상현실 사이트 제작이 이루어진 것이며, 이를 인터넷으로 공개하게 되었다.185)

가상현실 기술을 이용해 문화재를 복원하는 것은 현재 오프라인

---

182) 박성용, 「경주세계문화엑스포와 공간조직」
    (http://ynucc.yeungnam.ac.kr/~anthro/bk21/doc/data/history-ps.htm)[2006.7.20].
183) 『한겨레신문』, 2002년 2월 3일자.
184) 2006년 11월 29일 당시 문화재연구소에 근무한 윤희상 교수와의 인터뷰 내용.
185) 「인터넷상의 경기도 문화유산 가상현실 사이트제작에 대하여」(강진갑, 2001, 제44회 전국 역사학대회 발표)에 대한 윤희상의 토론문(프린트물).

공간에서 가능한 일이다. 속도를 중시하는 인터넷에서는 그 용량을
감당할 수 없기 때문이다. 한국에서 문화유산이 가상현실로 구축되어
인터넷에서 서비스를 시작한 것은 2000년 전후 박물관 홈페이지에
가상전시실을 꾸며 일반에게 서비스하면서부터이다. 이후 국가문화유
산종합정보화사업이 본격적으로 추진되면서 많은 박물관 홈페이지에
가상전시실이 구축되고 있다. 용인시의 '멀티미디어 문화유적지'[186]처
럼 지방자치단체에서 문화유산을 가상현실로 제작하여 홈페이지에 싣
는 경우도 있다. 외국에서는 이스라엘의 고대 Megiddo, 프랑스 루브르
박물관 등 많은 문화유산과 박물관이 가상현실로 구현되어 있다.[187]

국내 박물관 홈페이지 중 대표적인 가상전시실 구축 사례를 살펴보
면 다음과 같다.

□ **국립중앙박물관**[188]

중앙박물관의 사이버투어는 크게 전시시설, 편의시설, 체험관, 홍보
관으로 구성되어 있다. 전시시설은 Live Picture식 가상전시관, 전시관
내비게이션과 유물사진, 해당 전시실에 대한 설명을 연동하는 방식으
로, 고고관, 역사관, 기증관, 미술관 1 · 2, 아시아관, 야외전시, 어린이박
물관을 사이버박물관으로 구성했다. 각층의 전시실을 설계도와 함께
보여주고 있으며 관람 예상시간과 이동거리 등을 확인할 수 있어 현장
감이 있다. 그러나 구성된 가상전시관이 너무 작게 배치되어 있기 때문
에, 가상현실이 사이버 공간에서의 가상체험을 목적으로 한다고 할
때 아쉬운 부분이 있다.

---

186) http://cultyre.yonginsi.net/frame.asp?lang=kr[2006.2.1].
187) 강진갑, 2003, 「경기도 문화유산 가상현실 시스템 개발과 인문학자의 역할」, 『인문콘텐츠』
창간호, 106쪽.
188) http://www.museum.go.kr[2006.10.3].

□ **독립기념관**189)

독립기념관은 기본적으로 사이버 전시관과 사이버 독립운동으로 구성되어 있다. 일단 전시관을 볼 때 필요한 기본적인 프로그램인 자바 가상머신(MSJVM)을 상단에 배치해 이용자가 쉽게 다운받아 사용할 수 있도록 했다. 7개의 전시관과 원형극장, 야외전시관으로 구성되어 있고, 실제 전시관을 Live Picture로 보여주고 있다. 그러나 독립기념관 전시장전시관 내부에 있는 유물에 대한 정보나 사진이 링크되어 있지 않으므로 전시장을 보여 준다는 것 정도의 의미만 있을 뿐이다. 또한 전시관을 확대해 볼 수도 있으나 해상도가 높지 않아서 실제 도움이 되지 않는다. 사이버 독립운동은 중국지역의 항일운동지역을 살펴볼 수 있는데, 사이버투어소개·사이버기념관·임시정부발자취·독립만세광장·독립운동게임·사적지답사로 구성되어 있다. 사이버 독립운동은 내비게이션을 활용해 중국에서의 독립운동의 영역과 경로를 확인할 수 있으나, 클릭해서 들어가면 사진 이미지로만 되어 있어 가상현실의 장점을 살리지 못했다. 그러나 독립운동게임으로 들어가면 'O× 게임-독립투사를 구출하라!', '솔방울 던지기게임-청산리전투의 승리!', '밀서전달게임-밀서를 전달하라!'등의 게임을 체험할 수 있다. 게임은 물론 단순하나 한 단계 진전된 가상현실 체험이라는데 의의가 있다.

□ **로댕갤러리**190)

로댕갤러리 홈페이지는 기획전시실 안에 현재전시, 과거전시, 예정전시, 로댕특별전이 설치되어 있는데 실제로 사이버전시실이 구성된 경우는 로댕특별전만이다.

---

189) http://www.independence.or.kr[2006.10.3].
190) http://www.rodin.co.kr[2006.10.3].

가상전시실은 하나의 이야기 흐름을 갖고 있다. 작품순서를 알파벳으로 구분하고 들어가는 입구에 상설전시장에 대한 의미를 간략하게 설명한다. '지옥의 문(A)'에서부터 출발한다. 이후 기획전시장의 아담(B)에서부터 허무한 사랑과 입맞춤으로 대표되는 '에덴동산과 육욕(C, D, E, F)'을 지나(G), '순교자'가 있는 '지옥과 저주(H, I, J, K)'로 이어진다. 그리고 단테, 혹은 로댕 자신의 자화상으로 알려진 '생각하는 사람'과 청동주조모형이 있는 '작가의 아틀리에(L, M)'를 지나 '이브'(N)에 이르면서 긴 여정을 마치게 된다. 아담과 이브가 원래 로댕이 지옥의 문에 배치하려 계획한 조각상들로 로댕과 지옥의 문 전시의 시작과 끝을 장식하고 있다. 전시실을 하나의 이야기 공간으로 만들어 완결성을 높였으며, 한 차원 높은 가상현실을 보여주고 있다. 다만 예술작품의 감동을 전달해 주기에는 작은 화면이 아쉽다.

□ 국립현대미술관[191]

국립현대미술관의 경우 가상박물관의 전시실 전경을 Live Picture방식으로 개략적으로 보여주고 있다. 음성해설과 동영상 서비스를 하고 있다. 그러나 전시관의 전경만을 보여주는 형태이므로 전시품에 대한 설명이나 정보를 얻기는 쉽지 않다. 다만 작가 홈페이지와 연결되어 있어, 작품설명이나 작가의 다른 작품으로 관심의 영역을 확대할 수 있다는 장점을 가지고 있다.

□ 가상과학박물관[192]

가상과학박물관은 인터넷에서만 운영되는 가상박물관이다. 실제로

---

191) http://www.moca.go.kr[2006.10.3].
192) http://ruby.kordec.re.kr/~museum[2006.10.5].

존재하는 경우가 아닌 그야말로 가상현실 상에서만 존재하는 경우이다. 천문우주관, 패류박물관, 생물다양성관, 화석박물관, 농업박물관 등 다양하다. 각 실이나 관으로 들어가면 특성에 맞는 전시실이 구동되고 있다. 천문우주관과 같은 경우는 고대의 천문실부터 가상태양계까지 한눈에 살펴볼 수 있으며 간략한 기초정보를 제공하고 있다. 그러나 VR 기능이 제대로 실행되지 않아 사용하기 불편하다.

□ 국립민속박물관193)

국립민속박물관의 경우는 전시마당에 민속박물관 가상체험관을 설치했다. 화면을 반으로 분할하여 왼편은 가상전시체험관이고, 오른쪽은 파노라마로 처리하여 실제 전시관의 모습을 보여주고 있다. 가상전시관에 등장하는 인물은 turn, happy, angry, wave, bow, look 등으로 감정을 표시하거나 움직일 수 있도록 했다. 그러나 이미지를 다운받는데 시간이 많이 소요되므로 컴퓨터 사양이 낮은 사용자가 불편해 할 수 있다.

□ 문예진흥가상박물관194)

문예진흥가상박물관은 고구려 고분벽화와 도자기를 대표적인 한국 유적 유물로 선정하여 가상전시관에서 소개하고 있다. 고분벽화는 설계도와 실제사진을 보여주고 있으며, 도자기의 경우 확대·회전 등 다양한 이미지를 파노라마 형식으로 구현하고 있다.

현재 구축되어 있는 가상현실과 가상박물관에 대해서 살펴보았다.

---

193) http://www.nfm.go.kr[2006.10.3].
194) http://www.kcaf.or.kr/virtual[2006.10.5]

가상현실을 구축하는 목적은 직접 방문하지 않아도 인터넷 상에서 박물관이나 기관을 체험하고 정보를 알 수 있도록 하는 것이다. 그러나 이러한 목적에 맞는 서비스를 제공받거나 향유하기에 많은 난관을 거쳐야한다.

박물관에 구축된 가상현실을 살펴보면 주로 이미지 기반 VR 방식을 사용하고 있음을 알 수 있다. 국립민속박물관처럼 일부를 모델 VR로 구성한 경우는 있지만, 대부분이 이미지 기반 VR 방식을 채용하고 있다. 모델 VR은 서버 용량의 한계와 VR을 구축하는데 따른 비용과 고증 등 절차가 어렵기 때문에 실제로는 거의 사용되지 않는다. 그래서 여러 기관들은 양자의 방식을 혼합하여 사용하고 있으나, 대체로 이미지 기반 VR 방식이 우세하다. 3D방식은 한정된 유물을 360도 회전하여 볼 수 있는 오브젝트 VR에 만족하거나, 간단한 애니메이션의 활용, 비디오 동영상을 보여주는 정도로 구성된다. 전시관만을 보여줄 뿐 전시관 안에서 유물에 대한 정보는 얻을 수 없다. 때문에 가상현실은 박물관이나 전시장에 갔을 경우 시간을 효율적으로 운용하기 위한 예비체험으로 지식을 습득하는 장으로 활용되고 있다.

가상현실을 활용하는 데는 여러 가지 문제점들이 있다. 가상현실에 사용된 프로그램을 다운받아야 관람할 수 있다는 점이다. 독립기념관의 경우는 사이버박물관 시작화면 상단에 곧바로 다운받을 수 있도록 하여 이용자가 편리하게 쓸 수 있다. 그러나 대부분은 해당 프로그램을 탑재한 홈페이지와 연계되어 있어, 다운받기 위해서는 최신 업데이트를 확인하고, 컴퓨터 사양에 맞는 프로그램을 선별해야 하므로 복잡하다. 이런 절차를 불편스럽게 여기는 사용자의 경우 대체로 중간에 포기하는 사례가 많다. 게다가 외국어로 표기된 홈페이지에 접속했을 경우는 더욱 난감하다. 그리고 이렇게 복잡하게 다운 받은 가상현실 프로그램이 다른 가상현실 체험 시에는 활용될 수 없다는 점도 문제이다. 보통 하나의 프로그램을 다운받은 후, 다른 가상현실을 보기 위해서 또 다운을 받아야 한다면 포기하는 경우가 더욱 많아질 것이다.

그리고 이와 관련하여 화면에 표시되어 있는 다양한 기호와 신호체계는 이해하기 어려운 경우가 많다. 가상현실 내에서 움직임이나 화면 확대 보기 등 기호가 일치하지 않기 때문에 접근이 어렵다고 느낄 수 있다. 아바타를 활용하는 경우도 다르지 않다. 즉 아바타는 가상공간에서 '나'를 대신할 가상의 '나'를 의미한다. 그러나 실제 아바타를 운영하는 경우 사용방법이 어렵거나, 가상공간에서 작동이 불가능한 경우도 있다. 앞으로 가상현실이 앞서 언급한 여러 가지 문제들을 극복하고 대중에게 친숙하게 활용되기 위해서는 해결할 과제들이 많다.

가상현실이 제대로 운용되기 위해서는 여러 가지 해결해야 할 과제들이 있다. 먼저 가상현실 체험 프로그램을 통합하여 사용자의 편의성을 증가시키는 것이다. 반복적으로 동일한 류의 프로그램을 다운을 받지 않아도 볼 수 있도록 표준시스템 환경으로 개선해야 한다. 또한 적합한 가상공간을 만들기 위해서 유물이나 전시에 대한 기본 설명, 음악, 영상 등이 적절하게 사용되어 이용자들이 흥미를 느낄 수 있게 해주어야 한다. 예를 들면 독립기념관의 경우 사이버독립운동에서 게임으로 독립운동을 체험할 수 있도록 제작되었다. 즉 독립운동의 실제성을 높이고자 현재 인기 있는 프로그램인 장애물을 피해 운전하는 게임인 카트라이더나 총기류를 쏘아 목표물을 물리치는 갤러그류 게임과 유사하게 만들어, 체험하는 이로 하여금 흥미를 유발시키고 있다. 다만 전문 게임프로그램처럼 단계를 구분해서 관심도를 높였다면 좋았을 것이라는 아쉬움이 든다. 그러나 독립기념관의 초보적이지만 재미있는 시도는 여타의 가상박물관에서도 고민해야 할 부분이다.

공간구성에 대해서도 진지한 고민이 필요하다. 현재 가상공간은 그 야말로 전시실을 인터넷으로 보여준다는 개념정도로 만족하고 있다. 루브르박물관 가상현실처럼 전시할 대상 목록을 선정하고 이에 맞게 집을 지어 그 자체로서 완결적인 공간으로 서비스를 제공하는 것도 고려해 볼 만하다. 가상전시관이 현재하는 공간의 연장으로 구축할 것이 아니라, 그 자체도 하나의 볼거리로서 충분한 요소를 갖추어 체험하는 이로 하여금 아름다움과 흥미를 느낄 수 있도록 해야 한다.

인터넷 상의 문화유산 가상현실 복원은 세 가지 유형이다. 첫째, 현존 문화유산 또는 박물관을 가상현실로 구현하는 형태, 둘째, 유적만 남은 문화유산을 소재로 나머지 문화유산의 전부 또는 일부를 복원하는 형태, 셋째, 특정한 역사적 주제와 관련된 문화유산을 연결시켜 하나의 지식체계를 갖춘 가상현실로 복원하는 형태이다. 지금까지 제작된 문화유산 가상현실 제작은 대부분 첫째 경우이고, 후자의 경우는 거의 없다.

문화유산을 가상현실로 제작하는 과정은 역사학, 고고학, 건축학 간의 학제간 협동작업과 산학협력에 의해서만 가능하다. 그러므로 문화유산을 가상현실로 만드는 작업은 역사학의 새로운 영역이며, 역사학과 고고학 연구 결과를 발표하는 새로운 방법이기도 하다. 고고학에서는 발굴보고서를 CD-ROM으로 제작하는 문제가 이미 제기되었으므로,[195] 역사학 역시 가능할 것으로 보인다.

---

195) 임세권은 고고학발굴보고서를 CD-ROM으로 제작할 것을 제기하고 있다. 고고학은 조사 및 연구 자체가 텍스트만으로는 불가능하다. 발굴과정을 기록으로 남기기 위해 발굴 현장 실측도면을 제작해야 하며, 유구나 유물을 세부 드로잉 해야 하고, 사진 촬영을 해야 한다. 그리고 유구나 유물, 발굴 현장을 글로 표현하면 아무리 쉽게 설명해도 글이 어려워 전문가가 아니면 이해하기 어려울 뿐만 아니라 정확하게 표현하기도 어렵다. 그러므로 보고서를 시각적으로 작성하는 것이 필요하다는 것이다. 그리고 기록한 자료를 편집할 때 디지털 카메라, 디지털 측량기 등 디지털 장비를 이용해서 기록하면 지금까지는 불가능했던 발굴 과정과

제2절 │ 현존 문화유산의 가상현실 구현

'경기도 역사문화체험 가상현실 시스템' 구축 첫 해인 2000년에 '남한산성', '화성', '경기도박물관' 등 세 개의 콘텐츠가 제작되었다. 남한산성과 화성은 현존하는 문화유산이고, 경기도박물관은 현재 개관 중인 박물관이므로, 첫 단계에서는 현존하는 문화유산과 공간을 가상현실로 구현한 것이다. 이 가운데 현존 문화유산인 남한산성과 화성의 가상현실만을 주로 검토하고자 한다. 먼저 가상현실 제작 소스로서의 남한산성과 화성의 역사와 문화유산을 살펴보고, 이어서 구성 내용, 분석순으로 서술하겠다. 다만, 두 문화유산은 성곽이라는 공통점을 지니고있어 가상현실 콘텐츠와 텍스트의 구조가 유사하고 적용 기술이 동일하므로 분석은 남한산성을 중심으로 알아보고자 한다.

1. 남한산성과 화성의 역사와 문화유산

1) 남한산성[196]

남한산성은 행정구역상 경기도 광주시 중부면 산성리 일대에 속하며, 1963년에 사적 제57호로 지정된 현존 문화유산이다. 성곽 둘레는

현장, 그리고 유물과 유구를 생생하게 보여줄 수 있다. 그리고 발굴 장소 환경도 파노라마로 보여주면 긴 설명이 필요없다. 방송에서 사용하는 크레인과 소형카메라, 모니터를 연결한 공중 숏(Aerial shot)을 이용하면 조사가가 일일이 발굴 트렌치 내부를 밟고 다니지 않아도 된다. 또한 가상현실 기법을 이용하면 유물의 입체적인 가상복원도 가능하기 때문에 발굴보고 서를 책이 아닌 CD-ROM 형태로 제작하자는 것이다(임세권, 2002, 「새로운 서술방법으로서의 영상고고학」, 『우리 인문학과 영상』, 푸른역사, 170~177쪽).

196) 남한산성의 역사에 대해서는 강진갑, 2000, 「역사적 배경」, 『남한산성 문화유적』, 한국토지 공사 토지박물관을 주로 참고하였다.

약 12.355㎞, 면적은 66만 8,303.6㎡에 달한다.[197] 성의 형태는 동서를 축으로 하는 불규칙한 장방형이다. 성 외부는 급경사를 이루는 지역이 많으나, 내부는 넓은 구릉성 분지이다. 성 내부에 45개의 연못과 80여 개의 샘이 있고, 동쪽으로 침식협곡이 발달하여 물자의 수송에도 용이하다. 또한 한강 수계에 대한 조망이 수월하고 한양으로 통하는 길목을 통제할 수 있어, 천연 요새의 성격을 두루 갖추었다.

1990년대 말까지 이 일대 주민 중에는 남한산성을 백제 온조왕이 세운 왕도라고 보는 사람이 많았다. 이러한 견해는 고려 때부터 꾸준히 제기되었고,[198] 『조선왕조실록』, 『신증동국여지승람』, 『대동야승』 등 조선시대의 여러 문헌에서도 되풀이되었다. 이를 근거로 남한산성 인근 주민들은 백제왕도설을 믿었다.

그러나 최근 조사 결과, 남한산성 행궁지에서 통일신라시대 큰 집자리가 나왔다.[199] 이로 비추어 볼 때 남한산성의 최초 축성 시기는 통일신라시대로 보인다. 이미 홍경모(洪敬謨)가 『중정남한지』에서 온조가 도읍한 성은 남한산성이 아님을 지적한 바 있는데, 발굴 결과 통일신라시대에 남한산성을 처음 축성한 것이 확실해졌다. 통일신라시대에 남한산성 지역은 한산주(漢山州), 남한산주(南漢山州), 한주(漢州) 등의 지명으로 불렸는데, 『삼국사기』에는 "한산에 주장성을 쌓았는데, 둘레가 4,360보이다(築漢山晝長城 周四千三百六十步)"라는 기록이 있다. 신라는 삼국통일 후 당나라와 전쟁을 수행하는 한편, 한강유역을 방어하

---

197) 심광주 외, 2000, 「문화유적」, 『남한산성 문화유적』, 한국토지공사 토지박물관, 74쪽.
198) "溫祚王 13년에 이르러… 漢山下에 立柵하고 위례성 민호를 옮기고 마침내 궁궐을 세워 여기에 居住하였다. 이듬해 도읍을 옮기고 남한산성이라 불렀다"(『高麗史』 卷56 志卷10 地理1).
199) 김상익 · 김충배, 2004, 『南漢行宮址 제6차 발굴조사보고서』, 한국토지공사 토지박물관 · 경기문화재단, 171쪽.

기 위하여 672년(문무왕 12)에 주장성을 축조한 것이다.

고려시대에 들어와서는 1231년(고종 18)에 광주부사 이세화가 남한
산성에서 군민을 지휘하여 몽골군의 공격을 막아냈고,[200] 1232년 정월
에 요동으로 잠시 철군하였던 몽골군이 다시 침입했을 때에도 뛰어난
전술로써 성을 방어하였다.[201] 이 전투로 인해 예봉이 꺾인 몽골군은
용인의 처인성을 공격하였으나, 원의 장수 살례탑(撒禮塔)이 전사함으
로써 고려에서 철군할 수밖에 없었다. 고려 말에는 1361년(공민왕 10)
에 홍건적이 침공하여 개경이 함락되었고, 공민왕은 안동으로 파천(播
遷)하면서 광주에 잠시 들렀다. 이때 광주의 이민(吏民)이 모두 산성으
로 피신하였다고 하는데, 당시 그들이 피신한 산성은 이성산성이 아니
라 남한산성일 것으로 보인다.[202]

남한산성은 조선시대 초기에는 일장산성이라고 불리다가 선조 때부
터 남한산성이라는 이름으로 불리게 되었다고 추정된다.[203] 1410년(태
종 10)부터 남한산성에 대한 수축 논의[204]가 시작된 사실에서 그 전략
적 가치를 주목하였음이 드러나는데, 1418년(세종 1)에도 경기 군기점
고찰방이 남한산성을 수축할 것을 청하는 내용이 있다.[205] 당시 남한산
성 수축이 이루어졌는지는 알 수 없으나, 『세종실록』지리지에 산성의
기능과 규모 등이 언급된 점으로 미루어 최소한 군사시설로 사용할

---

200) 『東國李相國集』後集12, 「李世華 墓誌銘」.
201) 박용운, 1988, 『고려시대사』, 일지사, 477~488쪽.
202) 이원근 외, 1989, 『한국의 성곽과 봉수』상, 282~283쪽.
203) 1597년(선조 30) 2월 선조의 지시로 盧稷이 남한산성을 돌아보고 와서 선조에게 보고하였다.
　　이 보고에는 16세기 말 남한산성의 상황이 비교적 소상히 기술되어 있다(『宣祖實錄』卷85
　　宣祖 30年 2月 丙戌).
204) 『太宗實錄』卷19 太宗 10년 1月 辛巳 ; 『太宗實錄』卷19 太宗 10年 1月 丙戌.
205) "경기 軍器 點考 察訪이 강화 喬桐山城 및 광주 日長城을 수축할 것을 청하니, 풍년을
　　기다려 수축하라고 명하였다"(『世宗實錄』卷1 世宗 卽位年 10月 癸卯).

수 있을 정도로 수리되었을 것이라고 추정된다.

임진왜란 때 난공불락의 요새로서 매우 중요하게 활용된 남한산성은 유사시 왕이 피난할 수 있는 보장처(保障處)로서의 중요성이 크게 증대되면서[206] 1624년(인조 2)과 1626년 사이에 대대적으로 수축되었다. 그 결과, 산성 둘레는 6,297보가 되었고, 그 내부에 여장 1,897개, 옹성 3개, 대문 4개, 암문 16개 등 124개소에 125문의 군포가 설치되었다. 왕이 거처할 행궁도 총 227칸 규모로 건립되었고, 객관인 인화관(人和館)도 함께 지어졌다. 그리고 한흥사와 국청사 등 9개 사찰이 창건되었다. 그 후 남장대 옹성, 봉암 신성, 한봉성 등이 수축되었고, 행궁 내에 단묘시설 등이 건립됨으로써 임시 수도의 역할을 수행할 수 있는 시설을 갖추었다.

조선 조정은 대대적인 남한산성 수축 후 이를 관리하기 위한 수어청을 설치하고 광주목의 읍치를 남한산성으로 옮겼다. 1683년(숙종 9)에는 광주부윤을 유수로 승격시켜 행정과 군사를 함께 담당토록 하였다.[207] 그러나 유수가 자주 교체되어 군무를 수행하는 데 지장이 발생하자, 1690년에 광주유수를 광주부윤으로 격하하고 행정과 군사업무를 분리시켰다. 그러다가 1795년(정조 19)에 광주를 유수부로 다시 승격시키고 광주유수가 남한수어사를 겸임케 함으로써 지휘체제를 일원화하였다.[208]

1895년(고종 32) 명성황후 시해로 인해 촉발된 의병항쟁 당시, 경기 의병의 거점도 남한산성이었다. 광주의병부대, 이천의병부대, 양근의병부대로 구성된 연합의병대의 수는 1,600여 명에 달했으며,[209] 서울

---

206) 조병로, 1999, 「남한산성의 축성과 역사 · 문화적 의의」, 『남한산성 역사문화 강좌』, 남한산성을 사랑하는 모임, 32~35쪽.
207) 洪敬謨, 『重訂南漢志』 卷9, 下篇 「城史」.
208) 이존희, 1990, 『조선시대 지방행정제도연구』, 일지사, 273~275쪽.

진공계획까지 수립했다. 남한산성 의병부대는 비록 그 계획을 실행에
옮기지 못하고 1896년 3월 말경 급격히 붕괴되었으나 각 지역 의병의
연합으로서 최초의 서울 진공계획을 수립했다는 점에서 높이 평가된
다.

남한산성 내 산성리 마을은 일제강점기인 1917년에 광주군청이 산성
밖으로 이전하면서 쇠락의 길로 접어들었다. 조선시대 후기에 한때
1,000호 규모에 4,000여 명의 인구를 가질 정도로 번성했지만,[210] 1945
년 해방 전후 시기에는 70~80호에 불과한 한적한 산촌 벽지로 변하였
다.[211] 해방 이후에도 산성리 마을은 큰 변화가 없었으나, 1971년에
남한산성이 도립공원으로 지정되고, 1975년부터 방치되었던 남한산성
에 대한 정비가 시작됨으로써 많은 문화유산이 발굴 또는 복원되었다.

남한산성의 성곽시설은 크게 원성·옹성·외성으로 나뉜다. 원성은
둘레 7,545m이고, 내부면적은 약 212만 6,600㎡(64만 3,307평)이다.
4개의 성문과 11개의 암문이 있다. 옹성은 5곳인데, 연주봉 옹성만
원성을 쌓을 때 축조된 것이고, 나머지 4곳은 병자호란 이후 화포공격을
방어하기 위해 축조된 것으로 보인다. 옹성의 총 둘레는 1,643m이다.
외성은 동쪽에 봉암성과 한봉성이, 서쪽에 신남성이 자리한다. 봉암성
에는 4개, 한봉성에는 1개의 암문이 있고, 신남성에는 동서에 돈대가
1개씩 있다. 한봉성은 병자호란 이후 봉암성에서 한봉을 이어 축성하였
다. 신남성은 동서에 각각 1개씩의 돈대만 남아 있는데, 그중 동돈대는
송신탑 건립으로 인해 원형이 크게 훼손되었다. 각 돈대에는 홍예문이

---

209) 성내에는 곡식이 산더미 같이 쌓여 있고, 식염도 수백 석에 달하여 식량이 충분하였으며,
각종 대포와 조총, 탄환, 철환이 산더미 같이 있었다(김하락, 1970, 「김하락 진중일기」, 『독립
운동사자료집』 1, 독립운동사편찬위원회, 591쪽).
210) 조병로, 앞의 글, 50쪽.
211) 廣州文化事業會 設立準備委員會, 1956, 『百濟舊都 南漢秘史』, 128~129쪽.

1개씩 있고, 성벽은 다른 성곽에 비해 전체적으로 잘 남아 있는 편이다.

이 밖에 성벽에 문루, 장대, 군포, 포루, 암문 등이 구축되었다. 문루는 동문(좌익문), 서문(우익문), 남문(지화문), 북문(전승문) 등 4개이며, 그중 높이 4.75m, 폭 3.35m인 남문이 가장 크고 웅장하다. 장대는 동서남북의 4장대, 내동장대와 외동장대로 구분된다. 동장대 터에는 평탄지 중앙에 4개의 초석이 노출되어 있다. 서장대는 산성의 가장 높은 곳인 서문 남쪽에 위치하며 수어장대라고도 한다. 남문 왼쪽의 남장대는 초석만 남아 있다. 북장대는 북문 왼쪽에 건립하였다. 초소인 군포(軍鋪)는 모두 125곳에 건립되었는데, 현재 성내에 흩어져 있는 많은 양의 와편은 이들 군포 구축에 사용된 것으로 여겨진다. 암문은 비상시 사람과 물건을 운반하는 비밀출입구이다. 모두 16개가 있었는데, 원성에 11개, 봉암성에 4개, 한봉성에 1개가 있었다. 이 밖에 남한산성에는 5개의 치와 7개의 포루, 1개의 수구문, 28개의 수구가 설치되어 있다.[212]

남한산성에는 광주부 읍치가 이전하면서 행궁과 많은 관아건물이 건립되었다. 행궁은 1624년(인조 2) 9월에 서장대 아래에 상궐(上闕) 73칸과 하궐(下闕) 154칸 등 총 227칸의 규모로 건립되었다. 내행전(침전 공간)인 상궐 건물지에서는 남북 툇간 옆 협칸에서 2개소씩 4개의 온돌이 발견되었다. 상궐 내곽은 남북 30m, 동서 30m이며, 외곽은 남북 70m, 동서 80m, 면적은 5,600㎡(1,694평) 정도이다. 외행전(정치 공간)인 하궐은 상궐 동편 삼문 밖에 있고, 동서 30m, 남북 70m로 2,100㎡(635평) 규모이다. 정문과 정원 터 등을 포함할 경우, 행궁의 전체 규모는 남북 약 70m, 동서 130m, 면적은 약 9,300㎡(2,813평)

---

212) 심광주, 1999, 「남한산성의 역사와 현재 모습」, 『역사주제공원으로의 새 탄생 남한산성』, 경원대학교 차세대 디자인정보센터, 9~10쪽.

정도로 추정된다.

행궁은 평상시에는 광주유수의 시무소로 사용되었다. 따라서 행궁 인근에는 재덕당·좌승당·일장각 등의 집무공간과 객사인 인화관, 군사훈련장인 연병관(수어재영), 판관의 아문인 제승헌(이아) 등이 있었다. 좌승당은 1817년(순조 17), 일장각은 1829년에 건립되었다. 수어 재영은 처음에는 연병관이었다가 정조 때 수어재영으로 바뀌었다. 1748년(영조 24) 건립된 제승헌 안에는 1786년(정조 10)에 내위를 건립하였다. 이 밖에도 비장청·교련관청·기패관청·본청·군관청·별 군관청 등이 있었으나 이들 관청은 그곳에 시가지가 조성되면서 자취를 찾아보기 어렵게 되었다.213)

남한산성 안에는 행궁 및 관아의 소요물품과 관수물자, 특히 군량을 보관하기 위해 많은 창고가 건립되었다. 그중 영고(營庫)는 조적(糶糴)의 비축과 지방유치분의 보관을 담당한 창고로 금은·포백 및 소금·간장 등을 저장했는데, 모두 210칸이다. 광주부의 수입·지출을 관장한 보향고(補餉庫)에서는 주로 군관의 삭료를 출납하였다. 보관고는 군향곡을 옮겨 받아 이자를 받아 돈으로 바꿔 다른 창고로 이송하는 창고이며, 성기고(城機庫)는 성첩 및 관청의 수리, 보수에 들어가는 경비를 마련하기 위하여 설치한 창고이다. 군기고는 군기물자의 비축, 병방소(兵房所)는 각 지방 향승(鄕僧)이 승군에게 급여할 의승방번전(義僧防番錢) 보관을 위해 설치한 창고이며, 복호소(復戶所)란 산성 거주 백성을 진휼하기 위해 국가에서 전결 1,000결의 세입을 저장한 창고이다. 이 밖에 신·구남창, 신풍창, 별창, 승창 등의 많은 창고가 있다.214)

남한산성 안에는 8도의 승군을 모아 산성역을 부과하기 위한 사찰도

---

213) 심광주, 위의 글, 11~12쪽.
214) 심광주, 위의 글, 12쪽.

건립되었다. 이 사찰들은 승군의 숙소뿐만 아니라 군기(軍器)와 화약을 비축하는 기능을 하였다. 본래 망월사와 옥정사만 있었는데, 8도에서 부역으로 징집된 승군의 숙식과 훈련을 위하여 산성을 수축할 때 장경사·국청사·개원사·한흥사·천주사·남단사 등 6개 사찰을 새로 건립하였다. 그리고 1686년(숙종 12) 봉암성을 개축할 때 동림사를 지어 모두 9개 사찰로 늘어났다.

단묘(壇廟) 중 사직단(좌사, 우직)은 남단사 오른쪽에 있는데, 현재 돌로 쌓았던 장방형 단의 흔적이 남아 있다. 성황단은 북문안의 동쪽 언덕에 설치하였다. 여단은 북문 안에 설치하여 1년에 세 번 제사를 지냈다고 하는데, 정확한 위치 확인은 어렵다. 기우제단은 서장대에 설치하였는데, 별도의 단을 만들었는지는 알 수 없다. 1638년(인조 16) 온조왕묘를 건립하여 온조왕과 이서를 배향하였으며, 1795년(정조 19)에 이를 숭열사라 칭하였다. 그리고 현절사는 1688년(숙종 14) 동문 안에 건립한 것인데, 병자호란 당시 끝까지 저항할 것을 주장한 홍익한(洪翼漢, 1586~1637)·윤집(尹集, 1606~1637)·오달제(吳達濟, 1609~1637) 등 삼학사(三學士)의 위패를 배향하였다. 이외에도 산성 안에는 40여 기의 비석이 산재하고, 우물터와 연못, 각종 보호수 등을 포함하여 대략 200개소에 많은 문화유적이 분포하고 있다.[215]

통일신라시기에 처음 축성된 남한산성은 조선시대에 도성 남쪽을 지키던 중요한 방어기지였다. 1970년대 초반까지 정비가 이뤄지지 못하다가 중반 이후로 점차 정비되기 시작하였고, 그 결과 많은 문화재가 확인되었다. 1970년대 중반 이후로는 수도권의 관광지로 변모하면서 확인된 문화재조차 훼손되는 사례가 빈번하게 발생하였다.

1990년대 들어서 지방자치단체, 지역 문화인과 학자들이 남한산성을

---

215) 심광주, 위의 글, 12~13쪽.

재조명하는 작업에 박차를 가함으로써 각종 학술회의 등이 개최되었고, '남한산성을 사랑하는 모임(약칭 남사모)', '남한산성보존협의회' 등의 단체가 만들어졌다.[216] 이에 발맞추어 1998년에 경기도와 광주군이 남한산성 정비 및 복원사업을 추진하기 시작하였다. 1999년에 경기도는 남한산성을 역사주제공원으로 조성하기 위해 마스터플랜을 수립하였다.[217] 이후 경기도는 복원사업을 대대적으로 추진하여 남한행궁 상궐지를 복원하였고, 성곽을 보수하고 행궁 주변을 정비하고 있으며, 연차적으로 성곽 시설물도 복원할 계획이다.

남한산성이 경기도역사문화체험 가상현실시스템 구축 첫 해에 제작 대상이 된 것은 남한산성이 경기도를 대표하는 문화유산으로 이를 보존하기 위한 복원사업이 대대적으로 펼쳐지고 있고, 관광자원으로서의 가치도 높이 평가받기 때문이다. 또한 환경 친화적인 생태학습의 장으로서도 주목을 받는 등 남한산성은 노송림과 보호수 등 자연생태계와 문화유적 등이 어우러져 있는 수도권 내 몇 안 되는 식생경관지이다.

2) 화 성

1963년 1월 21일 사적 제3호로 지정된 화성(華城)은 서쪽으로는 팔달산을 끼고, 동쪽으로는 낮은 구릉의 평지를 따라 축성된 평산성이다. 조선시대 후기에 축조된, 수원의 읍성이다. 본래 수원의 치소는 지금의 화성시 태안읍 송산리에 있었으나, 1789년(정조 13) 정조가 그의 아버지 사도세자의 능을 양주 배봉산에서 수원의 화산으로 옮기면서 기존의 읍치소와 주민들을 현재의 팔달산 아래로 이전시켰다.

---

216) 강진갑, 1999, 「문화유산 보존과 문화원」, 『'99 향토사 연수교재-문화재 과정』, 경기문화재단, 66~68쪽.
217) 경기도, 2000, 『남한산성 종합발전방안 수립연구』.

이에 따라 정조는 수원부를 화성이라 개칭하고 1794년 1월 영중추부사 채제공의 주관 아래 성의 축조에 착수하여 1796년 9월에 완공하였다. 화성 규모는 둘레 5,743m, 길이 5,520m, 높이 4.9m~6.2m이며, 면적은 18만 8,048㎡이다. 규모만큼이나 성의 축조에 투입된 인력과 물자도 막대하였다. 인력만을 살펴보면 감독 등 관리자만 약 430명, 각종 기술자로 석수·목수 등 1,800여 명이 동원되었다. 종래의 조선시대 성곽은 평시에 거주하는 읍성과 전시에 피난처로 삼는 산성을 기능상 분리하고 있는데, 이 성곽은 피난처로서의 산성은 설치하지 않고 평소에 거주하는 읍성에 방어력을 강화한 특징을 지니고 있다. 따라서 창룡문·화서문·팔달문·장안문 등 4대문을 비롯하여 암문·수문·적대·포루·장대 등 우리나라 성곽에서는 보기 어려운 많은 방어시설이 설치되었다. 이러한 축성 내용은 정조의 명으로 착수하여 1801년(순조 1)에 간행된 준공보고서인 『화성성역의궤』에 자세히 전하고 있다. 이 의궤의 상세한 내용은 현대 들어 1975년부터 4개년 계획으로 시행되었던 화성 복원공사에 크게 기여하였다.

화성 축조 방법은 과거로부터 이어져 오던 전통적인 축성 경험을 바탕으로 유형원과 정약용 등 실학자의 과학적 지식을 활용하였을 뿐만 아니라, 무기의 발달과 중국 성제(城制)의 장점을 종합하고 있다. 돌과 벽돌을 혼용한 과감한 방법, 거중기 등의 기계를 크게 활용하고 용재를 규격화한 점, 화포를 주무기로 하는 공용화기 사용의 방어구조 등은 다른 성곽에서 볼 수 없는 새로운 것이다. 화성은 이러한 점으로 인해 조선시대 후기 성곽의 걸작품으로 인정받아 1997년 12월 세계문화유산으로 지정되었다.

18세기 후반에 축조된 화성은 정조가 재위 후반에 측근 관료들과 함께 주도한 신도시 건설의 일환으로, 당시의 사회적·문화적 역량이 결집된 것이었다.[218] 또한 화성 성역은 정조 재위 전반 규장각과 장용영 설치와 더불어 정조대 후반을 대표하는 국가적 사업이었는데, 그 배경은 크게 정치적 배경과 사회경제적 배경, 그리고 풍수지리적 배경으로 살펴볼 수 있다.

화성 축성에 나타난 정조의 정치적인 목적은 사도세자의 권위를 높임으로써 자신의 정통성을 강화하고자 한 것이다. 정조에게 사도세자의 죽음은 왕권강화의 걸림돌로 작용하였으며, 결국 그 죽음의 무고함을 밝히는 것이 정조에게는 필수적으로 요청되었다. 그러나 일방적으로 무고를 주장하기에는 선왕 영조의 행위를 잘못된 것이라고 규정하는 것이므로 이것 역시 정조의 목적과는 배치되는 것이었다. 따라서 영조와 사도세자의 정당성 사이에 선 정조의 정책은 영조의 처분을 정당한 것으로 인정하면서도 생부에 대한 자식의 도리를 다하는 입장에서 사도세자의 권위를 점차 높이는 방향으로 추진되었다.[219] 정조는 즉위 직후 사도세자의 존호를 장헌세자로 추상하고, 사당의 궁호와 묘소를 각각 경모궁과 영우원으로 높였다. 이어 1789년(정조 13)에 영우원을 풍수지리적으로 국내 제일의 길지라고 하는 수원부 화산으로 이장하고 현륭원이라 하였다. 정조는 사도세자의 묘를 보호한다는 명분으로 수원을 화성으로 고쳐 유수부로 승격시키고 성역을 추진하였다. 결국 화성의 축성은 사도세자의 권위를 높이고, 그를 통해 자신의 왕권을 공고히 하고자 하는 정치적인 배경이 깔려있었다고 볼 수 있다. 정조가 화성을 지칭하면서 '탕목읍(湯沐邑)', '고굉('股宏) 지역' 등의 표현을 쓴 것은 그러한 중요성을 반영하는 것이었다.

조선 정조대의 사회·경제적 변화도 화성 축성의 배경으로 작용하였

---

218) 유봉학, 1996, 「正祖代 政局 動向과 華城城役의 추이」, 『규장각』 19, 79쪽.
219) 오수창, 1994, 「『園幸乙卯整理儀軌』解題」, 『園幸乙卯整理儀軌』, 서울대 규장각.

다. 당시는 청을 통해 들어온 서구문물에 대한 문화적 충격이 강하게 남아있었다. 이는 성리학 중심의 세계관에 커다란 변화를 불러 일으켰다. 그리고 상품화폐의 발달로 인한 자본주의적 시장의 형성, 사상(私商)의 성장 등이 사회적으로 대두되었다. 또 중앙정부의 척결의지에도 불구하고 탐관오리들의 횡포가 심해져 고향을 떠난 유민의 수가 증가하였고, 가뭄·홍수와 같은 자연재해가 자주 일어나 사회적 혼란이 가중되었다.220) 정조는 이러한 영향으로 발생한 북학파·실학파를 당색을 초월하여 규장각 등을 통해 등용하였다. 그는 왕권을 위태롭게 하던 척리(戚里)·환관들의 음모와 횡포를 누르고, 건국 이래의 정치·경제·사회 등의 현실문제의 해결은 곧 학문적으로 이루어져야 한다고 판단, 규장각을 설립하여 국가적 규모로 도서를 수집하고 보존 간행하는 데 힘썼다. 화성 성역은 시대의 변화를 선도하는 새로운 사회경제 시책을 시험해 보는 기회였다. 신도시 화성은 조선사회의 발전방향이나 당시의 시대적 요구에 부응하면서 중흥을 맞이한 조선의 사회경제적 번영과 문화적 전성을 상징하는 시범도시로 건설되었다.221)

또한 풍수지리적 배경도 중요하게 작용하였다. 정조는 세종 이후, 풍수지리 분야에 대해 각별한 관심을 가진 임금으로 보인다.222) 정조는 왕세손 때부터 풍수를 공부하기 시작하여 상당한 수준의 풍수이론과 실제를 겸비하게 되었다.223) 이러한 풍수적 안목과 지식은 현륭원으로의 천원(遷園)과 화성 축성과정에서 유감없이 발휘되었다. 사도세자의

---

220) 이달호, 2003, 「화성」, 『경기도의 효 문화유산과 인물』, 경기문화재단, 1쪽.
221) 유봉학, 2000, 「正祖의 華城 건설과 산업진흥책」, 『한국실학연구』 2, 한국실학학회, 128쪽.
222) 세종은 천문과 함께 지리적 지식을 임금이 알아야 할 분야로 보았고, 이런 생각에서 집현전에서 풍수를 토론하여 그 이치를 밝히려 하였다. 또 풍수학 학관을 뽑아, 풍수학을 강의하고 鄭麟趾를 提調로 삼아 풍수학 교육을 담당케 했다(『世宗實錄』 卷61, 世宗 15年 7月 戊午).
223) 정조가 풍수에 관심을 갖게 된 동기는 凶地에 있는 아버지 사도세자의 무덤을 옮기기 위한 것이었다(『弘齋全書』 卷57 雜著4 「遷園事實」).

묘소를 옮기고자 때를 기다리던 정조는 1789년에 금성위(錦城尉) 박명
원(朴明源)이 상소를 올려 사도세자 묘소의 풍수상 문제점을 지적하자
전격적으로 천장을 결정하였다.[224] 천장 결정은 정조의 장기적 정국
구상을 실현시키고, 수원에 화성을 건설하여 대도시로 발전시키는 등
여러 시책을 시행하는 단서가 되었다. 그리고 천장이 결정된 시점은
장용영이 친위 군영으로 기능하기 시작한 때이고, 정조의 정국 주도가
어느 정도 가능한 시점이었다.[225] 그는 신하들이 추천한 문의의 양성산
(兩星山), 장단의 백학산(白鶴山), 광릉 주변의 달마동(達磨洞) 등 10여
군데의 후보지를 직접 평가하여 대부분 역량이 부족하거나 형국이
허술하고 비탈진 곳이 많아 천장지로는 부적절하다고 판단하였다.[226]
유일하게 정조가 마음에 둔 곳은 수원의 화산이었다.[227] 구 읍치는
군사적 요충지 기능만 갖추었지만, 새로 건설된 화성은 화산에 비해
교통 요충지의 조건을 잘 갖추고 있었다. 화성은 화산에 비해 훨씬
개방적으로 열려 있는 지형적인 조건을 갖고 있었다. 정조는 이렇게
교통의 요지가 되는 곳에 화성을 건설하여 사도세자의 무덤을 여러
겹으로 둘러싸 호위하고, 효도의 실천장으로 활용하였다.

수원의 신읍치가 현재의 팔달산 동쪽에 자리 잡게 된 것도 풍수지리
적인 이유가 큰 몫을 차지한다. 현륭원 천원과 읍치 이전, 그리고 신도
시 화성 건설은 유형원의 선견지명과 경륜에 크게 영향을 받았다. 축성
의 필요성이나 운영 또한 그의 저술에 영향을 받은 것이다. 일찍이
120여 년 전에 유형원은 수원 신읍치 일대의 지형적 조건, 읍치의 이전

---

224) 『正祖實錄』 卷27, 正祖 13年 7月 乙未 ; 『正祖實錄』 卷27, 正祖 13年 10月 丙辰.
225) 유봉학, 1996, 『꿈의 문화유산, 화성』, 신구문화사, 158쪽.
226) 『弘齋全書』 卷57 雜著4 「遷園事實」.
227) 이곳은 팔백 개의 꽃봉오리가 모여드는 형상 또는 용이 여의주를 가지고 노는 형상이라고
    하는 '盤龍弄珠'의 형국으로 이름난 곳이었다(이달호, 앞의 글, 1쪽).

과 축성의 필요성에 대해 자세히 기록하였다. 팔달산 아래에 펼쳐진 새로운 읍기(邑基)는 수원 화산에 비해 지형상 훨씬 광활하고 국세(局勢)의 규모가 크고 넓어 이곳에 축성하여 읍치로 삼는다면 1만 호 이상이 거주할 수 있는 대도회가 될 곳228)이라는 것이다.

화성 축성은 당초 약 10년이 걸릴 것이라던 예상을 깨고 1794년(정조 18) 정월 7일에 착수하여 1796년 9월 10일에 마치고 동월 16일에 낙성연을 개최하여 총 공사기간이 32개월에 불과하였다. 계획 당시 성의 규모도 3,600보 정도였으나, 공사 진행 도중 변동되어 완성된 성 둘레는 4,600보(5.74㎞)였다.

화성은 크게 성곽, 행궁 및 부대시설 등 세 부분으로 나눌 수 있다. 화성의 성곽은 도시를 감싸고 있다는 점에서 기존의 조선시대 읍성과 다를 바 없지만, 성벽에 수많은 방어시설을 갖추었다는 점은 이곳만의 특징이다. 화성행궁은 봉수당, 장락당, 낙남헌 등 총 570여 칸으로, 우리나라 최대의 행궁이다.

일제에 의해 의도적으로 파괴되어 2006년 현재 제1차 복원이 완료되었다. 행궁의 중심 건물은 27칸 규모의 장남헌(壯南軒, 봉수당)인데, 이 건물은 수원부사의 집무처로 쓰이면서 행궁의 역할을 겸했다. 1793년 수원부가 화성유수부로 승격됨에 따라 이 건물에는 정조의 어필로 화성행궁이라는 새로운 편액이 걸리게 되었다. 장남헌을 중심에 두고 그 북동쪽에 객사가, 남쪽에 은약헌(隱若軒)과 내아(內衙)가 자리 잡았으며, 주변에 수많은 부속건물과 행랑이 들어섰다. 장남헌 앞으로는 두개의 중문을 두고 다시 그 앞에 행궁 전체의 정문으로 2층의 누문(樓門)을 세워 진남루라 하였다.

화성의 부속시설을 살펴보면, 동서남북에 장안문·팔달문·창룡

---

228) 『磻溪隆錄』補遺 卷1, 郡縣制, 水原都護府.

문·화서문 등 4대문을 비롯해서 4개의 적대, 5개의 암문, 화홍문(북수문)과 남수문 등 2개의 수문, 2곳의 은구(隱溝), 2곳의 장대, 2곳의 노대, 3개의 공심돈, 4곳의 각루, 5곳의 포루(砲樓), 5개의 포루(鋪樓), 8곳의 치, 그리고 적의 침입을 불과 연기로 알리는 봉돈 1개가 있다.229)

화성은 경기도를 대표하는 문화유산이다. 성역 규모면에서도 조선시대 최대의 건설 공사였을 뿐만 아니라, 동시대에 가장 앞선 사상적·기술적 업적이기 때문이다. 성곽 축조 과정에서 정약용이 중국 및 서양의 과학기술을 이용하여 거중기를 제조하는 등 새로운 축성 기술을 도입하였다. 이처럼 실학파 학자들의 지식이 실천에 옮겨진 점에서 대단히 큰 의미를 발견하게 된다. 그 뿐만 아니라 장안문과 방화수류정에서 보듯이 궁궐 건축에 필적할만한 뛰어난 격식과 아름다움도 겸비하였던 것이다. 여기에 벽돌이라고 하는 새로운 건축재료를 처음으로 적극적으로 활용한 역사적 의미도 갖고 있다. 경기도의 건축사에서 이처럼 한 시대를 대표하고 궁궐에 필적할 아름다움을 갖춘 건물은 일찍이 없었다.230)

화성은 문화관광 측면에서도 대단히 우수한 자원이다. 유네스코가 1997년 세계문화유산으로 지정함으로써 관광자원으로서의 가치는 더욱 커졌다. 1796년 축성된 화성은 일제강점기와 한국전쟁을 거치면서 파괴되었으나, 1975년부터 1979년에 걸쳐 1차로 복원되었고, 1996년부터는 행궁 복원도 시작되었다.

수원시는 2003년부터 화성성역화사업을 추진하고 있다. 화성성역화 사업이 계획대로 추진되면, 2016년에 화성 성곽과 그 부대시설이 대부분 복원되고, 성곽 안팎에 광장이, 주변에 공원과 녹지가 조성되거나

---

229) 이달호, 앞의 글, 4쪽.
230) 강진갑, 2003. 「조선시대 경기문화의 역사적 특징」, 『경기향토사연구』 4.

〈자료 6〉 남한산성 수어장대와 화성 장안문의 가상전시관

확장되어, 수원은 고도(古都)로서의 면모를 갖춘 성곽도시가 될 것이다. 이 사업은 성곽을 복원하고 성곽 내외를 정비하여 테마별 전통역사문화체험 및 학습장을 조성, 세계적 관광명소로 육성하려는 것이다.231) 경기도가 역사문화체험 가상현실시스템 구축사업을 추진하면서 첫해인 2000년에 화성을 제작 대상으로 삼은 가장 중요한 이유가 바로 여기에 있다.

2. 남한산성과 화성 콘텐츠 구성 내용

'경기도 역사문화체험 가상현실 시스템'에서 남한산성과 화성의 콘텐츠 구성은 비슷하다. 두 콘텐츠 모두에 '가상전시관'이 있는데, 이는 모델 VR로 가상현실을 구현한 것이다. 그리고 텍스트의 구조도 비슷하다. 남한산성은 남한산성의 역사와 문화유산을 중심으로 구성되어 있고, 화성은 문화유산과 화성 관련 고문헌인 『원행을묘정리의궤』, 『화성성역의궤』를 중심으로 구성되어 있다.

---

231) 강진갑, 2004, 「경기도의 지역문화자원 개발과 지역활성화 사례」, 문화관광부 예술정책포럼 발표문(프린트본).

　남한산성의 콘텐츠는 남한산성을 가상현실로 복원한 '가상현실 전시관', 역사를 소개한 '역사적 배경', 문화유산을 소개한 '지정문화재'와 '성곽 및 성내문화재' 등 4개 메뉴로 구성되었다. 이 중 핵심 메뉴는 '가상현실 전시관'이다. 남한산성 수어장대, 청량당, 침괘정, 연무관, 망월사, 숭열전, 남문, 동문, 북문, 서문 등 남한산성 14개 구조물을 modeling하여 실시간 rendering할 수 있다. '역사적 배경'은 이미지 없이 설명문만 수록하고 있으며, '지정문화재'와 '성곽 및 성내문화재(城內文化財)'는 남한산성 내 각 문화유산에 대한 2D이미지와 해설문을 수록하고 있다.

　화성은 '가상현실 전시관', '정조대왕 능행차 연시', '행궁 · 성곽 및 시설물', '용주사와 융 · 건릉', '화성성역의궤', '원행을묘정리의궤' 등 6개 메뉴로 구성되었다. 화성 콘텐츠의 핵심도 '가상현실 전시관'이며, 화성의 4대 성문인 장안문 · 창룡문 · 화서문 · 팔달문을 비롯하여 화홍문과 방화수류정 등 26개 주요 구조물을 modeling하여 실시간 rendering할 수 있다. '정조대왕 능행차 연시'에는 수원시가 매년 개최하는 화성문화제의 핵심행사인 정조대왕 능행차 영상물이 수록되었다. '행궁 · 성곽 및 시설물', '용주사와 융 · 건릉', '화성성역의궤', '원행을묘정리의궤' 메뉴는 2D 이미지와 설명문으로 구성되었다. 화성의 성곽과 각 시설물, 화성을 축성한 정조의 건릉과 정조의 아버지 사도세자의 융릉, 융릉의 원찰인 용주사, 화성 축성 과정이 기록된 『화성성역의궤』, 그리고 1795년에 정조가 현륭원에 행차한 내용을 정리한 『원행을묘정리의궤』에 대해 서술하고 있어 화성 전반을 이해하는 데 도움을 준다.

　남한산성과 화성 가상현실 제작에 사용된 기술은 Superscape VRT 기술이다. Superscape VRT 기술에서는 실시간 시뮬레이션 기능과 SVR 압축 방식이 핵심이다. 시뮬레이션 기능은 이용자가 조작에 의해 가상

〈표 7〉 남한산성과 화성의 가상현실 구성

콘텐츠명	상위메뉴	하 위 메 뉴	
남한산성	가상현실 전시관	수어장대/ 숭열전/ 청량당/ 현절사/ 침괘정/ 연무관/ 망월사/ 남문/ 동문/ 북문/ 서문/ MAP	
	지정문화재	수어장대/ 숭열전/ 청량당/ 현절사/ 침괘정/ 연무관/ 지수당/ 장경사/ 망월사/ 행궁터/ 지화문/ 전승문/ 좌익문/ 우익문	
	성곽 및 성내문화재	원성/ 봉암성/ 한봉성/ 신남성/ 여장/ 암문/ 옹성/ 치/ 수구문과 수구/ 장대/ 포루/ 관아시설/ 사찰/ 단묘/ 금석문	
	역사적 배경	삼국시대의 남한산성/ 고려시대의 남한산성/ 원성의 수축/ 병자호란과 남한산성/ 삼학사/ 남한산성의 증·개축/ 광주 읍치의 이설/ 산성거민 확보/ 남한산성의 수어와 방어/ 남한산성내의 군수물자/ 의병항쟁의 중심지/ 일제시대의 남한산성/ 해방 이후 남한산성/ 근세 한·일 성곽의 비교	
화 성	가상현실 전시관	장안문	휴먼 뷰 포인트/ 장안문/ 북서포루/ 북동적대/ 북동포루/ 초기화
		팔달문	휴먼 뷰 포인트/ 팔달문/ 남포루/ 서남암문/ 화양루/ 서포루/ 서노대/ 서장대/ 초기화
		창룡문	휴먼 뷰 포인트 1/ 휴먼 뷰 포인트 2/ 창룡문/ 동북공심돈/ 연무대/ 동일포루/ 동포루/ 봉돈/ 동이포루/ 동남각루/ 초기화
		화서문	휴먼 뷰 포인트/ 화서문/ 서북공심돈/ 북포루/ 북서포루/ 서북각루/ 초기화
		화홍문, 방화수류정	휴먼 뷰 포인트 1/ 휴먼 뷰 포인트 2/ 화홍문/ 방화수류정/ 초기화
화 성	정조대왕 능행차연시	1장 행차의 준비과정 및 행차의 시작화면 2장 노송지대부터 만석거까지의 행차 장면 3장 장안문을 지나 팔달문에 도착하는 화면 4장 정조대왕이 백성을 만나 그들의 고충을 듣고 판결하는 장면 5장 융릉 제향에 관련한 화면으로 정조대왕의 사도세자에 대한 효심을 엿볼 수 있는 장면	
	행궁/성곽 및 시설물	사대문	장안문/ 팔달문/ 화서문/ 창룡문
		장 대	서장대/ 동장대
		공심돈	서북공심돈/ 동북공심돈
		각 루	동북각루/ 서북각루/ 서남각루/ 동남각루
		포 루	북동포루/ 동포루/ 북서포루/ 서로푸/ 남포루

콘텐츠명	상위메뉴	하 위 메 뉴	
		노 대	서노대/ 동북노대
		북수문 · 화홍문	
		암 문	
		봉 돈	
		치 성	
		행 궁	화성행궁/ 행궁 파노라마
		화령전	
	용주사/ 융 · 건릉	용주사 / 융릉 · 건릉	
	화성 성역 의궤	화성성역의궤	해제/ 화성전도
		성 문	사대문/ 암문/ 수문 · 은구도
		성곽의 시설물	노대/ 공심돈/ 봉돈/ 치성도/ 포루/ 장대/ 각루/ 포사
		성신사, 행궁전도/ 사직단도, 문선왕도/ 영화정도/ 영화역도/ 명물 각도	
		기계 각도	거중기/ 녹로/ 대거/ 평거/ 발차/ 동차/ 구판/ 설마
	원행을묘 정리의궤	원행을묘 정리의궤	화성능행도 8폭
		반차도	

현실 속을 항해하게 하고, 이용자에게 다양한 시점(視點)을 제공한다.
그리고 이용자가 가상현실 속의 물체를 클릭하면 물체가 반응하도록
해준다. 그래서 화성과 남한산성 가상현실에서 이용자는 마우스를 조
작하여 닫힌 성문을 열고 들어가 성곽과 건물을 둘러볼 수 있다. 그리고
시점도 보통 사람의 눈높이에서 대상물을 바라볼 수 있고, 공중으로
올라가 실제 답사 때에는 보기 어려운 건물의 지붕 위를 볼 수도 있다.
그 뿐만 아니라 대포를 발사하는 등의 이벤트도 할 수 있다.

인터넷을 통해 정보를 제공할 때 중요한 요소는 빠른 시간에 정확한
정보를 제공하는 것이다. 가상현실은 많은 양의 데이터로 구성되어
있기에 전송 속도가 떨어진다. 이 문제를 해결한 것이 SVR 압축 전송
방식이다. 이 방식은 데이터의 용량을 70% 수준으로 압축하여 전송할

수 있기 때문에 이용자는 실시간으로 정보를 제공받을 수 있는 것이다.

그리고 화성과 남한산성은 이용자가 몰입형 VR 기술을 선택할 수 있도록 하였다. 이 기술은 3차원 안경 또는 HMD(Head Mounted Display) 헬멧을 쓰고 보면, 가상현실 속의 물체에 대해 원근감은 물론 입체감도 훨씬 강하게 느낄 수 있게 한다.

또한 이용자의 PC 환경에 맞추어 초고속통신망 이용자와 일반 모뎀 이용자로 나누어 서비스를 제공하고 있다. 초고속통신망 이용자에게는 1개 파일당 500kb 용량의 고해상도 화질을 제공하며, 일반 모뎀 이용자에게는 1개 파일당 200kb 이하로 데이터 용량을 줄여 제공하고 있다. 데이터 용량을 줄이는 방법은 대상물의 화점(畵點) 개수를 줄이는 것이기에, 화면의 해상도가 저하된다. 따라서 일반 모뎀이용자는 초고속통신망 이용자보다 그래픽 수준이 떨어지는 화면을 제공받는다.

3. 남한산성과 화성 콘텐츠 분석

경기도 문화유산 가상현실 시스템의 1단계인 남한산성과 화성은 산학협동, 학제간 연계를 통해 첨단 기술과 현장 지식을 결합하여 현존하는 문화유산을 인터넷 속에 가상현실로 구축하고 역사와 문화에 대한 종합적인 정보를 제공하였다는 점에서 의미를 지닌다. 특히 이미지기반 VR 중심으로 제작되던 문화유산 가상현실 제작 환경에서 모델 VR 기법을 활용한 국내 최초 사례로서, 가상현실의 특성인 몰입성·항해·쌍방향성 등을 모두 살렸다는 점에서 큰 의미를 지닌다. 그 결과, 이 사례는 학생들의 문화유산 교육자료로 활용되고, 일반인의 문화유산에 대한 관심을 높이는 데 기여했다는 평가를 받았다.

단순한 사건의 나열 이외에도 그 뒷이야기도 수록하였는데, 이를 남한산성의 사례에서 보면, '역사적 배경'의 하위 메뉴인 '원성(元城)의 수축'에서는 남한산성 동남쪽 수축책임자였던 이회(李晦)에 대해 "지세가 험난하여…… 기일 내에 성을 쌓지 못하자 이회가 공사비를 주색에 탕진한 때문이라고 무고하는 사람이 있었다. 이로 인하여 이회는 사형에 처해지고 말았다. 그러나 그 후 이회가 쌓은 성이 더 견고하고 치밀하였음이 밝혀지게 되어 이회는 명예를 회복하게 되었다"고 서술하여 축성과정에서의 어려움을 서술하고 있다. 이는 이용자에게 식상하기 쉬운 내용을 좀 더 친근감 있고 재미있게 기술하려는 새로운 시도였다고 평가된다.

또한 해당 문화유산에 대한 지역 내의 학술적인 성과를 적극 반영한 점도 긍정적으로 평가된다. 남한산성의 예를 들면, 상위 메뉴 중 문화유산 관련 정보를 제공하는 '성곽 및 성내문화재'에는 '남한산성을 사랑하는 사람(약칭 남사모)'이라는 단체에 속한 학자와 회원이 1996년부터 매달 실시한 학술답사의 성과가 반영되어 있다. 특히 '금석문'에서 새로 발견한 금석문을 "남한산성에는 다양한 금석문이 있다. 이중 축성과 관련된 금석문은 먼저 남장대옹성개축비가 있다. 1638년(인조 16) 7월에 남한산성을 증축한 사실을 기록한 것으로 축성 감독체계와 축성군의 노동력 실태를 보여준다. 봉암신성신축비는 1686년(숙종 12)에 봉암신성을 축조한 사실을 기록하고 있다. 그리고 병암 남성신수비에는 1779년(정조 3) 6월 18일부터 약 50여 일간에 걸쳐 수어사 서명응(徐命膺)의 지휘아래 남한산성을 대대적으로 보수한 사실을 기록하고 있다"라고 간략히 소개하고 있다. 이 세 개의 금석문은 1996년에 이 단체에 속한 학자들이 학술답사에서 확인한 것으로, 17~18세기 남한산성 재수축 과정을 연구하는 데 도움을 주는 자료이다.[232]

---

232) 남한산성 재수축에 대해서는 조병로, 1997, 「17, 8세기 남한산성의 재수축에 관한 고찰-최근

그러나 남한산성과 화성 콘텐츠의 구현은 선구적인 사례인 만큼, 시행착오와 문제점도 적지 않게 노출되었다. 이 사례의 문제점은 크게 제작과정, 이미지, 메뉴구성, 텍스트 등 4가지로 나눠 볼 수 있다.

첫째, 제작과정 상의 문제이다. 남한산성과 화성의 가상현실 시스템 개발은 산학협동으로 진행되었다. 이 시스템을 구현하고 개발한 제작사 기술진, 사업의 품질을 유지하기 위한 기술감리팀, 그리고 역사학자, 건축사학자, 고고학자 등 인문학자로 구성된 전문가팀이 참여하였다. 남한산성과 화성의 경우, 건축사학자 김동욱·윤희상 교수, 화성연구자 이달호 학예연구사, 남한산성연구자 전보삼 교수 등 전문가 팀의 역할이 매우 컸다. 이들은 제작방향을 제시하고, 콘텐츠내용을 고증하였으며, 관련 원고를 집필하였다. 작업과정은 구현 대상 문화유산 선정, 관련 자료 수집, 정보 구축, 구축 자료 검증, 결과물 산출 순으로 진행되었다. 작업과정에서 전문가 팀과 제작기술진이 모여 협의를 하였으나, 기본적인 작업방식은 전문가팀은 사업 초기 방향 설정과 원고 집필, 구축된 결과물에 대한 검증작업을 담당하고, 기술진은 가상현실 제작을 담당하였다. 그런데 작업 후반부에 양자가 모여 구축된 가상현실 제작결과를 검토할 때 여러 가지 문제가 나타났다. 건물 방향과 기둥 수가 틀린다든지, 건축 부재 이음이 잘못되는 등 여러 부분에서 착오가 확인되었다. 이는 결국 전문가팀과 기술진의 공동작업을 통해 수정하였으나, 작업 후반부에 많은 부분을 새롭게 작업해야 하는 비효율성을 드러냈다.

이 같은 시행착오의 원인은 개발사 기술진의 문화유산에 대한 지식 부족, 전문가와 실무 기술진의 조율 미비에 있었다. 그러나 보다 근본적인 원인은 한국에서의 인터넷 콘텐츠 개발 역사가 짧다 보니, 기술

_____

에 발견한 금석문을 중심으로」,『경기사론』창간호에 상세하다.

개발자 대부분이 공학 및 디자인분야 전공자이고, 역사학·고고학을 비롯한 인문과학 전공자가 실제 기술 개발은 물론이고, 그러한 과정에도 실무진으로 거의 참여하지 못하였다는데 있다고 할 것이다. 3차에 걸쳐 진행된 경기도 문화유산 가상현실 시스템 개발에 참여한 여러 회사의 제안서에는 사업 수주 시 투입할 인력의 전공이 기재되어 있다.

그 결과를 보면, 제안서에 기재된 총 127명의 개발참여 예정인력 중 자연과학 전공자가 56명(44%), 예술 전공자가 40명(31%), 사회과학 전공자가 19명(15%)이며 인문과학 전공자는 10명(8%)에 불과하였다.[233] 이처럼 디지털콘텐츠 제작사 기술진은 대부분 공학 등 자연과학 전공자 아니면 디자인 등 예술분야 전공자이며, 인문과학 전공자는 극소수였다. 이는 결과적으로 개발사 기술진이 문화유산 콘텐츠를 제

〈자료 7〉 250%로 확대해 본 수어장대 이미지

233) 본 통계는 경기도 문화유산 가상현실 체험시스템 개발 사업에 참여를 희망한 업체의 제안서를 분석한 내용이다.

작하는 데 한계로 드러난 것이다.

두 번째는 제공되는 이미지의 문제이다. 남한산성과 화성 가상현실은 두 문화유산에 대한 정보와 그 역사를 텍스트와 2D 이미지로 제공한다. 가상현실 웹사이트에서 이용자에게 해당 문화유산에 대한 정보를 이미지와 더불어 필요한 텍스트 정보를 함께 제공하는 점은 긍정적인 평가가 가능하다. 그런데 가상현실 시스템이 기본적으로 이미지를 기반으로 한다는 점에서 적지 않은 문제를 내포하고 있다.

예를 들어, 초기에 제작되어 인터넷이 가지는 특징을 이해하지 못한 점을 감안하더라도 텍스트 양이 과도하고, 제시된 사진자료의 수가 적고 해상도도 너무 낮다. 특히 사진의 해상도는 180×120 픽셀, 단위로는 6.4×4.2㎝ 크기에 불과하여 이용자들이 시각적으로 불편함을 느낄 수 있고, 실제 교육자료로 활용되기에도 부적합하다. 다음 이미지는 남한산성 수어장대 이미지를 250% 확대한 것인데, 이러한 문제를 보여주는 실례에 해당한다.

세 번째는 메뉴 구성의 문제이다. 예를 들어 남한산성 가상현실에서는 '역사적 배경'에서 삼국시대의 남한산성, 고려시대의 남한산성, 원성의 수축, 병자호란과 남한산성, 삼학사, 남한산성의 증개축, 광주읍치의 이설, 산성거민 확보, 남한산성의 수어와 방어, 남한산성 내의 군수물자, 의병항쟁의 중심지, 일제강점기의 남한산성, 해방이후 남한산성, 근세 한·일 성곽의 비교 등 14개 하위 메뉴로 나누었다. 문화유산은 '지정문화재'와 '성곽 및 성내문화재'로 나누어 설명하고 있는데, '지정문화재'는 수어장대, 숭열전, 청량당, 현절사, 침괘정, 연무관, 지수당, 장경사, 망월사, 개원사, 행궁터, 지화문, 전승문, 좌익문, 우익문 등 15개의 하위메뉴로, '성곽 및 성내문화재'는 원성, 봉암성, 한봉성, 신남성, 여장, 암문, 옹성, 치, 수구문과 수구, 장대, 포루, 관아시설, 사찰,

단묘, 금석문 등 15개의 하위 메뉴로 구성되었다.

　남한산성의 역사는 크게 처음 축성된 시기, 대몽항쟁 중심지로 기능했던 고려후기, 성곽이 대대적으로 수축(修築)되고 병자호란을 겪고 유수부가 설치된 조선시대, 항일운동의 중심지였던 근대, 해방 후 시기로 나눌 수 있다. 그러나 '역사적 배경'에서는 시대구분 없이 14개 하위 주제로 나열하고 있어 남한산성의 역사를 체계적으로 구성하지 못하였다.

　문화재 서술에서도 같은 문제가 드러나는데, 남한산성 문화유산은 성곽, 성곽에 부속된 시설, 산성 내의 행궁 및 관아건물, 사찰, 단묘로 나누어 살펴보아야 한다. 그러나 문화유산을 '지정문화재'와 '성곽 및 성내문화재'(비지정문화재)로 단순 분류하여 소개하고, 그 하위 메뉴에서는 '관아시설, 사찰, 단묘'처럼 문화재 종류별 분류와 '숭열전, 장경사' 등 개별 문화재 단위 분류가 혼재되어 문화유산을 체계적으로 이해하는 데 장애가 되고 있다. '성곽 및 성내문화재'에서 '장대'를 설명하고 '지정문화재'에서 '수어장대'를 별도로 소개한 결과, 텍스트 내용 및 이미지 자료가 중복되는 결과를 초래하였다.

　네 번째는 텍스트 내용의 문제이다. 예를 들어, 남한산성 역사를 소개한 부분에는 집필자의 역사관이 일정하게 반영된 부분이 나타나 있어 흥미롭다. '역사적 배경'의 하위 메뉴인 '삼학사'에서는 병자호란 때 청과의 화의를 거부하고 죽음을 택한 홍익한·윤집·오달제 등 삼학사에 대해 청과 싸울 것을 주장하다 청에 끌려갔으나, "조금도 절개를 굽히지 아니하여 청나라 병사들이 오히려 감복하여 존경했다고 한다. 청나라에서는 그들을 온갖 고문과 협박으로 회유하려 하였으나 끝내 굴하지 않고 항변하자 마침내 심양성 서문 밖에서 처형하였다"고 서술하고 있다. 이는 윤리학자이면서 역사학자인 집필자가 역사를 교훈적인 관점에서 보고 있음을 드러내 주는 부분이라 할 수 있다.

제3절 | 유적지의 가상현실 복원

본 항목에서는 2001년 경기도가 경기도 역사문화체험 가상현실 시스템 2차년도 사업으로 제작한 '전곡리 구석기유적지'와 '양주 회암사지' 콘텐츠에 대해 살펴보고자 한다. 2차년도 콘텐츠의 공통점은 지(址), 즉 유적지를 가상현실로 복원한 것으로, 1차년도 사업이 남한산성과 화성 등 현전(現傳) 유적을 복원한 것에 비해서 가상현실로의 복원이 한층 복잡한 특징을 지니고 있다.

전곡리 구석기시대 유적지는 한반도에서 가장 오래된 전기 구석기유적의 하나이며 동아시아에서 최초로 아슐리안(Acheulean)형 주먹도끼가 출토되어 세계적으로 알려진 유적이다. 지난 1978년에 한 미군병사에 의해서 발견된 이후 1979년부터 2002년도까지 모두 11차례 조사되었다. 유적에서 출토된 석기들은 현재 수천 점에 이르는데 지표 채집된 것을 합하면 일만 점 이상이 될 것이다. 전곡리 석기 중에서 가장 독특한 것은 주먹도끼들인데 동아시아에서 최초로 발견된 것이며, 전곡리 구석기유적은 한반도 선사시대 주민의 기원과 그 생활상을 밝히는데 대단히 중요한 고고학적인 증거이며, 또한 동아시아지역 석기문화의 형성과정을 이해하는데 가장 핵심적인 유적지로 평가되고 있다.

한편 양주 회암사는 고려 중기 이전에 창건되었던 것으로 추정되며, 고려 말~조선 초기에 걸쳐 왕실의 지원을 받아 중창을 거듭하면서 사역(寺域)의 규모가 크게 확대되다가 폐사된 사찰이다.

두 콘텐츠의 공통점은 현재 유적과 유물만 남아 있다는 점인데, 발굴에 참여한 학자들이 콘텐츠 제작에 참여하여 발굴 성과, 관련 문헌, 건축사 및 고고학 연구 성과를 바탕으로 해서, 전곡리 선사유적지는 당시 구석기인의 생활상을 복원하였고, 회암사지는 사찰 건물을 가상 복원하였다. 여기에서는 먼저 전곡리 구석기유적지의 발굴 현황과 유적의 형성과정, 회암사의 역사와 규모, 그리고 두 유적지의 현재적 가치를 살펴본 후, 콘텐츠 구성 내용을 살펴보고자 한다. 끝으로 콘텐츠에 대한 분석을 통해 두 유적의 가상복원이 가지는 의의 및 한계를 검토하고자 한다.

1. 전곡리 구석기유적지와 회암사의 역사

1) 전곡리 구석기유적지

전곡리 구석기유적지는 경기도 연천군 전곡읍 전곡리의 한탄강변에 있는 중부 홍적세(Pleistocene Epoch) 후기에 형성된 것으로 추정되는 전기 구석기유적(사적 제268호)으로서 1978년에 동두천에 주둔하던 미군 병사 보웬(G. Bowen)이 주먹도끼·주먹자르개 등 잘 만들어진 석기들을 발견하면서 확인되었다. 보웬은 채집석기를 서울대학교 김원룡 교수에게 가져갔고, 김원룡 교수와 영남대학교 정영화 교수에 의해 아슐리안계 구석기 유물로 밝혀지면서 세계적으로 주목받는 구석기유적지로 알려지게 되었다.

현재까지 조사된 결과로서 전곡리유적은 연대 측정이 가능한 유적 가운데 한반도에서 가장 오래된 유적이라고 할 수 있으며, 가장 규모가 큰 유적인 동시에 보전이 잘된 유적이다. 전곡리유적지는 전곡읍 남쪽 일대의, 한탄강이 U자 모양으로 감싸고도는 지형에 분포하며, 지도상의 위치는 동경 127° 3', 북위 38° 1'이다.[234] 이 일대에는 전곡현무암이라 부르는 철원-평강 지역에서 흘러온 현무암이 고기하천(古期河川) 퇴적을 덮고 있다. 하부의 연대는 약 60만년 전, 상부의 현무암이 약 30만년 전후에 형성된 것으로 알려졌다. 현무암 대지 위 두께 3~8m의 퇴적물은 한탄강이 현무암 대지 위를 흐르는 동안 이루어진 것으로 판단되는데, 이 퇴적물 속에서 석기가 발견되었다.

퇴적층은 하부에 우각호(牛角湖)에 의해 퇴적된 호소성(湖沼性) 퇴적물 또는 강에 의해서 퇴적된 모래층으로 구성되었고, 이 위를 적색 또는 황갈색 점토가 덮고 있다. 이 퇴적물은 현무암이 절리(節理)현상으로 인하여 빠른 속도로 침식되는 과정을 고려한다면, 현무암 상부의 30만년에서 많이 떨어지는 시기가 아닌 대략 중부홍적세의 후반 20만년 전후가 될 것으로 추정된다. 한편 아직 신뢰도에 문제가 있지만, 퇴적물의 발열형광법(thermoluminiscence dating method)에 의하면 4만 5,000년 전이라고 연대를 주장하는 견해도 있으며, 상부홍적세에 들어서 급격히 침식되어 현재의 지형을 형성하였다는 견해도 있다.

지금까지 발굴에서 채집된 석기는 4,000여점이 넘으며, 지표에서 채집된 석기도 많다. 재료는 거의 강바닥에서 채집된 것이다. 전곡리유적의 석기는 주로 개차돌[硅巖], 차돌[石英], 현무암으로 만들었는데, 차돌 알갱이가 고른 편으로 석기 만들기에 좋은 돌이 유적 언저리에서 많이 발견되고 있다. 차돌 이외에 현무암이나 흑요석으로 만든 석기도 더러 있다. 석기 형태로는 주먹도끼·주먹자르개 등에서 아슐리안 형식의 석기가 있고, 그밖에 주먹괭이·사냥돌·주먹찌르개 등 큰석기와 긁개·찌르개·홈날 등 작은 격지석기도 있다.

석기는 대부분 직접 타격법 또는 모루떼기법으로 제작된 것이다.

---

234) 토지박물관 · 연천군, 2000, 『연천군의 역사와 문화유적』, 273쪽.

기본형이 만들어진 뒤에 2차 가공을 시도한 것은 극히 적으며, 2차 가공이 있다 하더라도 최소한의 가공에 그치고 있어서 동아시아의 전기구석기의 일반적 양상인 석기의 비정형성이 나타난다.

유물이 나오는 분포범위는 매우 넓어 약 1㎢ 정도 되는데, 이중 발굴된 지역은 극히 일부에 불과하다. 그럼에도 우리나라 구석기문화 연구에서 전곡리유적은 매우 중요한 위치를 차지한다. 전곡리의 주변지역인 남계리·신답리·궁평리·양원리 등에서도 구석기시대 유물이 발견된다. 이들 지역에서 나오는 석기의 종류와 생김새는 전곡리유적의 것과 흡사하다.

전곡리에서 발견된 아슐리안형 석기는 동아시아에서 처음으로 발견된 것으로, 세계 전기구석기 문화가 유럽과 아프리카 지역에만 있었다고 하는 기존의 H. 모비우스(H. Movius, Jr.) 학설[235]이 무너지는 근거가 되었다. 지금까지 알려진 바에 의하면 전곡리 구석기시대 주민들은 적어도 50만 년 전에서 10만 년 전 사이에 살기 시작한 것으로 보인다.

전곡리유적이 위치한 임진-한탄강 유역은 한반도의 중심부에서 동북에서 서남 방향으로 뻗은 마식령산맥과 광주산맥의 사이에 위치하는 지역으로 철원·평강 등지에서 분출한 현무암이 흘러내려 평평한 대지를 이루는 곳으로 한탄강과 임진강의 침식작용으로 형성되어 우리나라에서는 보기 드문 특이한 지형상의 구조를 가지고 있는 지역이다.[236] 이 평탄한 대지의 상면에서는 두터운 퇴적층이 전 지역에서 발견되는데 붉은 색깔을 띠는 점토들은 제4기 지질시대 동안 퇴적된 것으로 알려져

---

235) 미국의 H. 모비우스 교수는 주먹도끼가 주로 사용되는 전기 구석기시대를 주먹도끼 문화권과 자갈돌석기 문화권으로 구분하였다. 즉, 주먹도끼문화는 주로 아프리카·유럽·중근동·인도·자바 등 구대륙에서만 발견되며, 동남아시아와 중국·한국·일본 등을 포함한 동북아시아에서는 찍개로 대표되는 자갈돌석기문화가 있었다는 것이다.
236) 이상만, 1983, 「유적의 지질학적 조사」, 『전곡리』, 문화재관리국 문화재연구소, 531~561쪽.

있으며, 이 점토층이 있는 곳에서 흔히 석영 또는 규암제의 석기들을 발견할 수 있는데 이 전 지역이 석기 산포지라고 할 수 있다.[237]

한탄－임진강의 양쪽 혹은 한쪽은 현무암 특유의 주상절리현상에 의해 나타난 거대한 검은 현무암 절벽으로 이루어져 있으며, 현무암반 위로 유수에 의해서 형성된 퇴적층이 존재한다. 이들 퇴적층은 일단 강이 현재의 유로면(流路面)으로 떨어진 뒤로는 비교적 훼손을 덜 받았던 것으로 보이는데, 이러한 이유는 한탄－임진강 유역, 특히 전곡리 지역에서는 지질학적으로 제4기의 퇴적층이 잘 보존될 수 있는 환경을 가지고 있었기 때문이다.[238]

전곡리를 위시한 한탄-임진강 유역은 철원 평강 지구에서 폭발한 화산에서 흘러내린 용암으로 형성된 대지에 하천이 흐르면서 발달한 지형이다. 소위 전곡 현무암의 형성과 그 이후의 하천 퇴적작용에 의해 용암대지 위의 점토층이 형성된 것으로 알려져 있다. 현무암의 연대는 철원에서 파주에 이르는 몇몇 지점에서 얻어진 것이 있는데, 그 범위가 대략 60만 년 전부터 17만 년 전까지의 범위에 속한다.[239]

전곡리유적의 층위는 크게 두 가지 종류의 퇴적물로 구성되어 있다. 하부의 모래성 퇴적물과 상부의 점토성 퇴적물이다. 모래성 퇴적물은 분명히 수성퇴적, 즉 하천퇴적으로 보이는데 이 퇴적물 속에서는 유물이 발견된 것이 별로 없지만 간혹 독립적으로 발견되는 경우가 있다. 이러한 퇴적물이 형성되는 과정에서 주변지역의 석기들이 흘러 들어간 것으로 추정된다. 이것은 모래퇴적이 이루어진 시간에도 고인류가 거

---

237) 배기동 · 고재원, 1993, 『전곡리구석기유적 발굴조사 보고서-1992년도』, 한양대학교 문화인류학과 · 경기도 연천군, 18쪽.
238) 토지박물관 · 연천군, 앞의 책, 273쪽.
239) 배기동, 2005, 「전곡리 구석기유적조사와 중요성」, 『전곡리 선사유적지 보존과 활용을 위한 포럼』, 전곡리구석기축제위원회, 21쪽.

주하고 있었다는 것을 보여주는 증거라고 할 수 있다.[240)]

전곡리 일대 현무암반 위 퇴적물의 기원과 형성에 대해서 많은 논란이 있었다. 그 동안 많은 분석이 이루어진 바 있지만, 아직도 결론을 내리지 못하고 있다. 처음에는 아무런 분석적인 자료가 없어 중부홍적세 빙하기 동안 추운 기후에서 이루어진 풍성토(風成土)라는 의견이 있었지만, 1983년도에 이루어진 지질 분석에서는 부근 지역이 기원으로 물에 의해서 운반된 퇴적물일 것이라는 결론을 내린 바 있다. 그럼에도 불구하고 분석결과에 근거한 다양한 견해들이 제기되고 있다. 현재 수성퇴적물이라는 견해 이외에 바람에 의해 퇴적된 것이라는 견해가 다시 등장하였고 사면붕적토라는 견해가 있다.[241)]

퇴적 기원은 전곡리뿐만 아니라 한탄-임진강 유역의 구석기유적 형성과정과 연대관을 파악하는 데 있어서 중요한 문제이다. 나아가 우리나라의 구석기유적 전체의 형성과정 연구에도 많은 영향을 끼칠 수 있는 문제임에는 틀림없을 것이다. 결론적으로 아직도 상부 점토퇴적물의 형성과정을 분명하고 구체적으로 입증할 수 있는 단계는 아니지만 점차 장거리 풍성기원의 퇴적물이라는 점이 부각되고 있다. 퇴적물의 기원과 형성과정에 대해서는 현재 많은 분석이 시행되고 있어서 조만간에 전곡리유적 점토퇴적물의 기원이 밝혀질 것으로 기대된다.[242)]

전곡리유적을 포함하고 있는 한탄-임진강 유역에서는 전곡리 이외에도 약 20곳 정도의 구석기유적이 분포하는 것으로 확인되고 있다. 이들 구석기유적들은 대개 한탄-임진강의 유로(流路)활동과 관련된 지질학

240) 배기동, 위의 글, 26쪽.
241) 배기동, 위의 글, 23쪽 참조.
242) 배기동, 위의 글, 24쪽.

적인 퇴적과정 동안 고인류 행위의 직접적인 결과 또는 지질학적·생물학적인 연유로 형성된 것이며, 발굴된 지점으로 남계리(연천군 군남면 소재)·금파리(파주시 파평면)·주월리(파주시 적성면) 등을 꼽을 수 있을 것이다.

남계리유적은 한탄강하류에 위치하며 석핵을 포함한 석기가 다수 출토되었고 지표채집품인 주먹도끼 등은 전곡리유적에서 알려진 것과 같은 것으로 보고 있다.[243]

파주 적성지역의 주월리·가월리유적(사적 제389호)에서는 고전적인 개념에 가장 가까운 주먹도끼가 출토되었는데 아프리카나 유럽의 아슐리안 주먹도끼에 비해 손색이 없는 상당히 정련된 제작기법으로 제작되었다고 보고 있다.[244]

원당리유적(연천군 장남면 소재)에서도 주먹도끼를 포함한 석기 유물들이 출토된 것으로 알려져 있다. 이곳 외에도 고랑포리·신답리·백의리 등에서도 석기유물들이 발견되었고, 앞으로 더 많은 지역에서 유물들이 발견될 것으로 보인다. 이것은 4기 지질시대에 한탄-임진강 유역에서 고인류 거주가 상당히 많았음을 보여주는 것이며, 이는 국내 다른 강 유역에서의 인간거주의 규모와 방식을 추론하는 데 중요한 단서를 제공할 것이다.[245]

전곡리 선사유적지의 발견은 구석기시대 연구의 근본을 흔들 정도로 큰 영향을 주었다. 앞서 살펴본 바와 같이 당시 학계의 정설로 인정되었던 모비우스설이 파기되는 결정적 근거가 되었으며, 동아시아의 구석

243) 최무장, 1991, 『연천 남계리 구석기유적-문화재연구소 유적조사보고』 11, 문화재 관리국 문화재연구소, 22쪽.
244) 이선복·이교동, 1993, 「파주 주월리·가월리 구석기유적」, 서울대학교박물관, 21쪽.
245) 이한용, 1997, 「전곡리 유적의 형성 과정과 구석기 공작에 대한 연구」, 한양대 문화인류학과 석사학위논문, 23쪽.

기문화를 새로운 각도에서 이해하려는 많은 연구가 시도되었다. 이는 한국의 구석기 연구뿐만 아니라 전세계 구석기 연구를 풍부하게 만드는 계기가 되었다. 뿐만 아니라 전곡리 선사유적지에 대한 조사를 계기로 한탄-임진강 유역에 대한 제4기 지질학 연구가 이루어졌고, 아직도 지질학자들의 관심이 집중되고 있어 고고학계뿐만 아니라 지질학계에도 중요한 연구의 장을 제공하고 있다.

경기도에서는 전곡선사박물관 건립을 추진하고 있으며, 이를 뒷받침하기 위한 학술사업을 활발히 벌이고 있다. 2006년 3월에 두 차례의 국제학술대회를 개최하였다. 이 가운데 '전곡리 구석기유적의 지질형성과 연대에 관한 새로운 진전'이라는 주제의 국제학술대회에서는 논란이 첨예한 이 유적지의 형성 연대에 대해 집중적으로 검토하였다. 이 대회에서 일본 나가사키대학 나가오카 신지[長岡信治] 교수는 전곡리유적을 구성하는 현무암 대지는 50만 년 전, 그 인근 차탄리 현무암은 15만 년 전에 형성됐다는 결과를 얻었으며, 나아가 이 일대 현무암과 하천 퇴적 양상을 볼 때 전곡리 주변을 흐르는 한탄강은 처음에는 북동 방향으로 흐르다가 어느 시점에 남서 방향으로 틀었다고 주장하였다. 중국 난징박물원 고고연구소 팡잉싼[房迎三] 연구원은 이곳이 중국 양쯔강 하류 유역에서 조사된 구석기 문화양상과 비슷하며, 나아가 화산재 분석과 석기유물 포함층으로 볼 때 인류가 전곡리유적을 점유한 시기는 적어도 30만 년 전일 것이라고 주장하였다. 이밖에 일본 도시샤대학 하야시다 아키라[林田明] 교수와 효고교육대의 나루세 도시로[成瀬敏郎], 주최측인 문화재연구소의 배기동 교수도 관련 연구성과를 각각 발표하였다.

경기도 연천군에서는 해마다 5월 어린이날을 전후하여 '연천전곡리 구석기축제'[246]를 개최하고 있다.[247] 이 축제한마당은 크게 역사축제·

학술축제 · 교육축제 · 가족축제 등으로 나누어 진행하는데 특히 가족축제에서는 해마다 다른 부제를 설정, '원시 체험의 장', '석기 만들어보기' 등 다채로운 프로그램을 준비하여 체험을 통해 선사문화를 이해할 수 있도록 하고 있다. 2006년에 열린 제14회 축제에서는 '전곡리안의 숨소리'라는 테마를 선정, 당시 석기인류와 동화되는 느낌을 가질 수 있도록 하였다. 체험행사 · 놀이마당 · 연천문화마당 등이 5일 동안 펼쳐지는 이 축제는 연천군의 문화상징(brand)이자 최대의 축제행사로 자리 잡았다.

축제는 지역의 고유한 지형적 · 역사적 특성을 중요 모티브로 사용해서 연희되며, 지역주민들뿐만 아니라 외부 방문객들에게 평소에 접해보지 못한 인류의 원시적 삶의 모습을 체험하는 시공간으로 제공되고 있다. 고도화 · 복잡화 · 문명화 · 과학화와 대비되는 단순성 · 원시성 등이 인간의 삶에서 어떠한 의미를 가지는 지에 대한 고찰이라고 볼 수 있다.[248] 전곡리 구석기유적지는 이처럼 역사적 가치와 관광자원으로서의 가치에 주목을 받아, 경기도 역사문화체험 가상현실 시스템 2차년도 사업 대상으로 선정되었던 것이다.

2) 회암사

회암사는 현 경기도 양주시 회암동 천보산에 자리 잡았던 사찰로 창건 연대는 확실치 않다.[249] 1374년(공민왕 23)과 1376년(우왕 2)에

---

246) http://www.iyc21.net/festival[2006.9.5] 참조.

247) 구석기축제는 1993년 한양대 문화인류학과에서 최초로 시작하였다. 초기에는 100여 명이 모이는 행사로 시작하였고, 모이는 대상도 주로 학술관련 인물들이었다. 해를 거듭하면서 미술계 인물과 연극계 인물, 군청, 지역주민, 군부대가 함께 하였다(류정아, 2005, 「구석기 축제의 발전과정」, 『전곡리 선사유적지 보존과 활용을 위한 포럼』, 전곡리구석기축제위원회, 86쪽).

248) 류정아, 위의 글, 87쪽.

나옹대사가 중건하였으며, 다시 조선시대에 이르러 1472년(성종 3)에 세조비인 정희왕후가 정현조로 하여금 다시 중건케 하였다. 명종 때 보우의 실각 이후 쇠퇴의 길을 걷기 시작하여 병자호란 이후 황폐화되었다. 절터는 남쪽 기슭 경사진 대지에 위치하고 있으며, 계단상으로 8단의 축대를 쌓고 그 위에 여러 건물을 세웠던 흔적만 남아 있다.

회암사는 고려말기에서 조선전기까지 불교계뿐만 아니라 국가적으로도 중요한 역할을 수행한 사찰이었다. 특히 인도 출신 승려였던 지공선사와 인연이 닿아 그의 법제자였던 나옹에 의하여 중건되면서 왕실과 더욱 긴밀해졌다. 또 조선 태조의 극진한 예우를 받았던 무학대사가 머물면서 그 위상은 더욱 높아졌다. 회암사는 조선후기에 폐사(廢寺)된 것으로 추정되고 있으며, 전면적인 발굴 조사가 진행되면서 대가람의 규모가 서서히 드러나고 있다.

주요 문화재로는 보물 제387호 회암사지 선각왕사비, 보물 제388호 무학대사의 회암사지 부도, 보물 제389호 회암사지 쌍사자석등이 있으며, 지방문화재로 지정되어 있는 지공선사부도 · 나옹선사부도 · 무학대사비 등이 있다. 이와 함께 본래의 회암사 절터인 회암사지는 사적 제128호로 지정되어 있다.

고려 · 조선시대를 거치면서 대사찰의 위용을 자랑했던 회암사의 창건 · 중건에 대한 역사적 배경과 그 현재적 가치에 대해 살펴보고자 한다. 회암사는 초창과 관련된 구체적인 기록은 남아있지 않지만, 고려 중기 경에 창건되었으며 당시에는 교종사찰이었던 것으로 밝혀져 있다.250) 현재 회암사의 창건과 관련된 직접적인 기록은 전무한 형편이고

---

249) 지금까지 회암사의 중건 문제나 寺址의 현황에 대해서는 연구 성과가 어느 정도 있었으나, 그 창건 시기에 대해서는 문헌이 없어 확실한 견해가 없는 실정이다. 1328년(고려 충숙왕 15)때 梵僧 指空이 창건하였다는 주장이 있으나 이를 뒷받침할만한 근거는 별로 없다.

250) 김철웅, 1997, 「고려말 회암사의 중건과 그 배경」, 『史學志』 30, 단국대 사학회, 169~172쪽.

회암사를 언급한 단편적인 기록을 통해 미루어 짐작할 뿐이다.

회암사가 등장한 가장 오래된 기록은 『신증동국여지승람』이다.[251] 여기에는 "1174년 금(金)의 사신이 왔는데, 춘천 길을 따라 인도하여 (회암사로) 맞아들였다"는 기록과 함께 고려 왕자승인 원경국사의 글씨를 그 사신이 감상했다는 일화를 소개하고 있다.[252] 이때의 원경은 고려 인종의 제5자인 원경국사 충희(또는 현희)로 여겨진다. 이 사실의 신빙성에 대해서는 의문을 제기할 수 있겠지만 최소한 1174년(명종 4)에 회암사가 이미 존재하고 있었다는 일례일 것으로 추측할 수 있다.[253] 그런데 원경이 충희를 가리키는 것이 확실하다고 하면 회암사의 창건 시기는 고려 의종 초기 또는 그 이전이 될 가능성이 높다고 볼 수 있다.[254] 또 다른 기록으로는 14세기 고려 불교계를 이끌었던 보우가 13세의 나이로 회암사 광지선사에게 출가했다는 내력이 그의 비문에 적혀 있다.[255]

회암사는 금의 사신을 관아가 아닌 사찰에서 영접했다는 점, 광지선사가 14세기 초 회암사에서 주석하고 있었다는 점, 지공선사가 1328년 회암사에 들려 사철의 규모가 인도의 아란타사와 같다고 말한 점[256] 등을 보았을 때 당시의 위상을 짐작할 수 있다.

회암사의 중건은 나옹 혜근에 의해서 1374년(공민왕 23) 봄부터 역사(役事)가 시작되어 2년 뒤인 1376년(우왕 2) 4월에 낙성을 보게 되었다. 회암사의 중건에 대한 기록은 이색의 「천보산회암사수조기」에 자세히

---

251) 『新增東國輿地勝覽』의 내용은 고려 고종 때의 문신 崔滋의 『補閑集』에서 인용된 것으로 보인다(김철웅, 위의 글, 170쪽).

252) 『新增東國輿地勝覽』 권11, 楊州牧, 佛宇-檜巖寺.

253) 최성봉, 1972, 「회암사의 연혁과 그 사지 조사」, 『佛敎學報』 9, 163쪽.

254) 김철웅, 앞의 글, 171~172쪽.

255) 「普愚太古圓證國師寶月昇空塔碑」.

256) 『高麗史』 卷35, 忠肅王 15年 7月 庚寅條..

기록되어 있다.

> "(전략)…… 집은 모두 262칸이다. 부처의 높이가 15척이 되는 것이 7개
> 요, 관음상(觀音像)은 10척이 된다. 또 이곳은 각전(覺田)이 죽은 곳이기도
> 하다. 집이 크고 웅장하고 아름답고 화려하기가 우리 동국(東國)에서는
> 제일로서 여기에서 놀고, 보기 위해서 강호(江湖)에서 모여든 자들은 모두
> 말하기를 '아무리 중국이라도 이런 절은 극히 볼 수 없다고 해도 지나친
> 말은 아니다'했다."257)

나옹 등 회암사 중건 주도자들이 천문학적으로 많은 경비가 소요되
는 불사를 시도하게 된 것은 이를 통하여 선종의 내부단결과 제 불교세
력의 결속을 기하고, 또 미려·웅장한 위용과 262간의258) 거대한 규모
로 지배자적인 위엄을 갖추려고 한 것으로 보인다. 당시 반불론자(反佛
論者)들의 사전(私田) 혁파와 척불론(斥佛論) 등이 더욱 세력을 넓혀가
는 시점에서 이 웅대한 회암사를 중창할 수 있었던 요인은 먼저, 나옹이
왕사(王師)의 권위로서 위기의식을 느끼고 있는 제 종파를 결속케 할
수 있었던 점, 둘째 원(元)의 승려가 아닌 인도 승려인 지공의 삼산양수
지설(三山兩水之說)259)에 의해서 인도의 아란타사와 유사한 가람을
이룩하였던 점, 셋째 공민왕과 태후의 적극적인 옹호와 후원의 힘을
입을 수 있었던 점 등을 들 수 있다.260)

---

257) 『東門選』卷73, 天寶山檜巖寺修造記(경기도박물관, 1999, 『경기도불적자료집』, 534쪽).
258) 실제로는 137~157칸 정도였던 것으로 보인다(허흥식, 2001, 「한국불교사에서 회암사의
   중요성과 국제적 위상」, 『회암사』, 경기도박물관, 193쪽).
259) 나옹은 1358년(공민왕 7)에 지공으로부터 "본국으로 돌아가 三山兩水間覺를 찾아서 머문다
   면 불법이 자연히 일어나리라"고 하는 수기를 받아 고려로 돌아오게 된다(覺宏, 「懶翁和尙行狀
   」, 『懶翁集』 참조). 김윤곤, 2001, 「나옹 혜근의 회암사 중창과 반불논의 제압기도」, 『대구사학
   』 62, 대구사학회, 63쪽에서 재인용.
260) 김윤곤, 위의 글, 64쪽 참조.

한편 나옹이 불교 중흥의 목적을 이루기 위해 이곳 회암사를 선택했던 것은 지정학적 위치와 풍수지리의 영향을 받은 것으로 보인다. 즉 이곳은 개경 및 남경과 인접한 지역으로 정치·사회의 중심지였으므로, 불법의 전파가 용이하다는 이점을 가지고 있었다. 또한 고려시대의 대표적 명당으로서 우왕 때 등장했던 천도 논의에서 거론되었던 곳이었다.[261]

그러나 나옹은 회암사의 낙성을 보지 못하고 쫓겨난다. 낙성식에 앞서 개최된 문수회 때 개경과 지방의 사녀(士女)들이 귀족과 천민 할 것 없이 모두 보시를 하려고 몰려들어 문전성시를 이루자 당시 정국의 주도권을 잡아가고 있던 신진사대부세력의 비판을 받게 되었고, 나옹은 결국 경상도 밀양으로 추방되었다. 밀양의 영원사로 향하던 나옹은 여주의 신륵사에서 1376년(우왕 2) 5월 입적하였다.[262] 이후 회암사의 중창은 나옹의 제자인 절간익륜(絶磵益倫)과 고암일승(杲庵日昇) 등이 뒤를 이어 마무리하였다.

국가의 지배이데올로기가 불교에서 성리학으로 변화된 조선왕조에 들어와서도 회암사는 계속 사세(寺勢)를 유지하고 있었다. 여말선초에는 나옹의 제자이자 조선태조 이성계의 왕사이기도 한 무학 자초가 주석함으로써 태조는 회암사에 각별한 관심을 나타냈다. 태조는 무학 접견을 이유로 7차례에 걸쳐 회암사에 행차하였다. 그때마다 회암사에 많은 미두(米豆)와 포백(布帛)을 하사하였고,[263] 회암사의 요역(徭役)도 면제시켰다. 또한 왕실의 원찰로서 왕실 주최의 법회를 개최하기도 하였다.

---

261) 『高麗史』卷44, 禑王 5年 11月.
262) 나옹의 죽음에 대해서는 갑작스런 병사가 아니라 독살되었을 것으로 추정한 견해가 있다(허 흥식, 1997, 「회암사」, 『고려로 옮긴 인도의 등불』, 일조각).
263) 『太祖實錄』卷6, 3年 8月 壬午條 ; 『太祖實錄』卷7, 4年 4月 庚辰條.

불교계에 대한 탄압이 본격화 되고 신하들의 반대에도 불구하고 회암사에 대한 지원은 계속되었다. 1472년(성종 3) 대규모의 중창이 있었고, 명종 때에는 보우에 의해 다시 중창이 이루어지는 등 꾸준히 규모를 유지하고 있었다. 이는 회암사가 조선초기부터 왕실의 재궁으로서 기능하였고, 이것이 회암사를 유지할 수 있던 동력이 되었다.

조선전기까지 왕실과 관련된 사찰로서 사세를 보유하고 있었던 회암사는 조선중기에 들어서자 점차 쇠퇴의 길로 접어들기 시작하였다. 연산군 대까지 지속되었던 회암사에 대한 왕실의 비호는 중종 대에 이르러 약화의 조짐을 보이기 시작하였다. 명종 즉위 후 문정왕후의 후원을 받은 보우에 의해 일시적으로 부흥의 면모를 보였지만, 문정왕후 사후 완전한 쇠락을 면치 못하였다.

이후 회암사는 임진왜란을 거치면서 전화를 입은 것으로 보이며,[264] 1605년(선조 38) 이곳을 수창하는 공사가 있었던 듯하다. 1626년(인조 4) 회암사에서 불사를 크게 벌인 기록[265]을 마지막으로 병자호란 이후 폐사된 것으로 보인다.[266] 그 후 1821년(순조 21)에 지공·나옹·무학 등 세 승려의 부도와 비를 중수하면서 옛터의 오른쪽에 작은 절을 짓고 회암사의 절 이름을 계승하게 되었다.

회암사는 대규모 사찰로서 규모뿐만 아니라 건축 양식이나 면모에서도 궁궐 건축의 배치, 양식에 결코 뒤지지 않는 화려함과 권위를 지녔던 사찰이었다. 전체 유적은 천보산 서남쪽 기슭에 입지하는데, 북쪽에서 남쪽으로 퍼진 부채꼴 모양으로 부지면적 약 2만 6,400㎡(8,206평)이다.

---

264) 임진왜란이 진행 중인 1595년(선조 28)에 실록의 기록에 옛터로 표현되어 있는 것으로 미루어 보면 전란 중에 상당히 큰 피해를 입었던 것으로 판단된다(경기도·경기도박물관, 2003, 『회암사II 7·8단지 발굴조사보고서』, 27쪽).

265) 『仁祖實錄』卷13, 4年 閏6月 庚申.

266) 『栢庵集』卷上, 「檜巖廢寺」.

여기에 8단의 정연한 석단을 마련하고 건물을 지었는데, 전체적인 배치는 설법전 옆으로 회랑이나 다른 건물들을 연결시키지 않고 별채의 건물을 횡으로 배형하는, 후기 교종의 사찰에 보이는 회랑식 사찰배치가 변형된 형태라 할 수 있다.[267]

현재 회암사지에 있는 석축들은 보존상태가 비교적 양호한 편으로 여러 건물지의 흔적을 한 눈에 알아 볼 수 있다. 관음전, 미타전, 동·서 승당, 동·서 파침, 종루, 고루, 시문루, 열중료, 향적전, 도사료, 원두료, 지빈료, 양로방 등의 전각 이름이 전한다.[268]

8개의 단지 중 건물지는 3단지에서 8단지까지만 분포하고 있다. 그리고 사역 외곽으로는 2·3단의 거대한 석축을 쌓아 사역을 보호하고 있으며, 석축의 가장 상단에는 와편담장이 둘러져 있다. 이중 8단지에 있는 5동의 건물은 일반 사찰에서는 볼 수 없는 특별한 건물들로 구성되어 있다. 즉 가운데 정청(正廳)이 있고, 이를 중심으로 양쪽에 익사(翼舍)가 달린 형태로 조선시대 객사와 유사한 형태를 이루고 있어서, 궁궐의 편전과 유사한 기능을 하였던 것으로 보인다. 또한 이곳에서는 조선초기 왕궁 및 왕실과 관련 있는 건물에서 사용하던 청기와(青瓦)가 발견되고 있으며, 잡상(雜像)을 사용하고 있는 점이 주목된다. 정청을 중심으로 한 일곽은 조선 태조가 이곳 회암사에 들러 무학과 정무 및 국가대소사에 대해 의견을 나누었던 곳으로 추정할 수 있다. 따라서 7·8단지에 나타난 회암사의 건물배치 및 공간구성은 마치 궁궐 내전의 배치와 유사한 모습을 이루고 있어 회암사의 가람배치가 궁궐의 배치에 적지 않은 영향을 받았음을 추정케 해주고 있다.[269]

---

267) 토지박물관·양주군, 1998, 『양주군의 역사와 문화유적』, 196쪽.
268) 토지박물관·양주군, 1998, 위의 글..
269) 윤희상, 2001, 「회암사지의 건축사적 조명」, 『회암사』, 경기도박물관, 221~225쪽.

1964년 사적 제128호로 지정된 양주 회암사지는 사역의 규모나 역사적인 중요성에도 불구하고 최근까지 문헌조사와 일부 지역에 대한 시굴 및 실측조사만이 이뤄진 채 본격적인 발굴조사가 진행되지 않았다. 경기도와 양주군은 회암사지의 정비·복원을 시행하기로 결정하고, 경기도박물관에 발굴조사를 의뢰하였다.

이에 경기도박물관은 1997년 11월 10일부터 1998년 5월 10일까지 회암사지 사역 전체에 대한 정밀 시굴조사를 실시하였고, 그 조사결과를 토대로 7개년에 걸친 장기 발굴조사계획을 수립하였다. 경기도박물관과 기전문화재연구원은 1998년도 1차 발굴조사를 시작으로 2006년 7월 현재까지 8차 발굴조사를 완료하였다.

경기도와 양주시는 발굴조사를 토대로 회암사의 유적을 영구히 보호·보존하고 이곳을 유적공원으로 조성함으로써 역사교육의 산 현장으로 활용할 예정이다. 경기도는 우선 회암사지를 정비하고 활용하기 위한 종합계획을 수립하였다. 이 계획에는 연차발굴계획과 함께 발굴과정의 관광코스화, 전시관 건립, 복원 방안 등이 포함되어 있다.[270] 2003년 7월부터 10월까지 경기도박물관에서 열렸던 '묻혀있던 조선최대의 왕실사찰 회암사 불교문화전' 특별전시회를 개최하여 회암사지의 가치를 널리 알리기도 하였다.

회암사는 고려와 조선시대에 걸친 흥망의 과정을 통해 당시 불교문화와 유물에 대한 중요한 정보를 제공해 주고 있으며, 우리 전통문화에 대한 자부심을 불러일으키는 데 중요한 역할을 할 것으로 생각되어 경기도가 경기도 역사문화체험 가상현실 시스템 2차 사업 대상으로 선정한 것이다.

---

270) 경기도 · 양주군 · 기전문화재연구원 · 명지대학교 부설 한국건축문화연구소, 2001, 『양주 회암사지종합정비계획』.

〈자료 8〉 가상 복원된 전곡리 구석기시대 생활상

2. 전곡리 구석기유적지와 회암사 콘텐츠 구성 내용

1) 전곡리 구석기유적지

전곡리 구석기유적지 콘텐츠는 크게 가상현실 기법으로 구성되어 전곡리 구석기에 대한 다양한 정보를 제공하는 '연천 전곡리 VR 복원과 '구석기 박물관', 연천 전곡리 선사유적지에 대한 일반적인 내용과 발굴 과정을 텍스트로만 제공하는 '개요'와 '발굴과정' 지도와 텍스트로 구성된 '한반도 구석기유적지'와 '찾아오는 길' 등 6개로 구성되어 있다.

〈표 8〉 전곡리 선사유적지 가상현실 구성

콘텐츠명	상위메뉴	하위메뉴	
전곡리 선사 유적지	연천 전곡리 복원 VR	경기도 연천 전곡리 지형의 변화	1단계 : 고기 한탄강
			2단계 : 현무암 분류
			3단계 : 현재의 한탄강
		불 피우기	
		옷 만들기	

콘텐츠명	상위메뉴	하위메뉴		
		도구 제작		
		채 집		
		사냥하기		
		가족생활		
	개 요	연천 전곡리 선사유적지 개요		
발굴과정	발굴이란?	1) 어떤 지점을 파게 되었나		
		2) 어떻게 발굴하였나	발굴 구획법	
			발굴 도구들	
			땅파기	
			유구 판별의 원칙들	
		3) 전곡리의 미스터리 유구들	큰 강돌의 미스터리	
			작은 돌무더기	
			편마암 강돌들의 용도는?	
	무엇을 하였을까?	1) 석기에 나타난 구석기 인류의 삶과 지혜	석기의 의미	
			석기의 용도 추정	
			석기와 선사시대인의 생각	
		2) 무엇을 하다 남긴 흔적들인가?		
구석기박물관	최초 발견물	다각면 원구 1		
		다각면 원구 2		
		다각면 원구 3		
		주먹-가로날 도끼		
	환경과 지질	지형의 단면도 : 1~3단계로 구분 서술		
		지층의 구조 : 전곡리 지층의 단면 구조		
	아슐리안 석기 문화	유럽, 아프리카 석기 12점		
	전곡리인과 석기문화	전곡인 얼굴		
		석기 제작과정		
		전곡리인과 석기종류	뚜르게	
			밀개 : 가죽다듬기, 무두질	
			새기개	
	쉬어가기코스	구석기인 얼굴 맞추기 퍼즐		

콘텐츠명	상위메뉴	하위메뉴	
	인류진화관	인류의 진화 모습	380만년 전 인류
			10만년 전 인류
			4만년 전 인류
		인류의 확산	호모의 확산
			현생인류의 확산
		홍적세 지형 변화	
	찾아오는 길	전곡리 선사유적지 지도	

전곡리 구석기유적 발굴 성과271)와 구석기시대에 대한 각종 연구 성과272) 및 자료를 소스로 하여 제작되었다. 전곡리 구석기유적지의 지질학적인 복원은 배기동 교수의 논문으로,273) 전곡리 구석기유적지 콘텐츠 구성은 전곡리 구석기유적 발굴책임을 맡은 배기동 교수, 구석기 전공 홍미영 박사 등 2명의 고고학자와 제작진과의 협의를 통해 이루어졌다. 구체적인 구성은 배기동 교수가 작성한 '전곡리 구석기유적 가상현실복원과 유적사이버박물관 구성 및 내용원고'를 중심으로 진행되었는데 그 골자는 다음과 같다.

---

271) 김원룡 외, 1983, 『전곡리』, 문화재관리국 ; 배기동, 1989. 『전곡리·1986년도 조사보고서』, 서울대학교 박물관 고고인류학총서; 배기동 외, 1996, 『전곡리구석기유적 1994-96년도 발굴 조사보고서』, 연천군 · 한양대학교 문화인류학과 ; 배기동 외, 1996, 『전곡 구석기유적, 2000-2001 전면시굴조사보고서』, 경기도 · 연천군 · 한양대학교 문화인재연구소 外.

272) 배기동, 1983, 「全谷里出土 주먹도끼류石器의 性格에 對하여」, 『古文化』 22, 한국대학박물 관협회.

_____, 1989, 「韓半島 洪績世 環境과 舊石器文化」, 『한국상고사학보』 2, 한국상고사학회.

_____, 1989, 「全谷里舊石器文化와 東北아시아 洪積世 古人類生存活動 ; 石器文化傳統에 對한 說明의 한 시도」, 『학술원논문집』 28, 대한민국학술원 외.

273) 배기동, 2002, 「1990년대 이후의 한국 구석기고고학 연구성과」, 『文化財』 35, 4~27쪽 참조.

〈표 9〉 전곡리 구석기유적 가상현실복원과 유적사이버박물관 구성 및 내용원고

I 부. 전곡리구석기생활 속으로
1. 도입부
   1) 전곡리 일대의 한탄강과 현재지형과 현재문화
   2) 전곡리유적의 지형 단면
2. 전곡리유적 가상현실 복원 : 가족생활, 사냥, 채집, 도구 제작, 음식의 조리와 음식 분배, 불 피우기법, 옷 만들기, 바람막이 만들기

II부. 전곡리 구석기유적을 어떻게 발굴하였나?
1. 발굴이란?
   1) 어떤 지점을 파게 되었나?
   2) 어떻게 발굴하나 : 발굴 구획법, 발굴 도구들, 땅 파기, 유구 판별의 원칙들,
   3) 전곡리의 미스터리 유구들 : 큰 강돌의 미스터리, 작은 돌무더기
2. 무엇을 하였을까? 고고학적인 유구와 고인류의 행위복원
   1) 석기에 나타난 구석기 인류의 삶과 지혜 : 석기의 의미, 석기와 선사시대인의 생각
   2) 무엇을 하다 남긴 흔적들인가?

III부. 전곡구석기유적 사이버박물관
- 사이버 박물관 배치도 : 이미지홀, 전곡리 구석기유적관, 인류진화관 그리고 에필로그관으로 구성, 중간에 휴식을 위한 공간으로 게임룸과 퀴즈룸 그리고 석기제작실습실 등으로 구성.
1) 전곡 구석기유적관 전시 구성
- 발견과 발굴 전시 : 최초 발견물 사진, 발굴사와 학자들
- 환경과 지질 전시 : 지질형성 및 지형발달과정 3단계 지형단면모식도, 지층구조, 절대연대 측정법
- 아슐리안 석기문화 전시
- 전곡리인과 석기문화 전시
2) 휴게공간 : 게임룸, 퀴즈룸, 석기제작 연습실, 눈 휴식창
3) 인류진화관
- 인류진화와 문화진화 : 내용과 구성방식은 인류 진화도와 문화 진화도 병열 배치
- 독립주제 전시 : 인류의 확산과정과 대륙별 주요 유적, 도구의 변화, 불의 사용, 후기구석기 예술과 신앙, 인류의 음악, 인류의 집
- 한반도의 구석기인과 문화 전시 : 한반도 홍적세 환경, 고인류 화석과 주민의 기원, 구석기 공작과 편년
4) 에필로그 : 전곡 구석기인의 생활모습이 보이다가 사라지고 그 자리에 현대문명의 도시의 모 습이 보이는 풍경 속으로 빠져들어 가는 것처럼 느끼는 장면.

위의 제안서에서는 '전곡리 구석기유적 가상현실복원과 유적 사이버 박물관' 콘텐츠의 구현을 위해 텍스트·2D·3D·그래픽·가상현실·음성 등 다양한 표현 수단이 제안되었다. 구석기박물관은 이 제안서를 중심으로 구성되었으나, 인터넷 용량과 제작 범위 등을 감안하여 진행되었다.

전곡리 구석기유적지 콘텐츠 중 가장 중요한 것은 전곡리 구석기인의 일상생활을 3D로 복원한 것이다. '연천 전곡리 복원 VR'을 클릭하면, 먼저 구석기시대부터 현재에 이르기까지를 전곡리 지형이 3단계로 변천하는 것을 애니매이션으로 표현하였다. 그리고 구석기시대 전곡리의 자연환경을 한탄강이 현무암대지 위를 흐르고 있었고, 강은 현재의 유로에서 크게 벗어나지는 않았을 것으로 보고, 큰 개울이 있고 작은 지류들이 있는 하천 환경, 수변 식물들이 자라고 또한 군데군데 습지 환경이 있는 풍경, 약간 높은 곳에서는 키 큰 풀이나 잡초들이 자라면서 이 속에서 여러 가지 동물들이 출몰하는 풍경, 물에서 멀리 떨어진 지점에는 관목과 나무들이 듬성듬성 자라는 풍경, 산에는 나무가 많이 있는 환경을 2D로 재연하였다.

그리고 구석기시대 가족생활과 사냥하기, 채집, 도구 제작, 불 피우기, 옷 만들기 등 구석기인들의 기본생활을 3D로 재현하고 관련 텍스트를 제공하고 있다. '가족생활'에서는 구석기시대 가족이 2~3대가 한 가족이고, 이동성이 큰 생활을 하였기 때문에 많은 아이들을 두지 못하였을 것이므로, 2명의 성인과 한 명의 아이가 어우러져 있는 모습으로 형상화하였다. '사냥하기'에서는 사냥을 위해 성인남자 3명이 창과 돌을 던지는 장면이 연속되도록 연출하였다. 구석기인들의 가장 중요한 생계수단이었던 '채집'에서는 성인 남녀가 나무에서 과일을 따는 장면을, '불 피우기'에서는 부드럽고 인화성이 강한 재료 위에서 돌로써 돌을 때리는 방법으로 불을 피우는 모습을 연속적으로 보여준다.

'옷 만들기'에서는 구석기시대인의 옷 만드는 모습을 복원한 것이다. 구석기시대에는 가죽에 구멍을 뚫어서 연결하여 두르는 방식이 보편적이었을 것으로 보이는데, 석기를 가지고 가죽을 지속적으로 무두질을 하여 부드럽게 만드는 장면을 연출하고 있다. '도구 제작'에서는 석기제작 방법의 하나인 돌로 돌을 때려서 석기를 만드는 장면을 보여준다. 그런데 '도구제작'을 표현하면서 구석기인이 돌을 땅에 가볍게 내려놓는 장면을 연출하여 도구 제작을 위한 행위가 아니라, 마치 돌을 나르는 것 같은 동작으로 표현함으로써 잘못된 모습을 보여준다든지, 이미지가 거칠게 표현되는 등의 한계가 있다. 그러나 구석기시대 생활상을 가상현실로 재현하여 인터넷에 제공한 것은 국내외 통틀어 최초라는 점에서 그 의의가 크다고 하겠다. 이는 특정한 역사 시점의 사회를 가상현실 기법으로 복원했다는 점에서 주목할 만한 시도로 평가된다.

'구석기박물관'은 사이버박물관으로 모델 VR 기법을 도입하여 가상의 공간을 만들고, 구석기 전시를 연출한 것이다. '구석기 박물관'은 '전곡리 구석기유적'과 '인류 진화' 2개의 주제로 전시되고 있으며, 중간에 휴게공간을 조성해 놓았다. 사용자는 좌측에 있는 가상의 통로를 따라 들어가면 구석기 시대를 여행할 수 있다. 이미지 홀에는 선사시대 전곡리의 풍경과 사냥하는 전곡리 구석기인의 모습을 이미지화한 것이다. 좌측에 있는 전시실을 들어가면 입구에 전곡리 구석

〈자료 9〉 전곡리구석기박물관 이미지 홀

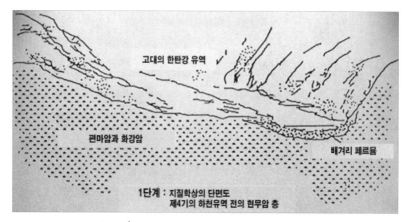

고대의 한탄강 유역

편마암과 화강암

배겨리 페르뮴

1단계 : 지질학상의 단면도
제4기의 하천유역 전의 현무암 층

〈**자료 10**〉 전곡리 지형 단면도 중 제1단계 단면도

기유적지에서 최초 발견된 석기가 나타나는데, 유물은 오브젝트 VR
기법으로 구현되어 있어 상하좌우로 돌려볼 수 있으며, 텍스트가 함께
제공되고 있다.

　'환경과 지질' 부문에서는 구석기시대를 이해하는데 필수적인 전곡
리 지형과 지층 단면도로 장시간의 변화를 보도록 구성한 것이 특징
이다. 전곡리 지형은 구석기시대부터 현재까지 전곡리의 지형 변화를
3단계로 보여주는데, 1단계는 제4기의 하천유역 전의 현무암층이, 2
단계에서는 현무암과 함께 강유역이 형성되고, 3단계에서는 현재의
한탄강과 임진강 등 전곡리의 지질을 연속적으로 이미지화하였다. 그
리고 '전곡리 지층'은 벽면 전체를 2D 이미지로 채워 각 지층을 한
눈에 볼 수 있도록 배려하였다.

〈자료 11〉 유럽 아프리카 아슐리안 석기

이어 '아슐리안 석기'는 유럽·아프리카 석기 12점을 2D이미지로 텍스트와 함께 제공하고 있다. 아슐리안 주먹도끼는 프랑스의 쌩 따슐에서 처음으로 발견되었다. 유럽과 아프리카의 전기구석기에서는 흔히 보이는 도구이다.

〈자료 12〉 복원된 전곡인 두상

'전곡리인과 석기문화'에서는 전곡인의 얼굴을 2D 이미지로 가상 복원하여 이미지의 구체성을 획득한 것으로 평가된다. 전곡리 구석기인은 호모 사피엔스(Homo sapiens)로 이들은 오늘날 현생인류[274]와 상당히 유사한 골격과 두개골을 가지고 있다. 다만 두개골의 경우 눈두덩이 현대인보다는 두텁고, 턱 끝이 뾰족하지 않았던 것으로 보인다. 그리고 광대뼈는 툭 튀어나온 형상이며, 지금처럼 곧바로 서는 모습이 아니었을 것인데,[275]

---

274) 現生人類는 인류 진화에서 최종 단계의 인류를 가리키는 新人[neo-man]을 말한다. 여기에 속하는 학명은 Homo sapiens sapiens이다.

275) www.vrkg21.net[2006.1.10].

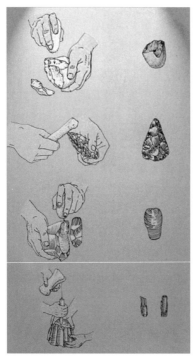

〈자료 13〉 석기제작과정

이런 특징을 잘 드러내주고 있다.

'석기 제작과정'에서는 석기 만드는 법을 그림과 함께 제시하고 있다. 석기를 제작할 때 떨어져 나오는 돌조각을 박편이라고 하고, 그 모체가 되는 돌을 석핵이라고 부르는데, 망치로 바로 석핵을 때려 석기를 만드는 직접 타격법과 쐐기를 대고 때리는 간접 타격법을 보여주고 있다. 이는 왼쪽에 돌을 떼어내는 모습을 단계별로 묘사하였고, 오른쪽에는 해당 단계의 석기 제작 상태를 함께 배치함으로써 단계별 제작 공정과 상태를 확인할 수 있도록 하였다.

'석기의 종류'에서는 석기를 용도별로 뚜르개와 밀개, 가죽다듬기, 무두질, 그리고 새기개 세 부분으로 나눈다. 이는 실제 사용하는 모습을 재현한 사진과 함께 텍스트를 통해 구체적으로 설명하고 있다.

〈자료 14〉 뚜르개

〈자료 15〉 밀개 · 가죽다듬기 · 무르질

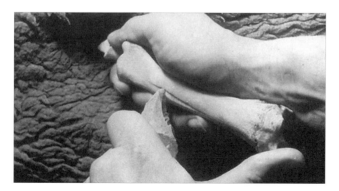

〈자료 16〉 새기개

다음은 '전곡리 구석기유적'에서 '인류 진화' 주제로 넘어가는 중간에 쉬어가기 코스를 두어, 구석기인 얼굴 맞추기 퍼즐 게임을 할 수 있는 코너를 마련하였다. 또 쉬어가기 코스는 사이버 공간 내에 벤치 3개를 배치하여 마치 실제 박물관의 휴식 공간과 같은 느낌을 준다.

'인류진화관'은 '인류 진화', '인류의 확산', '한반도 홍적세 지형변화' 등 3개의 콘텐츠로 구성되어 인류의 진화단계를 설명하였다. '인류 진화'는 380만 년 전 오스트랄로피테쿠스(Australopithecus)부터 4만 년 전 현생인류에 이르기까지 인류의 진화과정을 6개의 그림으로 보여 주고 있다. '인류의 확산'은 아프리카 동부지역에 살았던 오스트랄로피 테쿠스가 진화하면서 전 세계로 퍼져나가 현생인류에까지 이르는 과정 을 세계지도 위에 나타내고, 텍스트와 함께 제공되고 있다.

끝으로 한반도 구석기인의 문화를 보여주기 위해 '한반도 홍적세 지형변화' 과정을 9단계로 구분하여 한반도와 주변지도 위에 나타내고 있다. 아울러 텍스트에서 한반도에 들어온 최초의 주민은 호모 에렉투 스 또는 호모 사피엔스일 것이며, 전곡리 구석기유적 하부층의 연대가 한반도 내에서는 가장 오래된 인류 흔적으로 보인다고 설명하고 있다.

〈자료 17〉 한반도 홍적세 지형변화도

'한반도 구석기유적 발굴지점'과 '구석기유적의 편년'은 '구석기박물 관과 별도로 '한반도 구석기유적지'라는 메뉴를 설정해서 서비스하고 있다. '한반도 구석기유적 발굴지점'은 한반도 지도 위에 함북 웅기

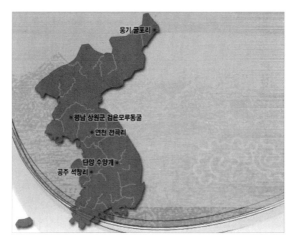

〈**자료 18**〉 한반도 구석기유적지

굴포리, 평남 상원군 검은모루동굴, 연천 전곡리, 단양 수양개, 공주 석장리를 표시하였다. 각 유적지 위에 커서를 옮겨 놓으면, 각 유적지의 행정구역·발굴연도·편년·해당 유적의 특징이 텍스트로 나타나게 해 놓았다. '구석기유적의 편년'은 구석기의 개념을 설명한 후, 전기 구석기, 중기 구석기, 후기 구석기로 시기를 구분하고 해당 시기의 편년·주요 유물·주요 유적을 간략하게 표기하고 있다.

 '개요'와 '발굴과정'은 연천 전곡리 선사유적지에 대한 일반적인 내용과 발굴과정을 텍스트로만 제공하는 콘텐츠이다. '개요'에서는 전곡리 구석기유적이 한반도에서 가장 오래된 전기 구석기유적의 하나이며 동아시아에서 최초로 아슐리안 주먹도끼가 출토되어 세계적으로 알려진 유적으로서, 전곡리 구석기유적 발굴 경위, 지형 특성, 주요 유적, 전곡리 구석기유적이 고고학사에서 차지하는 위치를 간략히 소개하고 있다.

 '발굴과정'은 '발굴이란?'과 '무엇을 하였을까?'라는 두 개의 메뉴로 구성되어 있다. 특히 이 코너는 이용자의 관점에서 고고학적 발굴과 전곡리 구석기유적에 대해 설명하고 있는 것이 특징이다. 전자에서는 어떤 지점을 파게 되었는지를 설명하고, 어떻게 발굴하였나 하는 발굴 구획법, 발굴에 필요한 도구들을 설명한 뒤, 땅 파는 과정, 유구 판별의 원칙을 설명하고 있다. 그리고 '전곡리의 미스터리 유구들'이란 제명을 붙여 이용자의 흥미를 불러일으키고자 하였다. 이는 다시 '큰 강돌의 미스터리', '작은 돌무더기', '편마암 강돌들의 용도는?' 등 세 개의 코너로 구분된다. 큰 강돌은 제2지구의 점토층 내에 있는 70cm 크기의 강돌을 말하는데, 인위적으로 옮겨진 것들이다. 작은 돌무더기는 주먹 크기의 강돌들을 모은 것으로 두 개의 돌무더기가 발견되었는데, 전혀 석기로 가공한 것들이 아니다. 따라서 이 돌무지들은 고인류들이 무엇을 하면서 남긴 것일까라는 의문이 제기되고 있다. 이는 현재 수준의 고고학에서는 풀지 못한 문제를 미스터리 형식으로 제시함으로써 이용자의 흥미를 유발시키고자 한 코너이다.

후자, 즉 '무엇을 하였을까?'에서는 고고학적 유구와 고인류의 행위를 고고학자가 복원하는 과정을 설명한 것이다. 고고학자는 현존하는 유적의 발굴을 통하여 유물과 유물들이 남겨진 상황을 분석함으로써 옛날 사람들의 생활과 행위를 복원할 수 있다. 구석기시대의 유적에서는 석기 외에 동물 뼈와 고인류의 인골이 남아 있는 경우도 있으나, 전곡리에서는 석기들만이 인공적으로 남겨진 유일한 유물이다. 따라서 '석기에 나타난 구석기 인류의 삶과 지혜'에서는 '석기의 의미'를 설명하고, '석기의 용도 추정'을 통하여, '석기와 선사시대인의 생각'을 읽고 있다. 이에 의하면, 석기는 당시 인류의 사고능력을 보여주는 증거라고 밝히고 있다. '무엇을 하다 남긴 흔적들일까?'에서는 석기들이 땅 속에 군집을 이루고 나타난다고 하더라도 고인류들이 무엇을 하다가 남긴 것인지에 대해서 설명하는 것은 쉽지 않다고 언급하였다. 당시 석기들이 수 미터 씩 떨어져 출토되고 있는데, 이는 서서히 움직이면서 석기를 제작하였을 것으로 해석하고, 큰 짐승을 도살하는 장소였던지, 또는 여러 가지 대상물을 펼쳐놓고 하는 작업 장소였을 것으로 추정하고 있다.

2) 회암사

양주 회암사 콘텐츠는 회암사 가상복원 VR, 회암사 동영상, 회암사지 개요, 발굴현황, 문화재정보, 문헌정보, 관련 설화, 교통정보 등 8개의 콘텐츠로 구성되어 있다.

그런데 회암사 콘텐츠작업 가운데 가장 큰 어려움은 현존하지 않는 고려말 조선초기의 사찰 건물을 가상복원하는 것이었다. 1997년 이후 경기도박물관과 기전문화재연구원이 공동으로 회암사지의 발굴을 진행하였으나, 처음부터 지상의 건축물은 단 한 채도 남아 있지 않았기 때문이다. 발굴 결과 절터[寺址]의 유구는 드러났으나 지상 건축물의 구조는 알 수 없기에, 회암사 사찰건물의 가상복원 작업은 발굴 책임자와 건축사학자, 그리고 가상현실 제작사 기술진 간의 산학협력에 의해 진행함이 바람직하였다. 따라서 회암사 콘텐츠는 학제간 접근과 산학협동이라는 다자간 공동연구에 의한 방식을 취하였던 점이 가장 큰 특징이다. 전문가 팀과 기술진은 여러 차례 협의를 거쳐 경기도 역사문화체험 가상현실 시스템 2차년도 사업에 포함된 회암사 콘텐츠 구성방향을 회암사의 가상복원과 함께, 회암사에 대한 종합적인 정보를 제공하는 내용으로 구성하기로 하였다.

회암사 콘텐츠 구성에는 발굴에 의해 확인된 유구, 출토유물, 그리고 발굴관련자료 및 보고서,[276) 관련사료 및 연구성과[277)가 활용되었다.

〈표 10〉 양주 회암사의 가상현실 구성

콘텐츠명	상위메뉴		하 위 메 뉴	
양주 회암사	회암사 가상복원 VR		당간 및 당간지주/ 추정 욕실/ 추정 종루 및 종 2곳/ 추정 관음전/ 추정 미타전/ 서료/ 동료/ 보광전/ 서객실과 동객실/ 'ㅂ'자형 건물/ 서승당/ 지장료/ 설법전/ 향화료/ 서기료/ 대장전/ 시자료/ 사리전/ 입실료/ 라한전/ 정청	
	회암사 동영상		가상현실로 복원된 회암사를 동영상 구현	
	회암사지 개요		개요/ 연혁/ 특징	
	발굴현황	발굴현황	조사개요/ 회암사의 중창과 전각 배치/ 단지별 건물지와 기타 유구/ 8단지/ 7단지/ 6단지	
		발굴유물 소개	Virtual Reality	백자발/ 현명백자발/ 청동발/ 소조두상편/ 석제불두/ 잡상 1/ 잡상 2/ 잡상 3/ 잡상 4/ 불상대좌
			Photo Image	분청향완/ 청화백자소호/ 우명백자접시/ 평저병/ 소조 두상편 범자문 수막새/ 효령대군명 수막새/ 천순명봉황문 수막새/ 천순경진명용문 암막새/ 청기와(청와)
	문화재정보		회암사 선각왕사비/ 나옹선사 부도 및 석등/ 지공선사 부도, 석등, 탑비/ 회암사지 부도, 쌍사자 석등/ 무학대사비/ 회암사지 부도탑/ 당간지주/ 맷돌	
	문헌정보			
	관련설화		이성계와 무학대사	
	교통정보		지리정보/ 찾아오는 길/ 3D 전자지도/ 고지도	

관련사료로는 『신증동국여지승람』, 『고려사』, 『고려사절요』, 『태조실록』, 『세조실록』, 『명종실록』과 「회암사 선각왕사 나옹부도비」 등 금석문 자료가 중요한 소스로 활용되었다. 문헌자료 중 복원하는데 가장 도움이 된 자료는 『동문선』 권73에 수록된 이색의 「천보산회암사수조기」이다. 이색은 회암사를 보고, 그 규모를 다음과 같이 남겼기 때문이다.

---

276) 경기도 · 양주군 · 경기도박물관 · 기전문화재연구원, 2001, 『회암사 Ⅰ 시굴조사보고서』.
277) 장경호, 1992, 『한국의 전통건축』, 문예출판사.

(전략) 내가 보건대 普光殿 5칸은 남쪽으로 면했는데 그 뒤에는 說法殿 5칸이 있으며, 또 그 뒤에는 舍利殿 1칸이 있고, 또 그 뒤에는 正廳 3칸이 있다. 정청의 동서에는 方丈 2곳이 있어서 각각 3채인데, 동쪽 방장 동편에는 나한전 3칸이 있고, 서쪽 방장 서편에는 大藏殿 3칸이 있다. 入室寮는 동쪽 방장 앞에 있어 서편으로 면했고, 侍者寮는 서쪽 방장 앞에 있어서 동편으로 면했다. 설법전 서편에는 祖師殿이 있고, 또 그 서쪽에는 首座寮가 있으며, 설법전 동편에는 影堂이 있고 또 그 동쪽에는 書記寮가 있어 모두 남쪽을 면했다. 영당 남쪽에 서편으로 면한 것은 香火寮요, 조사전 남쪽에 동편으로 면한 것은 知藏寮이다. 보광전 동쪽 조금 남쪽으로는 旃檀林이 있어 東雲集이 서편으로 면했고, 西雲集이 동편으로 면해 있다. 동운집 동쪽에는 東把針이 있어 서편으로 면했고, 서운집 서쪽에는 西把針이 있어 동편으로 면했는데, 穿廊이 3칸으로서 西僧堂에 접해 있어, 이곳은 바로 보광전 正門 3칸이요. 문의 東廊은 6칸으로서 東客室 남쪽에 접해 있고, 문 서편으로 悅衆寮 7칸이 있으며 여기서 북쪽으로 꺾이어 7칸이 있는데, 이것은 東寮이다. 정문 동쪽에 서편으로 면한 5칸이 있는데, 이것은 동객실이요, 그 서쪽이 동편으로 면한 5칸은 西客室이다. 열중료 남쪽에는 관음전이 있고, 그 서쪽에 동편으로 면한 5칸은 浴室이며, 副寺寮 동쪽에는 미타전이 있다. 都寺寮 5칸은 남쪽으로 면했으며, 그 동쪽에는 庫樓가 있고 그 남쪽에는 心廊 7칸이 있어 미타전에 접해 있다. 그 북쪽에는 醬庫 14칸이 있으며, 고루 동쪽 11칸에는 庫의 문이 있고, 누각으로부터 동쪽으로 4칸이 있으며, 또 꺾어져 북쪽으로 6칸이 있고 또 꺾이어 서쪽으로 2칸이 있다. 그 서쪽은 비어 있고 바로 정문 조금 동편에 鐘樓 3칸이 있고 종루 남쪽에는 5칸이 있는데, 沙門樓이며, 종루 서편 동쪽으로 면한 것은 接客廳이다. 종루에서 동북쪽으로 향하여 知賓寮가 있다. 접객청 남쪽 동편으로 면하여 養老房이 있고 지빈료 동편 서쪽으로 면하여 典座寮가 있다. 여기에서 동쪽으로 꺾이어 7칸이 있는데 香積殿이요, 향적전 동쪽과 고루의 남쪽에는 圓頭寮 3칸이 있어 서쪽을 면했다. 향적전 남쪽에 있는 4칸 馬廐다. 집이 모두 2백 62칸이요, 佛軀는 15尺이나 되는 것이 7개요, 觀音像은 10척으로서

〈자료 19〉 가상 복원된 회암사

覺田이 시주한 것이다. 크고 웅장하고 미려하기가 東國에서는 제일로서
이것을 보기 위하여 강호에서 모여드는 자들이 모두 말하기를, "이런 절은
비록 중국에서도 많이 볼 수 없다 해도 지나친 말이 아닐 것이다."라고
하였다……(하략).[278]

이 수조기(修造記)는 회암사주지 윤절간(倫絶磵)과 그의 문인 각전
(覺田)이 기문을 써주기를 거듭 부탁하자, 이색이 기문의 앞부분에서
가람의 규모를 상세하게 묘사한 부분이다. 수조기를 통해 융성했었던
회암사의 규모와 건물 배치를 한 눈에 파악할 수 있다.

회암사 복원 VR은 최초로 모델 VR 기법을 활용하여 복원하였다.
회암사는 총 8개의 단지로 되어있고, 건물지는 3단지에서 8단지까지만
분포하고 있으므로, 회암사 가상복원 VR은 3단지부터 8단지까지 건물
을 복원하였다. 정청, 보광전, 추정 관음전, 추정 미타전, 서료, 동료,

---

278)『東文選』3권 73, 記「天寶山檜巖寺修造記」(민족문화추진회 번역본).
　　http://www.minchu.or.kr/index.jsp?bizName=MK&url=/MK/MK_NODEVIEW.jsp%3Fse
　　ojiid=kc_mk_c006%26gunchaid=av073%26muncheid=01%26finid=004[2006.8.4].

서객실, 동객실, '일(日)'자형 건물, 서승당, 지장료, 설법전, 향화료, 서기료, 대장전, 시자료, 사리전, 입실료, 나한전, 2개의 문, 추정 욕실, 추정 종루 등 23개 건물과 당간 및 당간지주, 종루 속의 종을 복원하였다.

그 결과, 이용자가 마치 실제 회암사를 둘러보는 것처럼 구성되었는데, 이용자가 입구에서 3단지문을 향해 가다가 문에 커서를 올려놓으면 문은 '삑~' 소리를 내며 열린다. 회암사의 건물 구조는 복잡하므로, 이용자가 사찰 내 어느 부분을 관찰하는지를 알려주기 위해 우측의 사찰 평면도 위에 이용자가 방문하는 곳의 위치를 붉은 색으로 표시해 주고 있다. 이용자는 사찰 내부를 다니면서 종을 쳐 볼 수도 있다.

회암사에서 가장 중요한 건물은 정청과 보광전이다. 정청은 8단지의 중앙축에 위치한 중심건물이다. 발굴 결과 '정면 3칸×측면 2칸'의 평면 구조이며, 동·서방장이 바싹 붙어있음을 확인하였다. 정청은 공공건물에서 가장 상징적이고 중심적인 역할과 기능을 하는 건물을 말한다. 주로 관아나 감영, 객사 등의 중심건물을 지칭하는 데 사용하며, 사찰에서는 잘 쓰지 않는 명칭이다. 따라서 회암사지의 정청과 방장은 다른 사찰에서는 볼 수 없는 독특한 구성이며, 국왕 태조의 거처임을 짐작케한다.

방장은 사방이 1장인 방이란 뜻으로 선사에서 주지의 거실을 일컫는다. 보통 방장의 위치는 한적하게 떨어진 곳이나 경내 전체를 조망할 수 있는 곳, 또는 주불전 주변에 위치하여 불법을 호위하는 상징적인 의미를 가진다. 그런데 회암사에서는 방장보다 정청이 더욱 상징적이고 중요한 건물로 인식되어 정청의 좌우에 객사의 익헌과 같이 방장을 위치시켰다. 방장에서는 사찰의 가장 큰스님이 기거하며 정청을 직접 보살폈던 것으로 추정된다.

정청과 동·서방장의 평면 형태는 조선시대 객사의 정청과 동·서익
헌의 평면 구성과 유사하다. 안성객사가 정청이 '정면 3칸×측면 2칸'의
규모로 회암사지 정청지보다 규모는 작지만 유사한 공간 구성을 가지고
있으므로, 가상복원에서는 안성객사의 구조를 차용하였다. 그러나 지
붕은 일반 객사의 경우 맞배지붕이지만, 왕의 처소로서 정청의 권위나
위엄을 나타내기 위해 외관을 하려하게 꾸밀 수 있는 지붕 양식은
팔작지붕이므로, 회암사의 정청과 동·서방장은 팔작지붕으로 복원하
였다.279) 복원된 정청 문에 커서를 올려놓으면 문이 열리는데, 내부는
왕이 거처하는 곳처럼 꾸며 놓았다.

보광전은 중층 건물인데, 회암사와 같은 시기의 것으로 남아 있는
조선초 사찰 건물이 없어 화엄사 각황전(국보 제67호)에서 차용하여
건물을 복원하였다. 이용자가 보광전 문에 커서를 올려놓으면 법당
문이 열려 내부를 둘러볼 수 있다. 4단지 문인 사문(沙門)은 조선초
건물인 청평사(淸平寺) 회전문(廻轉門)을 차용하여 복원하였다. 청평
사 회전문은 조선조 명종 때 건물로 맞배지붕280)이므로 사문을 맞배지
붕으로 복원하였고, 사문의 좌우에 있는 사천왕상도 회전문에서 차용
하였다. 회암사에서 관심을 끄는 건물이 서승당이다. 서승당은 회암사
승려들이 참선하던 방으로, 내부가 'ㅌ'자 형태의 온돌구조인 매우 특이
한 방이다. 그래서 내부도 가상 복원되어 있다.

이처럼 회암사는 복원하면서 발굴 결과와 관련 사료 및 연구 성과를
바탕으로, 같은 시기 건축된 건물을 광범위하게 조사 연구하여 복원한

---

279) 2001년 경기도 역사문화체험 가상현실 시스템 회암사 사찰 건물 가상복원에 참여한 윤희상
　　교수는 2003년 회암사 건물 가상복원에 대한 다음과 같은 논문을 발표하였는데, 이 논문
　　내용이 회암사 가상복원 과정을 이해하는데 도움을 준다(윤희상, 2003, 「건축적고찰」, 『회암
　　사 II 7, 8단지 발굴조사보고서』본문편, 370~371쪽).
280) 장경호, 1992, 『한국의 전통건축』, 문예출판사, 426~429쪽.

것이다. 가상 복원 후 복원된 회암사를 동영상으로 촬영하여 서비스하는 것이 '회암사 동영상' 메뉴이다.

'회암사 개요'에서는 개요, 회암사 연혁 및 사찰 건물의 특징을 소개하고 있다. '개요'에서는 회암사가 현 양주시 회천읍 천보산 남쪽에 위치한 사찰로, 고려 공민왕 때부터 조선 성종 때에 이르기까지 선·교 양종을 통틀어 최대 규모를 자랑하였던 사찰이었으며, 고려 말에서 조선 초에 걸쳐 왕실의 지원을 받아 중창을 거듭하면서 절의 규모가 크게 확대되어 국가와 왕실의 부흥과 안녕을 기원하는 원찰로서 많은 토지와 노비를 거느린 대사찰이라고 밝히고 있다. 그 후 쇠망의 길을 들어섰다가 소실되었음을 밝히고 있다. 그리고 1980년대 이후 지표조사와 발굴 진행 내용을 소개하고 있다.

'발굴현황'에서는 조사 개요, 회암사의 중창과 전각 배치, 6~8단지 건물과 유구에 대해 설명하고 있다. 발굴유물 소개에서는 회암사에서 출토된 유물을 보여주고 있는데, Virtual Reality에서는 역시 유물 10점의 설명 텍스트와 유물 3D 이미지를 제공하고 있고, Photo Image의 유물 10점은 설명 텍스트와 유물 2D로 제공하고 있다. '문화재정보'에서는 회암사 선각왕사비, 나옹선사부도 및 석등, 지공선사 부도·석등·탑비, 회암사지 부도·쌍사자 석등, 무학대사비, 회암사지 부도탑을 유물 설명 텍스트와 3D이미지로 제공하고 있고, 오브젝트 VR기법을 사용하여 유물을 돌려볼 수 있도록 서비스하고 있다.

그리고 '문헌정보'에서는 『신증동국여지승람』, 『고려사』, 『고려사절요』, 『태조실록』, 『세조실록』, 『명종실록』에서 회암사 관련 자료를 발췌하여 서비스하고, 회암사 사찰 규모를 이해하는데 핵심이 되는 자료인 「천보산회암사수조기」의 내용 일부를 소개하고 있다. '관련 설화'에서는 '이성계와 무학대사'라는 제명의 애니메이션을 보여주고 있는데,

이성계가 집이 무너지고 서까래 3개를 지고 가는 꿈을 꾼다. 무학대사를 만나 해몽을 부탁하니 무학은 집이 무너지는 것은 고려왕조가 무너지는 것이고, 서까래 3개를 진 것은 왕을 뜻하는 것이니, 장차 이성계가 왕이 될 것임을 암시하는 것이라고 일러 준다. 이후 이성계가 왕이 된 후 무학을 만난 장소에 석왕사를 지었다는 내용이다.

3. 전곡리 구석기유적지와 회암사 콘텐츠 분석

유적만 남아 있는 전곡리 구석기사회와 회암사를 가상복원하고, 이를 인터넷을 통해 서비스한 것은 그 의의가 크다고 할 수 있다.

첫째, 구석기시대 생활상을 가상현실로 재현하여 인터넷을 통해 서비스한 것은 전곡리 구석기 콘텐츠가 국내외 통틀어 최초라는 점이다.[281] 문화유산을 디지털로 복원하는 일은 최근 들어 많은 성과를 거두고 있다. 문화재연구소는 1980년대 말부터 문화재를 복원하면서 가상현실 기법을 사용하고 있으며, 2000년 경주세계엑스포에서는 신라 왕경(王京)을 가상현실로 복원한 바 있다. 최근에는 문화재 복원이나, 건축 설계 때 가상현실 기법을 사용하는 것이 일반화되었다. 그러나 이는 모두 off-line[282] 상의 일이고, 문화유산을 가상현실로 복원하여 인터넷을 통해 서비스하는 경우, 그것도 모델 VR 기법을 사용한 경우는 2006년 현 시점에도 거의 없다. 그런 점에서 2001년에 이루어진 전곡리 구석기사회와 회암사 사찰 건물의 가상복원은 거의 전례가 없다는

---

281) 강진갑, 2003, 「경기도 문화유산 가상현실 시스템 개발과 인문학자의 역할」, 『인문콘텐츠』 창간호, 109쪽.

282) off-line이란 on-line과 상대되는 말로 네트워크나 인터넷, PC통신 등에 컴퓨터가 연결된 상태를 온라인, 연결되지 않은 상태를 오프라인이라고 한다(야후 경제사전 http://kr.dic.yahoo.com/search/term/search.html?prop=term&p=off+line&x=11&y=9)[2006.7.15]).

면에서 그 의미를 적극 평가할 수 있다.

둘째, 인터넷 상의 문화유산 가상현실 복원은 세 가지 유형으로 나눌 수 있는데, 경기도 역사문화체험 가상현실 시스템 2차년도 사업으로 추진된 전곡리 구석기유적지와 회암사는 제2유형인 유적만 남은 문화유산을 소재로 나머지 문화유산의 전부 또는 일부를 복원하는 형태에 해당된다.

셋째, 전곡리 구석기사회와 회암사 복원은 전문가의 참여와 고고학, 건축사학 등 관련 분야의 학문적 성과를 토대로 이루어졌다는 면에서 시사하는 바가 크다. 문화유산 가상현실 작업은 산학협동과 역사학, 고고학, 건축사학 등 학제간 및 산학협동 작업에 의해 진행된 것이다. 역사학과 고고학 등 관련 분야의 학문적 성과가 충실히 반영될수록 문화유산 가상현실의 완성도는 높아진다. 산학협동 시스템을 채 갖추지 못한 채 콘텐츠 업체의 기술진을 중심으로 진행된 남한산성 등 경기도 역사문화체험 가상현실 시스템 1차년도 사업의 시행착오 및 그 결과물과 비교하면 정확히 드러난다고 하겠다. 가상현실 구축과 같은 디지털콘텐츠 작업은 역사학·고고학·건축학 등 관련 분야 연구성과의 반영도가 콘텐츠의 완성도와 밀접한 관련을 가짐을 알 수 있다.

넷째, 전곡리 구석기 사회상을 가상현실로 복원한 것은 고고학·역사학 등 인문과학의 연구 성과를 텍스트만이 아니라 문자와 2D·3D·동영상·음향·애니메이션 등을 다양하게 구사해서 발표할 수 있음을 보여주는 첫 사례라고 하겠다. 이미 고고학 발굴보고서 중 일부가 종이 출판물이 아닌 CD 형태로 이루어지고 있다. CD로 된 발굴보고서는 종이 출판물 형태일 때보다 훨씬 정확하게 고고학 발굴 성과를 전달해주고 있다.283) 향후 역사학 연구 결과도 가상현실로 구성하여 발표한다

---

283) 종이 출판물 형태의 발굴보고서가 발굴현장, 출토 유물 사진 몇 장 제시하고 문자로 설명하고

면 교육적 효과는 물론, 대중의 역사에 대한 관심과 이해를 더욱 높여 줄 수 있을 것으로 기대된다.

뿐만 아니라 가상현실은 변화하는 매체 지형을 적극적으로 수용하여 역사학의 새로운 분야를 개척하는 것으로 평가할 수 있다. 문자로 연구 성과를 전달할 때와는 달리 텍스트와 이미지를 함께 전달하려면 이미지에 대한 기초적인 연구와 성과가 축적되어야 한다. 과거 역사학의 경우 문자로 연구 성과를 발표할 때 역사 현장의 환경에 대해서는 큰 관심을 가지지 않았던 것이 일반적이다. 예를 들면 일제강점기 의열단을 연구할 때 의열단의 결성, 활동 내용 및 성과와 한계 등에 대한 연구를 하면 하나의 완결된 연구 성과로 인정받을 수 있다. 그러나 이미지시대에는 의열단 관련 연구 성과를 발표하려면 의열단의 종로총격전을 구성하기 위해 일제식민지하 종로의 거리모습, 주민들의 복장 등에 대한 연구도 동시에 이루어져야 할 것이다. 가상현실 구성에 필요한 기술이 발달하고, 여기에 소요되는 비용이 절감되어 역사학이 가상현실로 연구 결과를 발표하고, 일반 대중에게 다가갈 경우 역사학 연구 방법은 많은 면에서 변화가 있을 것으로 보인다.

한편, 이러한 변화를 적극적으로 수용한 전곡리 구석기사회 및 회암사 복원이 가지는 한계 또한 분명하다.

첫째, 타깃(이용자층) 설정을 일반 대중으로 정하고, 전곡리의 경우 일반 대중의 구석기사회에 대한 이해를 높이는 방향으로 컨셉을 설정하고 내용을 구성했으나, 여전히 대중에게는 어려운 내용이고, 회암사의 경우는 일반 대중이 접근하기에 텍스트 내용이 어렵고, 흥미를 끌지도

있는데 반해, CD 발굴보고서는 발굴현장을 파노라마로 보여주고, 출토 유물을 3D로 구성하여 유물을 앞뒤·위아래·안팎을 볼 수 있게 해주면 발굴현장의 정보를 훨씬 정확하게 제공할 수 있을 것이다.

못했다는 점을 들 수 있다.

회암사와 전곡리 구석기 VR에서는 흥미요소가 가미되었다. 1차년도 사업에 대한 평가에서 내용이 풍부하고, 철저한 고증에 의해 제작된 점은 높이 평가되었으나, 흥미요소가 떨어진다는 의견이 제기되었기 때문이다. 그래서 청소년의 눈높이에 맞추어 전곡리 구석기박물관에는 구석기인 모습을 맞추는 퍼즐 게임을 제공하였으며, 특히 채팅이 가능하도록 하였다. 회암사와 전곡리 모두 아바타 채팅기법을 도입하여 VR을 감상하는 이용자가 저마다 각각의 아바타(Avatar, 분신)로 입장하여 가상공간 안에서 채팅을 즐길 수 있도록 하였다. 이 기법은 단순히 VR 가상공간을 시뮬레이션해 보는 것에서 한 차원 진보하여 VR 가상공간을 매개체로 각각의 사용자들이 공감대를 형성할 수 있게 해 주는 것을 목적으로 제작되었다. 그러나 기대한 것보다 이용자가 적어 채팅기법 도입은 성공했다고 볼 수 없다.

둘째, 이미지가 여전히 거칠다는 점이다. 회암사의 경우 사진의 해상도가 떨어지고, 일부는 전문가가 구상한대로 구현되지 못해 앞뒤가 연결되지 못한 경우도 있었다. 이는 콘텐츠가 해당 시기 사용자층 PC의 일반적인 하드용량을 고려하여 설계된다는 점을 고려한 것이기는 하지만, 이미지가 거칠다는 것은 그만큼 콘텐츠의 질과 관계된다는 점에서 보다 섬세한 이미지와 해상도가 요구된다.

제4절 │ 효, 실학 정신사 주제의 가상현실 구축

여기서는 2002~2003년 사이에 경기도가 추진한 '경기도 역사문화체험 가상현실 시스템(3차)'[284] 콘텐츠에 대해 살펴보고자 한다. 앞의 1, 2차에 이은 3차 가상현실 콘텐츠 주제는 경기도의 효와 실학이라는 두 가지 정신사 관련 주제를 대상으로 한 것이다. 여기에서는 먼저 효·실학 콘텐츠의 제작 배경을 경기지역의 역사성과 관련하여 살펴본 후, 콘텐츠 구성의 세부 내용을 살피고자 한다. '효 애니메이션', '1795년 정조의 화성행차이야기', '실학 애니메이션', '다산을 찾아서' 등 4개의 대주제로 구분하여 상세 내용분석을 통해 가상현실 콘텐츠 구축의 성과와 미비점을 검토하고자 한다.

1. 경기도의 정신사 : 효문화와 실학

효·실학 콘텐츠는 '효 애니메이션', '1795년 정조의 화성행차이야기', '실학 애니메이션', '다산을 찾아서' 등 4개의 콘텐츠로 구성되어 있다. 경기도가 효, 실학이라는 정신사 주제를 콘텐츠로 개발한 것은 경기지역의 역사가 효 및 조선후기 실학과 밀접한 관련을 가지고 있기 때문이다.

경기도는 조선왕조 건국 이래 수도 한양의 군사적 방위와 물적 자원의 보급처였다. 그러나 조선후기에 이르러서는 한양 도성의 인구가 증가하고, 성저십리(城底十里) 등의 관할권이 한양으로 이관되는 등 한양의 공간적 범위가 확대되면서 서울과 경기도 간의 유동인구와

---

284) http://www.vrkg21.net/portal/index.asp?lang=kor[2006.11.20].

물적 이동이 한층 확대되는 한편, 경기도의 정치군사적 기능 외에 독자
적인 상업적 기능이 강화되었다. 그리고 경기도 내 도로망이 발달하고,
독자적인 상업기지가 곳곳에 형성되면서 서울을 벗어난 외곽에 거주하
는 지식인 그룹이 형성되고, 주요 장시를 중심으로 서민문화가 다채롭
게 싹텄다.

  조선후기의 효와 실학은 경기지역을 대표하는 사상이라고 할 수
있다. 즉, 효는 이러한 조선후기 사회분위기에서 관료지배층과 일반
백성 사이에 확산된 유교적 가치이념이며, 실학 역시 조선후기 성리학
적 학문토대 위에서 현실을 개혁하고자 하는 학풍으로, 유교의 근본이
념과 현실지향적인 정책적 요인을 강조한 학문사상 이었다.

  효와 관련한 경기도의 역사적 배경으로는, 경기 지역 일대에 왕릉이
다수 위치해 있고, 조선시대 당시 정기적인 왕의 행차와 제례가 행해졌
다는 점을 들 수 있다. 조선사회에서 능행·원행은 국가적 통치이념이
자 교화의 수단인 '효'의 의미를 전파할 수 있는 중요한 국가의례에
속하였다. 따라서 수도 서울에서 멀리 떨어지지 않은 곳에 선대 왕·비
의 능이 모셔지는 것이 일반적이었으며, 이로써 경기도에는 왕릉 뿐
아니라, 왕의 행행을 위한 행궁이 다수 설립되었다. 국왕의 능원이나
원행은 1년에 1회 혹은 2회가 보통이지만, 정조는 재위 24년간 66회의
행행을 통하여 자신의 통치이념을 실현시키고자 하였다. 이는 정조
집권기 년 평균 약 3회의 행행을 의미하는데, 그 가운데 아버지의 묘소
참배가 그 절반을 차지했다.[285]

  정조의 을묘년(1795) 화성 원행은 자신의 친부인 장헌세자의 원침을
전배하고, 화성행궁에서 혜경궁 홍씨의 회갑연을 개최한 8일간의 행사
로, 조선시대 왕의 효행을 보여주는 대표적인 사례이다. 정조는 장헌세

---

285) 한영우, 1998, 『정조의 화성행차 그 8일』, 효형출판, 104쪽 참조.

자의 원침인 현륭원 전배 후, 화성행궁에서 혜경궁 홍씨의 회갑연을
성대히 개최하고, 화성부 내 70세 이상의 관리와 80세 이상의 서민노인
384명을 대상으로 낙남헌에서 양로연을 열어 이날 잔치에 참석한 노인
들에게 백화주·황목주 등의 비단과 청려장을 선물로 내려 부로(父老)
들을 위문하였다.286) 한편, 환어(還御)행렬이 화성도호부를 벗어날 무
렵 미륵현에서 정조가 현륭원을 바라보며 행차의 속도를 늦추자, 이후
이 고개를 '지지대고개[遲遲峴]'로 개칭하였다는 기록에서도 정조의 효
심을 확인할 수 있다. 현륭원 참배를 위한 화성행행은 1800년 정조
서거 이후 순조와 헌종·고종으로 이어졌다. 이 중에서 정조가 생부
장헌세자의 원침인 현륭원을 전배하였던 을묘원행은 조선왕조의 대표
적인 원행으로 꼽힌다.

원행의 준비과정과 일정, 행차 규모를 상세히 기록한『원행을묘정리
의궤』,『화성능행도병(8폭)』,『반차도(班次圖)』등의 기록자료 외에도
화성행궁, 지지대고개, 용주사 등의 문화유산은 현재 경기도 특히 수원,
화성지역의 효 문화 콘텐츠로 활용되고 있다. 실제로 수원시는 매년
화성문화제를 개최하는데, 중심 행사가 정조의 원행을 재현하는 행사
이다. 현재 화성행궁을 복원하고,『무예도보통지』를 바탕으로 한 '무예
이십사기'287) 공연을 개최함으로써 정조와 관련된 다양한 역사문화프
로그램을 기획, 추진하고 있다.

그러나 경기도의 효 문화는 비단 국왕 정조에 국한된 것은 아니다.

---

286) 수원시, 1996,『譯註園幸乙卯整理儀軌』참조.
287) '武藝二十四技'란『武藝圖譜通志』에 수록된 24가지의 무예로서, 당시 동아시아 무예의
    총 종합이라고 할 수 있다. 이 책에는 제1권에 장창(長槍)· 죽장창· 기창(旗槍)· 당파(鐺
    鈀)· 기창(騎槍)· 낭선(狼筅), 권2에 쌍수도(雙手刀)· 예도(銳刀)· 왜검(倭劍), 권3에
    제독검(提督劍)· 본국검(本國劍)· 쌍검· 마상쌍검(馬上雙劍)· 월도(月刀)· 마상월
    도· 협도(挾刀) 및 등패(藤牌)의 요도(腰刀)와 표창(標槍), 권4에 권법(拳法)· 곤봉· 편곤
    (鞭棍)· 마상편곤· 격구(擊球)· 마상재(馬上才) 등 총 24가지의 무예가 수록되어 있다.

조선시대 유교정치이념이 민간에 전파되고, 정표(旌表)정책을 통해 조
선후기 효자·열녀에 대한 정려정책이 본격화되면서,[288] 경기도에도
이러한 효자비각이 다수 건립되었으며, 효행의 내용이 민간에 전승되
기도 하였다.

실제로 경기도의 대표적인 효자인 최루백(崔婁伯)과 같은 인물은
주목할 만하다. 경기도 화성시에 있는 최루백의 효자비각은 고려 의종
때 최루백의 효행을 기리기 위하여 건립된 비각이다. 최루백은 고려
시대 수원 향리의 아들로서, 열다섯 살 때 아버지가 사냥을 나갔다가
호랑이에게 화를 당하자, 부친을 삼킨 호랑이를 찾아 머리를 도끼로
찍어 죽이고 배를 갈라 아버지의 뼈와 살을 꺼내 홍법산 서쪽에 장사지
냈다[289]고 한다. 이후 누백은 아버지 무덤 곁에 띠집을 짓고 살면서
3년상을 지냈는데, 정몽주는 최루백을 가리켜 '동방의 유종(儒宗)'이라
칭송하였으며, 조선초기 세종도 『삼강행실도』에 그의 효행을 싣게 하
여 만인의 귀감이 되도록 하였다. 또한 정조는 융릉 남쪽에 있던 효숙공
최루백의 비각을 서남쪽 홍법산(弘法山) 기슭으로 옮겼으며 최루백이
태어난 마을을 효자동으로, 호랑이를 잡은 뒷산의 큰 바위를 '효암(孝
巖)'이라 명명하고 그의 자손에게 부역을 면제해 주었다고 한다. 이외에
도 경기도의 효 관련 유적은 다수 분포하고 있다.[290]

조선후기 실학은 효 문화와 함께 경기도를 중심으로 하여 발생, 발전
해간 사상이다. 그 시대적 배경으로는 조선후기 수도 서울이 팽창하고,
경기권역의 경제적 중요성이 커지는 현상을 들 수 있다.[291] 조선후기에

---

288) 박주, 1997, 『朝鮮時代의 旌表政策』, 일조각 참조.

289) 「崔婁伯」, 「列傳 : 孝友」, 『고려사』 권121 참조.

290) 「婁伯捕虎」, 『三綱行實圖』 ; 경기문화재단, 2003, 『경기도의 효문화유산과 인물』, 45~47쪽
   참조 ; http://www.vrkg21.net/portal/index.asp?lang=kor[2006.12.30].

291) 최완기, 1997, 『漢陽』, 교학사 참조.

들어와 서울은 행정도시에서 소비상업도시로 그 성격이 변화해갔다. 서울로 이어지는 한강수로를 따라 선상(船商)들의 교류가 활발해지면서 서해안의 세곡운송로와 함께 남한강·북한강의 수운로에 나루터와 점막촌이 발달하였고, 이와 더불어 상인들의 유통로로 육로도 개발되기 시작하여 18세기 후반 서울을 중심으로 전국적으로 연결되는 6대로 체제에서 19세기에 이르러서는 10대로 체제로 발전하였다.[292] 이로써 육로와 수로교통의 요지를 중심으로 지방상품이 유입되는 경기지역의 도시들이 발전하기에 이르렀는데, 그 대표적인 도시들이 개성·수원·광주·양주 등이다.

개성이 전통적인 상업도시였던 데 반해, 수원은 18세기 후반 정조의 정치적 의도 하에 개발된 계획도시의 성격을 띠고 발전하였다. 1793년(정조 17) 정조는 수원을 유수부로 격상시켜 서울의 군사방어체계를 보완하는 한편, 서울 배후의 중요한 상업기지로 육성하기 위해 서울의 상인들에게 자금을 빌려주어 수원 화성 내에 점포를 설립케 하고, 기술자들을 수원으로 이주시키는 정책을 펼쳤다. 이로써 서울을 중심으로 동서남북은 개성·강화·광주·화성 등 4유수부 체제를 갖추게 된다.

한편 광주의 송파 지역은 남북한강의 내륙 수운로가 합쳐지는 한강변 최대의 교통 요충지로서 조선후기 삼남의 물화가 모여들던 상업지역이다. 송파의 장터거리에서는 미곡·잡곡·채소·담배·숯·옹기·소금·북어 등 다양한 물화가 유통되었다. 이 때문에 광주에는 일찍이 장시가 성행하고 여각과 주막촌이 발달하였다. 이곳 장시를 중심으로 성행한 송파산대놀이는 오늘날에 이르기까지 민속놀이로 전승되고 있어 당대 상업적 소비문화의 발달을 짐작케 한다.

양주 누원점도 서울의 동북지역에 위치하여 북어를 비롯한 함경도의

---

[292] 김종혁, 2001, 『朝鮮後期 漢江流域의 交通路와 市場』, 고려대학교 박사학위논문 참조.

특산물이 대부분 이곳에서 도매로 거래되었다. 때문에 한강 이북의 지리적 결함에도 불구하고 이곳에 위치한 누원점은 동북방의 중요한 상업기지로 서울상인과 경쟁하고 있었다. 이처럼, 17세기 후반 이래 서울 주변이 상업화·도시화되면서 인구가 증가하고 행정범위가 넓어지자, 경기지역은 서울을 군사적으로 방어하는 한편 상품의 유통기지로서 그 역할이 강조되고 있었다.[293] 이에 조선후기 실학자들은 경기지역에 거주하면서 중앙의 정책적 요구를 수행하는 한편, 청의 선진문물과 사상의 흐름을 흡수하여 타 지방과 구별되는 학문적 공감대를 형성하였다.

실제로 조선후기 실학자들은 경기도 일원을 중심으로 학맥을 형성하였다. 성호 이익을 중심으로 한 남인계 실학자들은, 안산과 광주·남양주 등지에서 성호학파를 형성하였으며, 정제두·신작·신대우 등의 소론계 지식인들은 양명학적 학문성향을 바탕으로 강화학파를 이루었다. 한편, 남양주에서는 석실서원의 김원행 문하에서 노론계 지식인인 연암 박지원, 홍대용 등이 수학하였으며, 이외에 이서구, 서유구 등이 경기 북부 일원에 우거하였다.[294]

이같이 경기도는 실학이 발생하고 발전한 곳이기에, 경기도의 정체성 확립을 위해 실학을 널리 알리고, 현대적으로 계승하기 위한 사업을 펼치고 있다. 2003년부터 실학에 대해 본격적으로 조사·연구하여, 학술세미나를 개최하고, 실학연구서를 발간하며, 실학을 주제로 하는 실학축제를 펼치고 있다. 그리고 2006년에는 실학박물관을 착공하여 건립공사를 진행 중이다.[295] 이처럼 경기도에 위치한 효·실학 유적과

---

293) 고동환, 1998, 『朝鮮後期 서울商業發達史研究』, 지식산업사 참조.
294) 김문식, 1996, 『朝鮮後期經學思想研究 : 正祖와 京畿學人을 중심으로』, 일조각 참조.
295) 경기문화재단, 2003, 『경기실학현양사업 중장기발전계획(2003-2012)』 참조.

그에 얽힌 역사적 경험을 토대로 현재까지 여러 문화콘텐츠들이 개발되고 있으며, 2002년부터 2003년 사이에 제작된 3차년도 가상현실 프로그램 역시 이러한 배경에서 기획, 제작된 것이다.

2. 효, 실학 콘텐츠 구성 내용

3차 가상현실 프로그램은 경기도 효·실학관련 역사자원을 가상공간에 재현하여, 당대 역사상에 대한 구체적인 이미지와 정보를 전달함으로써 역사 대중화와 교육에 활용할 것을 목적으로 제작되었다.

3차 가상현실 프로그램은 '효 애니메이션', '1795년 정조의 화성행차 이야기', '실학 애니메이션', '다산을 찾아서'로 구성되어 있다. '효 애니메이션'은 효의 개념을 설명한 후, 조선시대 불교와 유교적 효 문화를 각각 상징하는 『부모은중경』과 『오륜행실도』 가운데 효행을 적극 실천한 경기도의 역사인물을 애니메이션으로 재구성한 것이다. 그리고 경기도내의 효 유적을 바탕으로 전통사상 속의 효와 오늘날의 효를 비교하여, 효의 기본가치를 이해할 수 있도록 이야기구조(storytelling)을를 지닌 Flash Animation으로 재구성하고, 대표적인 경기도의 효자와 효행담을 소개하였다.

'1795년 정조의 화성행차 이야기'는 정조의 효를 상징하는 1795년(정조 9) 화성 행행을 통해서 조선후기의 효 문화를 장대하게 묘사하여 당시 상황을 재현하고자 한 것이다. 이는 크게 '행차 옛길 밟기'와 '어가행렬 구경하기'로 나뉜다. '행차 옛길 밟기'는 1795년 정조의 화성행차의 전 과정을 날짜별로 나누어 구체적인 이동경로와 화성에서의 행사내용을 파노라마VR로 소개한 것이며, '어가행렬 구경하기'는 화성행차에 참여한 인물군을 『반차도』를 토대로 VRML방식의 3D로 재현한 것이다.

‘1795년 정조의 화성행차이야기’의 ‘어가행렬 구경하기’는 『반차도』의 평면적 요인을 극복하고, 인물군을 3D로 재현한 것이 특징이다. 즉, 행차의 움직임을 다양한 각도에서 관찰하고, 인물 및 의상, 무기, 악기 등의 정보를 제공하는 형태로 구성되었다. 1795년 정조의 화성행차이야기의 ‘화성행차 옛길 밟기’와 ‘다산을 찾아서’는 구체적인 역사공간을 배경으로 하고 있어 실제 장소를 파노라마VR로 제작하여 가상체험할 수 있도록 표현하였다. 실학 및 효 애니메이션은 무형의 정신문화유산에 대해 그 개념을 쉽게 이해할 수 있도록 관련 역사자료를 이미지화하고, 이야기구조를 만들어 Flash Animation으로 표현하였다. 프로그램별 세부 메뉴는 다음과 같이 구성하였다.

‘실학 애니메이션’은 경기도 내의 실학유적지를 기반으로 조선후기 발흥한 실학의 개념과 역사적 생성배경을 설명하고, 경기도내의 대표적인 실학자 유적과 연표를 Flash Animation으로 설명한 프로그램이다. ‘다산을 찾아서’는 실학의 집대성자로 평가받는 다산 정약용이 태어나고 자란 남양주시 마재 마을을 중심으로 다산의 생애와 학문사상을 파노라마VR로 재구성한 역사 콘텐츠이다. 효·실학 콘텐츠를 중심으로 한 3차 가상현실 프로그램의 구성을 제시하면 〈표 11〉과 같다.

〈표 11〉 효·실학 주제의 가상현실 구성

콘텐츠명	상위메뉴	하위메뉴
1795년 화성 행차 이야기	행차 옛길 밟기	첫째 날	창덕궁을 나서다/ 배다리를 건너다/ 시흥행궁에 도착하다
		둘째 날	만안교를 건너다/ 괴목정 다리와 노송지대를 지나다
		셋째 날	화성향교 대성전에 참배하다/ 낙남헌에서 문무과별시를 치르다
		넷째 날	현륭원에 전배하다/ 용주사/ 서장대에서 군사훈련을 지휘하다
		다섯째 날	봉수당에서 회갑잔치를 열다
		여섯째 날	화성 주민에게 쌀을 나누어주다/ 낙남헌에서 양로연을 베풀다/

콘텐츠명	상위메뉴	하위메뉴
1795년 화성 행차 이야기		득중정에서 활쏘기를 하다
	일곱째 날	귀경길에 지지대고개를 넘다/ 시흥행궁에서 하룻밤을 묵다
	여덟째 날	용양봉저정에서 점심을 들다/ 배다리를 건너 돌아오다/ 환궁 후 연회를 베풀다
	어가 행렬 구경 하기	행렬선두의 군사	행렬을 인도하는 사람들/ 별기대 군사들/ 총을 든 보병/ 깃발과 음악을 연주하는 사람들
		어보마와 군사	훈련대장과 중군/ 선두금군 군사들/ 어보마와 자궁의롱마/ 가전별초 군사들
		의장행렬	의장대와 정조의 가마/ 말을 탄 취락대
		깃발과 군사	깃발을 든 군사들/ 수라가자와 정리사
		혜경궁가마	혜경궁가마를 선도하는 행렬/ 혜경궁 홍씨의 자궁가마
		정조임금행렬	정조대왕
		두 군주행렬	후미의 군사들
		장용영과 수행신하	장용위 군사들/ 말을 탄 기마부대/ 깃발과 음악을 연주하는 사람들/ 장용대장과 소총을 든 아병/ 보병군인들
		후미 수행군사	임금을 수행하는 신하들/ 가후금군 군사들/ 문무관료/ 난후금군 군인들
효 애니메이션		효란?	효의 본래적 의미/ 효의 현대적 의미/ 효와 인간의 삶
		전통사상 속의 효	역사 속의 효 문화/ 부모은중경에 담긴 효/ 오류행실도에 나타난 효
		경기도 효 유적	가평 : 강영천 효자문, 장원한 정려각
			과천 : 효자 최사립 정각
			남양주 : 봉선사 대종
			성남 : 한산 이씨 묘역
			수원 : 화성, 화령전, 지지대고개
			시흥 : 하우명 효자 정각
			안산 : 홍정희 효자문
			안성 : 서흥 김씨 삼강입정려
			안양 : 만안교
			양평 : 허씨 며느리비, 이춘명, 송현리 효자정문
			여주 : 길익수 효자정문
			양주 : 최제, 최혁 효자문

콘텐츠명	상위메뉴	하위메뉴
실학 애니메이션		연천 : 팔효문, 남순하 효자문
		의왕 : 김충백의 묘
		포천 : 오백주, 신급 정문, 유인선 효우비
		화성 : 용주사 불설부모은중경, 융건릉, 최루백 효자비각, 이곤 선생효자문, 홍담 효자각, 박장철 효자각
	실학개요	실학의 배경
		실학의 선구자들 : 유몽인, 이수광, 한백겸
		실학사상과 유형 : 경세치용, 이용후생, 실사구시
		실학의 성과 : 국어학, 역사학, 수학, 지리학, 천문학, 의학
	경기실학의 무대	조선후기 경기권역의 중요성/ 경기권역의 발전과정/ 경기도내 세부노정/ 실학자 교류무대
	경기도 실학 유적	강화 : 정제두의 생가 및 묘, 신대우 생가 및 묘소, 이시원·이지 원 및 이건창 생가, 영재 이건창 묘
		파주 : 허준의 묘, 신후담 선생 묘
		광주 : 안정복 생가(이택재), 신작 생가, 천진암
		남양주 : 정약용의 생가 및 묘, 석실서원터
		북한강 : 유몽인 묘, 김육 잠곡서원터
		수원 : 화성
		화성 : 우하영 생가와 묘, 건릉, 만년제, 용주사
		시흥 : 장유 묘와 신도비, 강세황 우거지
		안산 : 이익 묘
		양주 : 김육 묘, 추사필적암각문, 이수광묘와 신도비
		양평 : 권철신의 거처
		여주 : 한백겸 신도비
		연천 : 허목의 은거당, 미강서원
		용인 : 채제공·유형원·홍계희·유희·심사정의 묘, 양천허씨 묘단
		의정부 : 박세당 생가 및 영정각
		평택 : 대동법 시행 기념비
	입 구	
	여유당	안방(다산의 부모형제)/ 건넌방 (다산의 자식)/ 사랑방(다산의 교유관계)

콘텐츠명	상위메뉴	하위메뉴
다산을 찾아서	기념관(생애)	성장기
		관료생활기
		유배기
		해배기
	문화관(사상)	윤리사상/ 정치사상/ 경제사상/ 문학사상/ 교육사상/ 과학사상
	묘 지	회혼례와 다산의 죽음, 시호
다산을 찾아서	한 강	
	수종사	다산의 유년시절 기억/ 봄날 수종사에 노닐다(春日遊水鐘寺)
	천진암	다산의 서학 수용
	다산의 활동무대	성균관 유생기/ 관료생활기 1/ 관료생활기 2/ 유배기/ 해배기 1/ 해배기 2
	찾아가는 길	

이어 효 및 실학 정신사 프로그램의 역사적 소스(source)와 기술지원 (technical basement)이 어떻게 결합하여 하나의 역사 콘텐츠로 구축되 었는지 구체적인 프로그램의 구성 내용을 살피고자 한다. 즉, 각 프로그 램에 활용된 역사자료와 프로그램지원에 대해 상세하게 내용을 검토하 기로 하겠다.

1) 효 애니메이션

효 애니메이션 역시 실학 애니메이션과 마찬가지로 콘텐츠 구성에 있어 애니메이션기법을 주로 활용하였다. 화면은, 효의 개념을 통시대 적으로 설명한 '효란?'과 한국의 전통적인 효 문화의 유래를 살펴보고 『부모은중경』296)과 『오륜행실도』를 통해, 대표적인 효행사례를 살펴

---

296) 『父母恩重經』은 부모의 크고 깊은 은혜를 보답하도록 가르친 불교경전으로, 부모님의 은혜를 ①懷胎守護恩, ②臨産受苦恩, ③生子忘憂恩, ④咽苦吐甘恩, ⑤廻乾就濕恩, ⑥乳哺養育 恩, ⑦洗濯不淨恩, ⑧遠行憶念恩, ⑨爲造惡業恩, ⑩究竟憐愍恩 등 10대 은혜로 나누어 설명하 고 있다.

보는 '전통사상 속의 효', 그리고 경기도에 산재한 효 관련 유적분포를
표시한 '경기도 효 유적'으로 구성되었다. 특히 '전통사상 속의 효'의
오륜행실도는 호랑이를 잡은 누백(婁伯捕虎), 묘 앞에 엎드린 자강(自强
伏塚), 손가락을 자른 석진(石珍斷指), 새도 감동한 은보(殷保感鳥) 등
구체적인 효행사례를 애니메이션으로 재구성하여 표현함으로써 이야
기적 특성을 효과적으로 살렸다.

2) 1795년 정조의 화성행차이야기

(1) '어가행렬 구경하기'

'어가행렬 구경하기'는『반차도』를 3D VR로 재현한 것이다. 구성에
사용된 자료는 조선시대『반차도』인데, 궁중의 각종 행사장면을 그린
기록화의 일종으로, 의궤도(儀軌圖), 반열도(班列圖)라고도 한다. 반차
도는 궁중 행사의 의식과 늘어선 관원들의 배치 상황을 정확하게 묘사
하고 있는 점이 특징이다.

특히 행사에 참여한 인원들의 복식과 각종 의식에 사용되는 집기류
까지 채색도로 표현하여 당시의 행사상황을 재현하는데 유용한 자료이
다. 그리고 그림의 앞과 끝에 행사 내역 및 참가 인원과 관직을 적은
좌목이 상세히 기록되어 있어 내용의 정확한 고증이 가능하다. '1795년
의 화성행차'는 행차 인원과, 행차를 위한 재용(財用) 부분이『원행을묘
정리의궤』에 상세히 기재되어 있으며, 주요 인물의 경우『반차도』상에
성명을 밝히고 있다.

어가행렬 구경하기 내용 구성은 이『반차도』원본에 맞추어 행렬군
을 9부분(행렬선두의 군사/어보마와 군사/의장행렬/깃발과 군사/혜경
궁 가마/정조임금 행렬/두 군주 행렬/장용영과 수행신하/후미수행 군
사)으로 나누고, 인물들 각각을 3D 입체영상물로 재현한 것이다. 화면

상단과 왼쪽부분에 반차도를 배치하고, 원 자료에 해당하는 3D VR을 화면중앙에 배치하여, VR 영상과 반차도의 내용이 일치하도록 하였다. 화면 중앙은 VRML 방식으로 마우스나 작동키를 통해 화성 능행차 행렬의 움직임(걷기/멈추기) 뿐 아니라 공간의 이동(높낮이, 좌우, 앞뒤) 방향을 자유롭게 조절할 수 있도록 하였다. 또한 각 장마다 주요인물에 대한 설명과 무기, 의장(깃발), 악기 설명을 첨부하여 행렬별 특성을 확인할 수 있도록 하였으며, 직접 악기 연주와 활쏘기 등을 자유롭게 체험할 수 있도록 하였다.

(2) '행차 옛길 밟기'

'행차 옛길 밟기'는, 1795년(정조 19) 윤2월에 생부 장헌세자의 원침인 현륭원을 전배하는 한편, 화성행궁에서 혜경궁 홍씨의 회갑연을 개최하고 환어하는 8일간의 여정을 파노라마 VR로 재현한 것이다. 제작에 사용된 기초사료는『원행을묘정리의궤』와『조선왕조실록』및『비변사등록』등을 토대로 하였고, 행차 노정은『청구도』에 위치를 비정하여 표시하였으며, 현장 답사를 통해 사진이미지를 첨부해 이해를 도왔다.

1834년(순조 34) 김정호에 의해 제작된『청구도』에는 조선후기 10대로 체제로 발달하는 간선로가 표시되어 있는데, 정조의 화성 행차길에 해당하는 시흥로는 역시 구간별로 이동경로를 확인할 수 있도록 주선(朱線)처리가 되어 있으며,『대동여지도』보다 먼저 제작되었으나 공간표현에 회화적인 성격이 짙어 프로그램의 이미지구성에 적합하였다.

『청구도』는 조선후기 강역을 표시한 전도로서 동서남북 4방위 대신에 12간지의 12방위법을 써서 방위를 바르게 하고,『동국여지승람』·『동국문헌비고』등의 지리서에 잘못되어 있는 지명과 산천의 위치를

〈자료 20〉 1795년 정조의 화성행차이야기 중 '어가행렬 구경하기'

바로 잡았다. 그리고 거리의 균정(均正)을 위하여 일정한 지점(특히 한양과 각 주현 읍치를 기점으로 삼음)을 중심으로 10리마다 동그랗게 원을 그려서 도리(道里)를 바르게 하는 평환법(平環法)을 활용함으로써 공간의 왜곡을 최소화하였다.

한편, 궁중유물전시관에 소장되어 있는 『화성능행도병』은 정조의 원행 일정과 행사를 사실주의적 풍속화기법으로 표현한 8폭 병풍도[297]로 화성행차의 기록화적인 성격이 짙은 작품이다. 화성능행도병은 행사가 끝난 뒤 행사를 주관했던 정리소(整理所)에서 1796년(정조 20)에

---

[297] 華城陵幸圖 8폭은 華城聖廟展拜圖(제1폭), 落南軒放榜圖(제2폭), 奉壽堂進饌圖(제3폭), 洛南軒養老宴圖(제4폭), 西將臺城操圖(제5폭), 得中亭御射圖(제6폭), 始興還御行列圖(제7폭), 鷺梁舟橋渡涉圖(제8폭) 등으로 구성되어 있다.

〈자료 21〉 1795년 정조의 화성행차 이야기 중 '행차 옛길 밟기'

완성한 것이며, 김홍도·이인문·김득신·최득현 등 많은 화원들이
참여하여 제작한 것으로 추정된다. 본디 행사가 끝난 뒤 정조가 정리소
에 명하여 행사의 내용을 묘사한 도설을 제작하고『원행을묘정리의궤』
의 머리에 첨가하도록 지시하였는데, 이 도설작업은 윤2월 28일 의궤청
의 건의로 그해 1월 연풍현감에서 파직된 김홍도가 주관자로 임명되어
그의 지휘 아래 제작된 것이다.『원행을묘정리의궤』에 기록된 행차의
주요일정은 다음과 같다.

　　　첫째 날, 창덕궁 - 배다리 - 시흥행궁 도착
　　　둘째 날, 안양 만안교 - 괴목정교, 노송지대 - 화성행궁 도착

셋째 날, 화성향교 전배 - 낙남헌에서 문무과 별시

넷째 날, 현륭원 전배 - 서장대 군사훈련(城操, 夜操)

다섯째 날, 봉수당 회갑잔치

여섯째 날, 화성주민에게 쌀 분급 - 낙남헌 양로연 - 득중정 활쏘기

일곱째 날, 행궁 출발 - 지지대고개 - 시흥행궁 도착

여덟째 날, 용양봉저정 - 배다리 - 환궁 후 연회

'행차 옛길 밟기'의 내용은 위에서 언급한 8일간의 여정을 날짜별로 나누어 상단 메뉴로 구성하고, 화면 중앙 왼쪽에 일정장소를 파노라마 VR로 구성하여, 역사현장을 가상으로 체험할 수 있도록 하였다. 파노라마 VR로 구현된 장소의 설명은 『원행을묘정리의궤』에 기록된 일정내용을 바탕으로 재구성하였다.

한편 화면중앙에 배치된 지도 및 회화도는 각각 『청구도』와 『화성능행도병』의 이미지를 일정에 맞게 재구성하여 원행 노정 및 수원에서의 행사내용을 세부적으로 살펴볼 수 있도록 하였다. 또한 오른쪽 부분에는 왼쪽과 중앙에 배치된 파노라마VR과 청구도/화성능행도의 이해를 돕기 위한 세부자료를 배치하였다.

예를 들어 다섯째 날 개최된 봉수당진찬연은 우선 파노라마 VR로 화성행궁의 봉수당 전경을 체험할 수 있으며, 행사의 이미지는 『화성능행도병』 중 「봉수당진찬도」로 감상할 수 있다. 한편, 오른쪽 부분에 「봉수당진찬도」의 중요부분을 따로 확대하여 주요 행사내용과 인물설명을 확인할 수 있도록 하였다.

특히 첫 날과 마지막 날 한강을 건널 때 활용하였던 배다리의 설계과정을 VRML로 구현하여, 조선후기 주교(舟橋)의 제작과정을 단계별로 상세하게 파악할 수 있도록 하였다. 배다리 건설의 설계는 정조가 만

든 「주교지남(舟橋指南)」이 기본설계로서 중요한 지침이 되었으며,[298) 의궤에는 15항목으로 분류된 주교안이 제시되어 있다. 가상현실 프로그램에는 의궤에 정리된 주교설치 내용에 따라[299) 선창(船艙) 설치-배 모으기-배 연결하기-횡판 잔디 깔기-난간 설치-홍살문 설치 과정을 VRML구현하였다.

〈자료 22〉 행차 옛길 밟기 중 '배다리 만드는 과정'

3) 실학 애니메이션

실학은 일반적으로 조선후기에 나타난 현실 개혁적 사상체계를 일컫는다. 17세기 두 차례의 전란 이후 당대 지식인들은 명분론에 치우쳐 사회의 당면과제를 해결하지 못한 성리학을 비판하면서 사회·경제

---

298) 『正祖實錄』 권30, 14년 7월 己卯.
299) 『을묘원행정리의궤』 권4, 「舟橋指南」(수원시 역주본 참조).

분야에서 실천적 대안을 마련하고자 하였다. 이들은 또한 청으로부터 서학·고증학과 같은 새로운 학문체계를 흡수하여 서양과학 기술을 연구하는 한편, 역사학·지리학·음운학과 같은 다양한 학문분야의 연구 성과를 선보임으로써 중화주의를 넘어선 독자적인 문화유산을 생산해냈다. 이로써 실학은 18세기 영조와 정조기에 꽃을 피워 19세기에 이르기까지 경세치용, 이용후생, 실사구시의 학파로 분화·발전해 나갔다.[300]

조선후기 경기도에는 성호 이익을 중심으로 하는 성호학파가 형성되어 이가환, 권철신, 정약용, 안정복 등이 그의 문하에 있었다. 한편 강화를 중심으로 신작, 신대우, 정제두와 같은 강화학파의 일군이 양명학적 성향을 가진 유학적 학풍을 이루었고, 서울과 인근 북부 지역에 홍대용, 박지원, 이서구, 서유구 등의 북학파로 분류되는 노론계 지식인이 우거하였다. 실학에 관련한 역사자료는 방대하여 조선후기 실학사상의 형성공간이었던 경기도의 역사지리적 배경과 경기지역에 연고를 둔 실학자들을 다룬 연구논문과 문집자료를 주로 활용하였다.

특히 실학의 역사지리적 배경을 설명하기 위해『수선전도(首善全圖)』,『대동여지도』등의 조선후기 지도를 적극 활용하였다. 조선후기 수도 서울의 공간적 팽창을 보여주기 위해 수선전도를 활용하였으며, 서울과 경기지역의 상업유통망의 발달을 재현하기 위해『대동여지도』를 바탕으로 조운로(漕運路)와 장시망(場市網)을 표현하였다.

경기지역 실학자들에 대해서는 실학의 개념을 경세치용, 이용후생, 실사구시로 구분하여 학자군을 설명한 이우성의 견해를 토대로 하여

---

300) 실학의 개념규정 및 실학 유파에 대한 연구는 일찍이 1930년대 정인보의 연구에서 체계화되었으며, 해방이후 천관우로 이어진 흐름이 이우성(1970,「실학연구서설」,『문화비평』2~4)에 이르러 경세치용, 이용후생, 실사구시로 체계화되었다. 조성을, 2003,「실학연구 1세기의 흐름」,『실학연구논저목록·실학연구 1세기의 흐름』, 경기문화재단, 30쪽 참조.

〈자료 23〉 실학애니메이션

역사, 지리, 언어, 수학, 천문, 의학, 교육, 문화예술 등 분야별 연구성과를 소개하였으며, 경기지역에 분포한 유적지를 파악하여 실학지도와 실학자연표를 제작하였다.

화면구성은 크게 '실학의 개요'와 '경기실학의 무대', '경기도 실학유적' 등 세 부분으로 구성되었는데, 관련 이미지자료를 애니메이션기법으로 재현하고, 이에 대한 역사적 설명을 부연하였다.

'실학의 개요'에서는 실학의 역사적 배경이 된 조선후기 사회경제적 상황과 이수광·유형원·한백겸 등으로 대표되는 17세기 실학의 선구자들에 대해 소개하는 한편, 경세치용·이용후생·실사구시로 대표되는 실학의 사상유형을 설명하고, 이어서 19세기까지 분화 발전한 실학의 학문적 성과를 언급하였다.

‘경기실학의 무대'에서도 역시 애니메이션 기법을 통해, 실학의 발상지인 경기도의 상업발전과 경기실학자들의 교류활동을 지도상에 표현하였다. 즉, 경기권역의 중요성과 발전과정 및 경기도내의 세부노정, 실학자의 교유무대 등 4개의 코너로 구성되어 있다. 이는 모두 지도상에 입체적으로 표현되었는데, 예를 들어 ‘경기권역의 중요성'은 간선도로망을 주선(朱線)으로 표시한 후, 각 군현의 읍격(邑格)은, 4유수부는 원형 주선으로 도드라지게 표시하고 일반 군현은 그 보다 적게 표시함으로써 4유수부 체제를 표현하였다. 그리고 서울을 기준으로 상경시간이 반나절인 경우에는 연두색으로 채색하고, 하루[1일정]인 경우의 지역은 녹색으로 표시함으로써 공간 및 거리감을 표현하였다. 이로써 한강수로의 중요성은 지도상에 자연스럽게 표현되었다. 여기에 각 군현별로 경기학인(京畿學人)의 거주 지역을 표현함으로써 경기실학자들의 거주 위상을 입체적으로 이해할 수 있는 장점이 있다.

4) 다산을 찾아서

‘다산을 찾아서'는 다산 정약용이 태어나고 자랐으며, 강진 해배 이후 생활한 남양주 마재에 자리한 여유당을 배경으로 다산의 생애와 학문형성 과정을 파노라마 VR기법을 통해 재구성한 것이다.

조선후기 실학의 집대성자로 평가받는 다산 정약용에 대한 학계의 연구성과는 대단히 방대하다.[301] ‘다산을 찾아서'에서는 다산이 직접 저술한 「자찬묘지명(自撰墓誌銘)」과 다산의 시문을 토대로 하여 그의 생애와 학문형성의 배경을 살펴보았다. 이외에도 『목민심서』, 『경세유표』, 『흠흠신서』, 『논어고금주』 등의 대표저서를 통해 다산의 학문사상

---

301) 정약용에 관한 연구 성과는 2003년 경기문화재단에서 제작한 『실학연구논저목록-실학 1세기의 흐름』 상 · 하를 참고할 수 있다.

〈자료 24〉 다산을 찾아서

을 윤리·정치·경제·교육·문학·과학 등 분야별 학문성과를 개괄적으로 소개하였다. 한편 다산의 활동무대는 다산의 시문을 토대로 다산 생애의 주요활동경로를 『대동여지도』에 직접 사례별로 표시하였다.

'다산을 찾아서'는 다산의 삶의 궤적이 담긴 여유당과 수종사, 다산의 얼을 기리는 사당, 다산의 생애를 기리는 기념관, 다산의 사상을 집약적으로 보여주는 문화관, 그리고 다산이 묻힌 묘를 중심으로 다산의 일대기와 학문 형성과정을 재구성한 것이다.

전체적으로 공간을 답사하는 형식을 띄고 있어, 파노라마VR로 현장 이미지를 주로 활용하여, 마우스로 파노라마를 조작하여 사용자가 원하는 방향으로 공간을 조망할 수 있도록 하였다. 더욱이 특기할 점은 파노라마VR 안에 3~4개의 아이콘을 설정하여 공간체험 뿐 아니라 주제에 관련된 다양한 에피소드를 체험할 수 있도록 구성하였다는 것이다. 예를 들어,

> '안방 - 다산의 부모형제(선조, 외가, 부인, 형제, 친족)'
> '건넌방 - 다산의 자녀들(학연, 학유, 딸)'
> '사랑방 - 다산의 교유관계'

등으로 집안 내부의 공간과 다산의 인간관계를 자연스럽게 연상되도록 구성하였다. 다산의 교유관계를 설명한 사랑방의 경우, 남인학통의 계승, 서학 수용, 관료 생활, 경학 심화 등으로 나누어 살피고 있다. 이들 각 관계는 각 방에 비치된 경상(經床)이나 시문 족자 등의 집기에 관련 내용을 열어 볼 수 있도록 하여 사실성을 강조하였다.

한편 기념관은 다산의 생애를 성장기·관료생활기·유배기·해배기의 4시기로 나누어 활동지역을 파노라마VR로 보여준다. 문화관은 다산의 사상을 분야별로 윤리·정치·경제·문화·교육·과학 등 6개 분야로 나누어 설명하고 있다. 나아가 다산의 활동무대는 앞서 설명한 대로, 다산의 시에 나타난 인물과 장소 설명을 통해, 주요 활동과 이동경로를 파악하여 대동여지도에 노선을 그리고 이를 애니메이션 기법으로 표현하였다. 즉, 여유당 입구와 마당, 다산 묘역, 천진암, 한강, 수종사 등은 파노라마VR로 처리하여 장소의 구체성을 획득하고 있다.

3. 효, 실학 콘텐츠 분석

우리는 앞에서 효, 실학 콘텐츠 4개 분야의 구성 내용을 살펴보았다.

여기에서는 4개 분야에 대한 구체적인 분석을 통하여, 이 가상현실 콘텐츠의 문제점과 개선방향을 검토하고자 한다. 3차 콘텐츠 작업은 경기도라는 지역적 소재에, 효와 실학이라는 정신사적 주제가 결합된 것이다. 따라서 이의 구체적인 분석은 해당 주제에 대해 학계의 학문적 성과의 반영과 적절하게 연결되었는가, 전달하고자 하는 콘텐츠는 이용자층에게 효과적으로 어필하는가 하는 점을 분석의 기본 관점으로 설정하여 4개 분야로 나누어 살펴보았다.

1) 효 콘텐츠

먼저 '효 애니메이션'부터 순서대로 살펴보자. '효 문화'는 한국문화에 기반한 전통적 측면과 함께 현대의 사회문제를 해결할 수 있는 정신적 가치로서의 보편성을 동시에 가진 주제이다. '효 애니메이션'의 주 이용대상자 층은 초등학생에서 중·고교생이며, 나아가 일반인을 대상으로 효라는 정신적·실천적 주제를 형상화한 것이다. 이를 경기도의 효문화원형 활용, 콘텐츠 구성, 실천성 및 동시대성의 측면으로 나누어 분석하면 다음과 같다.

첫째, '효 문화원형'의 활용이라는 측면에서 보면, 기본적으로 불교의 효문화를 대표하는 『불설부모은중경(佛說父母恩重經, 1796)』과 조선시대 유학적 관점의 효의 상징인 『오륜행실도(1797)』 등을 적극적으로 잘 활용하였다고 할 수 있다. 그렇지만 김영애의 지적과 같이, 예를 들어 불교의 『불설부모은중경』 가운데 보은의 어려움을 말하는 「주요수미(周遶須彌)」 등은 판타지 요소를 개발하여 보다 효과적으로 묘사함으로써 상상력을 자극할 필요가 있다.[302]

둘째, 효 콘텐츠의 구성은 다른 3차 가상현실 프로그램에 비해 비교

---

302) 김영애, 2004, 「경기도 효 문화원형의 디지털콘텐츠 개발」, 『효 문화와 콘텐츠』, 경기문화재단, 87~125쪽 참조.

적 단조롭다는 점이 지적된다. 콘텐츠의 구성이 풍부하지 못한 단순성
은 학습효과의 저하와 동기유발에 한계를 가지기 마련이다. 그런 점에
서 '효 애니메이션'은 3차 가상현실 프로그램 가운데 콘텐츠의 구성이
가장 빈약하다. 불교적·유교적 효 문화 자원을 기본적으로 활용한
전통적 역사성은 충실하게 반영하고 있다고는 하지만, 볼거리가 너무
부족하다. 따라서 효 애니메이션은 효과적이고 학습의욕을 높일 수
있는 다양한 콘텐츠 구성이 요구된다고 하겠다.[303] 이는 이용대상자
층의 성향 분석을 기획단계에서 보다 면밀하게 검토할 필요가 있다고
생각된다.

셋째, 효 콘텐츠의 구성이 전근대시기 및 전통사상의 범주 속에서
만 이해되고 있기 때문에 현재적 관점의 효를 실천적으로 부각시키
지 못하고 있다. 도입부에 해당하는 '효란?'에서 '효의 현대적 의미'를
설명하고 있기는 하지만, 이마저도 애니메이션은 다섯 장면의 평면
적 그림일 뿐이다. 그리고 '경기도 효 유적' 또한 거의 전근대의 효자
비나 정려각을 평면적으로 보여주는데 그치고 있다. 따라서 효의 현
재적 실천이라는 관점을 보다 효과적으로 구체화하여 콘텐츠화 할
필요성이 있다고 하겠다.

넷째, 앞의 문제점들은 기획단계에서 인문학 전공자 및 관련학자들
의 내용 검토가 충분하게 이루어지지 못했음을 보여주는 것이라고
하겠다. 따라서 풍부한 효문화 콘텐츠를 활용하고, 효의 현재성 및
동시대적 구체성을 확보할 필요가 있다. 그러므로 "효의 진정한 의미를
되새겨 오늘날 사회윤리로서 효가 어떻게 역할을 할 수 있을 지 살펴보

---

303) 효 애니메이션은, 교육부의 7차 교육과정 내 관련 학년의 대상 범위인 '초등학교 5~6학년,
　　중 3학년, 고 1학년' 층을 적극적 대상층이라고 했을 때, 보다 효과적인 콘텐츠의 구성이
　　요구된다.

고자"304) 교육용 및 관광홍보용으로 제작한 효 콘텐츠는 경기도의 효문화 원형 및 이용층의 성향에 대해 보다 면밀한 조사가 요구된다고 하겠다.

그러므로 '효 애니메이션'은 경기도 효 문화원형의 충실한 검토 및 효의 동시대적 필요성에 대한 효과적인 설득을 통하여 한 단계 나아갈 수 있을 것이다. 효 애니메이션의 단조로움은 정신사 관련 주제의 콘텐츠화의 어려움을 대변하는 것으로 보인다. 따라서 해당 주제에 대한 깊이 있는 내용 검토를 통하여, 구현되는 효과 및 학습까지 기획단계에서부터 면밀하게 검토할 필요성이 있다.

다음으로 '1795년 정조의 화성행차이야기'는 정조의 6일간의 화성행차를 입체적이고 효과적으로 보여준 콘텐츠라고 할 수 있다. 이는 『반차도』와 『원행을묘정리의궤』 등 이른바 저본자료 자체가 가진 우수성에 기인한다고 할 수 있다. 이들 자료는 1795년 윤2월 9일부터 16일까지 8일간의 정조의 일정을 충실하게 전하고 있다.305) 이는 한편으로는 저본자료 자체가 가진 힘을 그대로 보여주는 것이기도 하다.

'1795년 정조의 화성행차 이야기'는 주제의 측면에서 보자면, 조선시대 국왕의 효행을 부각시키기에 좋은 주제임은 틀림없다. 국왕의 공식 행행인 만큼 장대하고 화려하며, 그와 관련한 역사적 사실이 상세하게 전달될 수 있는 장점이 있다. 그러므로 200여 년 전의 상황을 재현함으로써 영조와 정조기의 융성한 문화의 한 단면을 살필 수 있다. 이 콘텐츠의 '어가행렬 구경하기'는 3D 입체영상물로 재현한 것이지만, 행렬 각 인물들의 행진모습이 어색하다는 단점이 있다. 인물들의 움직임을 보다 자연스럽게 표현할 때, 역사적 행위의 가상현실 재현은 보다 사실성

---

304) http://www.vrkg21.net/[2006.11.4].
305) 한영우, 1998, 『정조의 화성행차 그 8일』, 효형출판 참조.

을 획득할 수 있을 것이다.

2) 실학 콘텐츠

실학 콘텐츠는 '실학 애니메이션'과 '다산을 찾아서'로 구성되어 있다. '실학 애니메이션'이 조선후기 실학 일반에 대한 소개를 경기도의 지역성과 결합하여 이해한 개설이라면, '다산을 찾아서'는 실학의 집대성자인 다산 정약용 개인의 삶에 초점을 맞추어 실학의 성과를 보다 구체적으로 보여주고자 하는 콘텐츠이다.

실학콘텐츠는 기본적으로 중고생들의 실학 이해에 크게 기여할 수 있는 콘텐츠라고 판단된다. 그리고 '실학 애니메이션'은 실학 일반에 대한 이해에 있어서 경기도의 지역성을 잘 드러냈다고 할 수 있다. 특히 두 번째 코너인 경기실학의 무대에서는 '경기권역의 발전과정', '경기도내의 세부노정', '실학자 교유무대'에서 경기지역 실학자들의 구체적인 활동 영역과 거주분포를 보여줌으로써 실학자들의 활동을 보다 생동감 있게 이해할 수 있도록 해준다. 따라서 현대 한국사 연구의 취약점의 하나인 공간성에 대한 문제를 극복한 것으로 평가할 수 있다. 그러나 조선후기 실학의 대종이 근기(近畿)지역이라는 대에는 이설(異說)이 없지만, 이는 한편으로는 실학=경기지역이라는 도식으로 오해할 소지도 없지 않다. 한국실학을 지역을 위주로 분류한 최근의 연구에 의하면, 한국실학은 크게 경기실학과 호남실학으로 대별된다.306) 따라

---

306) 경기문화재단 경기실학현양추진위원회, 2003, 「제2장 경기실학의 개념과 전망(염형택 稿)」, 『경기실학 현양 중장기 발전계획』, 21쪽 참조. 여기서 임형택은 한국실학을 경기실학과 호남실학으로 대별한 후, 다시 광의의 경기실학을 성호학파와 하곡학파라는 협의의 경기실학 및 연암학파와 추사학파를 아우르는 서울실학으로 구분하였다. 성호학파는 이우성의 구분에 의하면 경세치용학파에 해당하며, 광주·안산지역에서 활동하였다. 그리고 하곡학파는 양명학파로 불리며, 활동지역은 강화지역이다. 서울의 연암학파는 이용후생학파를, 추사학파는 실사구시학파를 말한다. 임형택의 한국실학 구분법은 활동 지역을 위주로 한 것으로, 실학에

서 호남실학의 대가로 일컬어지는 존재(存齋) 위백규(魏伯珪)와 같은
경우는 전혀 언급이 없다는 아쉬움이 남는다. 또한 최근 주목되기 시작
한 여성실학자들, 예를 들어 『태교신기』[307]를 지은 문장가 사주당 이씨,
그리고 정일당 강씨나 『규합총서』[308]를 지은 빙허각 이씨 등에 대한
소개도 필요한 것으로 보인다.

한편, '실학자의 교유무대'는 '경기권역의 중요성'에서 사용한 저본
지도 위에 실학자들의 구체적인 활동지역으로

① 화석정/임진강, 개성 - 이덕무/박지원/유득공 등

② 동작/송파나루, 석실서원 - 황윤석/홍대용/김원행 등

③ 미음나루, 봉은사 - 이덕무 등

④ 삼전도, 광주, 검단산 - 이덕무 등

⑤ 마재, 춘천, 양평, 용문산 - 정약용, 신작, 신위 등

5개로 구분 표시하여, 실학자의 교유무대를 구체적으로 형상화하였다.
그런데 이러한 5개 정도의 구분으로는 조선후기 학인(學人)들의 교유가
입체적으로 그려지지 않는다는 데 문제가 있으며, 그에 대한 설명 또한
극히 부족한 편이다. 예를 들어 '③ 미음나루, 봉은사' 및 '④ 삼전도,
광주, 검단산' 등은 해당지역에 대한 간단한 설명과 이덕무의 관련
시문(詩文) 제목만을 소개하는 정도에 불과하다. 그러나 한두 편의
시문만으로 교유무대라고 이름 지을 수는 없다.

'실학자의 교유무대'는 실학자간 교유의 의미와 교유망을 종합적으
로 설명할 필요가 있다. 조선후기 실학자간의 교유는 동행 기행문이나
기행시문 뿐만 아니라, 사승관계, 강학과 학술적 토론, 묘도문자(墓道文

대한 새로운 이해방식이라는 점에서 주목된다.

307) 師朱堂 李氏 지음/박찬국 · 최삼섭 옮김, 2002, 『譯註 胎教新記』, 성보사 참조. 이를
통한 전통태교의 과학성은 최근 주목되기 시작하였다.

308) 憑虛閣 李氏, 1992, 『閨閣叢書』, 보진재 참조.

字)의 수수(授受), 시문의 교류, 간찰 및 수증 물품의 교유 내역, 서화의 감평 등을 종합적으로 검토되어야 한다. 그리고 이를 지역별로 연망(連網)의 범위를 일회성에 그치는 정도가 아니라, 지속적인 교유 정도를 염두에 두고 거의 대등한 수준의 교유의 내용을 범주화할 필요가 있다. 그 후 이를 지도상에 입체적으로 표현할 때 '실학자의 교유무대'로서의 경기지역에 대해 적확하게 표현할 수 있을 것이다. 실학콘텐츠에서 이들 교유 내용에 대한 구체적 표현의 미비는 기본적으로 최근까지 경기지역의 조선후기 학술 연구를 반영하는 것이기도 하지만, 연구의 한계를 드러내는 것이기도 하다는 점에서 주의할 필요가 있다고 판단된다. 위에서 지적한 내용은 기존의 관련 주제 연구 성과에 대한 종합적 이해를 기초로 이를 어떻게 구현할 것인가에 보다 관심을 기울여야 함을 의미한다.

다음으로, '다산을 찾아서' 콘텐츠는 앞에서 살핀 대로 다산의 삶을 잘 묘사하고, 장소적 구체성을 획득하였다는 점과 이용자층의 눈높이에 맞추어 다산의 생애, 인간관계, 분야별 사상, 활동 공간 등으로 적절하게 소주제를 배분하여 설명한 것은 긍정적으로 평가할 수 있다.

그러나 한자 표기의 오자가 더러 보인다. 천진암을 설명하면서 이와 관련된 시집으로『천진소요집(天眞消遙集)』을『천진소요집(天眞消搖集)』으로 오기하기도 하였다. 정확한 표현은 교육용 자료의 신뢰도를 높이는 지름길이라 하겠다.

효·실학 콘텐츠(3차 가상현실 프로그램)의 세부분석을 통하여 내용을 검토하고, 장단점을 살펴보았다. 3차 가상현실 프로그램의 개발 의의는 개발한 각 프로그램이 효와 실학과 같은 정신문화유산과 현존하지 않는 역사적 인물과 사건을 가상현실 프로그램으로 재현하였다는 점이다.

기존의 가상현실 프로그램이 현존 역사유적을 가상공간에 재현하고 이를 간접 체험하는 방식으로 콘텐츠를 재구성하였던 데 반해, 3차 가상현실 프로그램은, '공간의 재현'에 초점을 맞추기보다, '역사인물의 재현'과 '역사적 사건의 재현'이라는 측면에서 서사적 요인이 강하게 반영되었다. 실제로 '1795년 정조의 화성행차 이야기(어가행렬 구경하기)'를 통해 8일간의 여정 속에서 정조가 사도세자와 혜경궁 홍씨에 대한 효심이 담긴 에피소드(현륭원 전배, 봉수당 회갑연, 지지대고개 등)를 접할 수 있으며, 주교 제작과 화성 건축 등을 통해 정조의 실학적 면모를 발견할 수 있다. 또한 조선시대 왕실문화와 음식, 연희 등의 생활사적 구체상을 확인할 수 있다.

효와 실학의 애니메이션은 경기도의 대표적인 정신문화유산이라 할 수 있는 중요한 역사문화 개념이다. 효 애니메이션의 경우, 전통사상 속의 효 문화를 『부모은중경』과 『오륜행실도』의 효행담을 애니메이션으로 재구성한 것이다. 실학애니메이션의 경우, 경기도에서 실학이 발생하게 된 역사적 배경과, 실학자들의 교류활동을 동일한 기법으로 공간상에 재현하여, 역사개념을 콘텐츠로서 재구성한 사례로 볼 수 있다.[309]

이외에도 효, 실학 가상현실 프로그램은, 프로그램 구축의 기술적 지원 외에 기초적인 역사자료의 수집과 콘텐츠 기획·구성, 원고 집필 및 감수의 과정을 효과적으로 진행하기 위해 시대사를 전공한 연구자를 상시 위촉하고, 자문위원의 피드백을 통해 콘텐츠의 자료 응집력을

---

309) 조관연, 2004, 「가상박물관과 문화인류학 : 경기문화재단의 '효가상박물관'을 중심으로」, 『36차 한국문화인류학회 정기학술대회 발표문요지』(http://www.koanthro.or.kr/data/workshop(j-37).htm)[2006.8.13]. 이 글에서 조관연은 효 애니메이션이 콘텐츠 구성에 있어 치밀한 구성을 보이고 있지 못한 점을 지적하였다. 이외에 효를 콘텐츠화 하는 방법론을 연구한 저서로, 김기덕 외, 2004, 『효문화와 콘텐츠』, 경기문화재단을 참고할 수 있다.

높이고, 서술의 학문적 신뢰도를 높였다. 이로써 기존의 가상현실 프로그램이 공간의 간접체험을 중심으로 한 기술지향적 콘텐츠였던 점을 감안할 때, 효와 실학 가상현실 프로그램은 역사적 공간의 재현과 역사인물의 이야기를 담아내는 스토리텔링을 포함함으로써, 역사콘텐츠의 내용적 깊이를 더하였다.

물론 현재 개발된 가상현실 프로그램은 역사 콘텐츠로서의 여러 한계점들을 내포하고 있다. 첫째, 가상현실 프로그램의 기술상의 문제를 지적할 수 있는데, 현재 지원되는 '1795년 화성행차이야기'의 어가행렬 구경하기는 3D구성이 행렬의 규모와 인물의 복식·깃발·무기·악기·중요 인물 등의 개괄적인 정보를 제공하고 있으나, 인물이 정형화되어 있고, 움직임이 단순하여 가상현실 체험에 흥미를 유발하기에는 일면 한계를 지닌다.

둘째, 역사콘텐츠 개발에 있어서 관련 자료의 수집과 고증 외에 이를 콘텐츠화 하기 위한 전략이 필요하다. 이를 위해서는 콘텐츠를 접하는 대상층을 명확히 하고, 구성의 체계를 갖추어야 하는데, 콘텐츠 활용 대상이 교사/학생 외에 일반인으로 넓게 선정되어 있어 조관연[310]의 지적대로 콘텐츠 구성에 있어 사료의 충실한 복원과 콘텐츠로서의 재현에는 소기의 성과를 거두었을지 몰라도 서사적 요인을 효과적으로 살려 흥미요인을 유발하는 데에는 부족한 측면이 있다.

이 두 가지 지적은 역사문화콘텐츠 개발에 있어 핵심적인 과제라 할 것이다. 그럼에도 불구하고 효와 실학 가상현실 프로그램은, 기존의 텍스트중심의 단발성 정보를 제공하는 역사콘텐츠에서 진일보하여 역사적 사료를 바탕으로 가상현실 공간에 재현하는 진일보한 역사콘텐츠로서, 응용 역사학의 새로운 분야를 여는데 있어서도 주목할 만한 콘텐

---

310) 조관연, 위의 글(http://www.koanthro.or.kr/data/workshop(j-37).htm)[2006.8.13].

츠라 할 것이다.

| 제5장 | **결 론**

　지금까지 역사학과 문화유산의 디지털콘텐츠화에 대해 살펴보았다. 본문의 내용을 요약하고 몇가지 전망을 하는 것으로 결론을 삼고자 한다.

　21세기는 정보화시대이다. 정보화시대에 들어 디지털콘텐츠가 이미지와 결합하면서, 인간의 의사전달 체계가 문자로부터 이미지로 전환하였다. 이에 따라 문자를 바탕으로 성립된 역사학을 포함한 인문학은 위기를 맞이하였다. 1990년대 후반부터 인문학자간에 인문학위기의 실체와 극복 방안을 둘러싼 논쟁이 있었다. 이 논쟁 과정에서 디지털콘텐츠를 인문학의 영역에 포함시키자는 논의가 있었다. 인문학 자료를 제작하거나 활용하는 학문인 전산인문학과 컴퓨터에 수록된 콘텐츠를 제작하거나 분석하는 행위도 넓은 의미의 인문학 글쓰기로 파악하는 표현인문학이 그것이다. 본 연구는 이 두 가지 개념을 받아들여, 디지털콘텐츠를 역사학의 새로운 영역에 포함시켰다.

그런데 조지형과 정대현 등이 전산인문학과 표현인문학 개념을 통해 디지털콘텐츠가 인문학 대상임을 논의하고 있을 때, 정부와 기업 주도로 디지털콘텐츠는 역사학을 만나고 있었다. 서울시스템이라는 기업이 1995년에 『CD-ROM 국역 조선왕조실록』을 출시하여 조선시대사 연구에 획기적인 전환점을 이룩하였고, 2000년부터 정부 주도로 국가지식정보자원 관리사업이 추진되면서 방대한 역사 자료가 디지털콘텐츠로 전환되었다.

역사학의 디지털콘텐츠화는 역사학의 새로운 영역에 대한 이해를 요구하고 있다. 훌륭한 디지털콘텐츠의 생산은 디지털 정보가 가지는 기술적인 특징을 이해하지 않고는 불가능하다. 그래서 역사학도들에게도 정보통신기술에 대한 기초적인 이해를 요구하고 있다. 이러한 요구에 부응하여 새롭게 제기된 학문이 인문정보학이다. 그리고 영상에 대한 이해도 요구되고 있다. 역사 관련 영상물은 기록물로서의 영상과 역사를 소재로 하는 영상물 두 가지가 있다. 이들 영상물의 창출 및 활용에 대한 이해도 요구되고 있는데, 역사학 관점에서 영상을 탐구하는 학문이 영상역사학이다. 영상역사학은 이제 거의 역사학의 한 분야로 자리 잡아 가고 있다. 또 디지털콘텐츠를 분석하고 연구하는 학문으로 문화콘텐츠학이 있다. 문화콘텐츠학이야말로 역사학이 새로운 영역으로 받아들여야 할 분야이다.

2000년 이후 역사학과 문화유산의 디지털콘텐츠화는 빠른 속도로 진행되고 있다. 디지털콘텐츠화는 CD-ROM, 영상물, 웹 사이트 세 개의 매개체를 중심으로 이루어지고 있는데, 최근에는 웹 사이트로 통합되는 추세이므로, 웹 사이트 중심으로 역사 및 문화유산 디지털콘텐츠를 분석하면 다음과 같다. 역사 및 문화유산 주제 웹 사이트의 제작 주체는 정부기관, 민간단체 및 개인으로 나눌 수 있다. 디지털콘텐츠는 제작에 많은 예산이 소요되므로, 정부에서 제작한 웹 사이트의 콘텐츠가 민간단체 및 개인이 제작한 웹사이트의 콘텐츠보다 양과 질 양측에서 우수하다.

콘텐츠 내용 중심으로 살펴보면, 첫째, 역사 및 문화유산 자료를 데이터베이스화한 것, 둘째, 역사 연구결과물을 디지털콘텐츠화한 것, 셋째, 문화유산 및 역사연구 성과를 재가공하여 디지털콘텐츠한 것으로 나누어 살펴 볼 수 있다.

첫째 부분은 정부 주도의 국가지식정보자원 관리사업에서 이루어지고 있다. 정부가 21세기 지식정보화사회에 대비하여 추진하는 이 사업은 2000년에 제정된 「지식정보자원관리법」을 근거로 하고 있다. 한국역사만이 아니라, 교육 및 학술 · 과학기술 · 문화 · 정보통신 · 건설교통 · 법령 · 산업경제 · 해양수산 · 생물의학 분야를 대상으로 하고 있으며, 국가지식포털을 통해 통합 서비스되고 있다. 한국역사와 문화유산에 대한 정보가 비교적 체계적으로 수록된 한국역사정보통합시스템과 국가문화유산종합정보시스템도 국가지식정보자원관리사업의 일환으로 추진되는 것이다

둘째 부분은 지역사, 향토사 연구 성과 중심으로 진행되고 있다. 지역의 역사 및 문화유산 정보는 1990년대 후반 집중적으로 개설된 지방자치단체 홈페이지를 통해 제공되고 있다. 물론 향토사 정보도 민간단체와 개인이 운영하는 웹 사이트를 통해 제공되기도 하나 양과 질, 양 측면에서 지방자치단체가 운영하는 홈페이지와 비교가 되지 않는다. 지방자치단체를 통해 제공되는 향토사 및 문화유산 관련 정보 중 비교적 체계적으로 정리된 것이 지방자치단체가 향토지를 인쇄물로 편찬한 후 이를 디지털콘텐츠화 하여 인터넷을 통해 제공하는 인터넷 향토지이다. 인터넷 향토지를 서비스하는 자치단체로는 광역자치단체

단위에서 서울시가 있고, 기초자치단체 단위로는 남양주시·평택시·여주군·광양시 등이 있다. 마을 단위로는 성남시 각 동(洞)과 남양주시 별내마을 등이 있다.

한편 2003년부터 한국학중앙연구원이 기존 향토지의 인터넷 서비스가 가지는 한계를 극복하고자 순환형 지식정보시스템을 갖춘 향토문화전자대전 편찬사업을 추진하고 있다. 순환형 지식정보시스템이란 기초자료, 단편적 정보, 고급정보가 한 시스템 내에서 순환하면서 새로운 지식정보를 만들어내도록 도와주는 시스템으로서 서비스 이용자가 더 발전된 지식정보를 생산할 수 있도록 해서 문화콘텐츠의 고품질화를 자체적으로 촉진하는 시스템이다.

한국학중앙연구원은 2013년까지 전국 234개 기초자치단체의 향토문화전자대전 구축을 목표로 하고 있다. 이 사업이 완료되면 전국의 향토사 정보를 하나의 검색 시스템에 의해 검색할 수 있게 된다는 면에서 그 의의가 크다고 할 수 있다. 그러나 지역마다 특색이 있는 향토사를 하나의 분류체계에 맞추어 일률적으로 편찬할 경우 지역의 특색을 제대로 살리지 못할 것이라는 우려가 제기되고 있다. 이에 한국학중앙연구원도 이같은 문제를 극복하기 위해 지역별 특별항목을 설정하였다

셋째 부분은 이제 시작되는 부분인데 가상현실이 대표적인 사례이다. 가상현실은 실제 환경과 유사하게 만들어진 컴퓨터 모델 속에서 시각, 청각, 촉각, 후각, 미각 같은 감각들을 사이버 미디어를 통하여 체험하고 대화식으로 정보를 주고받는 기술을 말한다. 가상현실은 다양한 정의가 가능하나 세 가지 요소가 갖추어져야 가상현실이라고 할 수 있다. 첫째, 가상공간 속으로 감각적 몰입이 되어야 하고, 둘째, 사용자가 가상공간 속으로 항해를 할 수 있으며, 셋째, 상호작용이 가능해야 한다.

 가상현실이 역사학과 만날 때 전통적인 역사학이 가지는 한계를 극복해 줄 것이라는 기대가 있다. 김민제는 가상현실이 과거의 역사공간을 재현하면 과거에는 상상할 수 없을 정도로 생생하게 역사적 실제에 가까운 역사상을 우리에게 보여 줄 것으로 전망하였다. 조지형은 가상현실 기술이 발달하여 역사학과 만나면 인문학 연구 및 교육에 혁명적인 변화가 일어날 것으로 보았으며, 향후에는 가상공간 내의 역사적 인물과 이용자 간의 대화도 가능할 것으로 전망하였다.

 본 연구에서는 이같이 전망되는 가상현실의 실제 구축 사례를 분석하였다. 선정된 사례는 '경기도 역사문화체험 가상현실 시스템(vrkg21.net)'이다. 이 시스템은 경기도와 경기문화재단이 2000년부터 2003년까지 경기도의 대표적인 문화유산인 남한산성, 화성, 전곡리 구석기유적, 회암사 등과 경기도 역사에서 중심적 가치를 지니는 실학과 효 등의 역사 주제를 한국어·영어·일어·중국어 4개 국어로 제작하여 인터넷을 통해 서비스하는 디지털콘텐츠이다. 이 시스템을 사례 연구 대상으로 선정한 이유는 지금까지 구축된 역사주제 가상현실 중 가장 풍부한 콘텐츠로 구성되어 있고, 사용된 기술도 최고의 정보통신 기술이기 때문이다.

 인터넷 상의 문화유산 가상현실 복원은 세 가지 유형으로 나눌 수 있다. 제1유형이 현존 문화유산을 가상현실로 구현하는 형태, 제2유형이 유적만 남은 문화유산을 소재로 나머지 문화유산의 전부 또는 일부를 복원하는 형태, 제3유형이 특정한 역사적 주제와 관련된 문화유산을 연결시켜 하나의 지식체계를 갖춘 가상현실로 복원하는 형태이다. '경기도 역사문화체험 가상현실 시스템'은 이 세 가지 유형을 모두 갖추고 있다.

 제1형에 해당하는 것이 남한산성, 화성 콘텐츠이다. 남한산성과 화성의 콘텐츠 구성은 비슷하다. 두 콘텐츠 모두에 '가상전시관'이 있는데, 이는 모델 VR로 가상현실을 구현한 것이다. 그리고 텍스트의 구조도 비슷하다. 남한산성은 남한산성의 역사와 문화유산을 중심으로 구성되어 있고, 화성은 문화유산과 화성 관련 고문헌인『원행을묘정리의궤』,『화성성역의궤』를 중심으로 구성되어 있다.

이 콘텐츠는 산학협동, 학제간 연계를 통해 첨단 기술과 현장 지식을 결합하여 현존하는 문화유산을 인터넷 속에 가상현실로 구축하고 역사와 문화에 대한 종합적인 정보를 제공하였다는 점에서 의미가 있다. 특히 이미지기반 VR 중심으로 제작되던 문화유산 가상현실 제작 환경에서 모델 VR 기법을 활용한 국내 최초 사례로서, 가상현실의 특성인 몰입성, 항해, 쌍방향성 등을 모두 살렸다는 점에서 큰 의미를 지닌다.

현존하는 문화유산을 가상현실로 구축하여 인터넷에서 서비스하는 남한산성과 화성 콘텐츠는 많은 사람들이 언제 어디서나 인터넷만 연결하면 관람이 가능하게 해 주었다. 이용자는 가상공간 내의 남한산성과 화성을 이용자 의지대로 항해할 수 있으며, 문화유산 현장에서 접근하지 못하는 정보도 가상현실 공간이기에 접근할 수 있다. 평소 공개되지 않고 있는 건물 속을 가상공간에서는 볼 수 있다. 문화유산을 관람하다가 정보가 필요하면 해당 문화유산에 커서를 움직여 클릭만하면 필요한 정보가 텍스트, 2D, 3D 형태로 제공된다. 남한산성과 화성 콘텐츠는 학생들의 문화유산 교육자료로 활용되고, 일반인의 문화유산에 대한 관심을 높이는 데 기여했다는 평가를 받았다.

제2형에 해당하는 것이 전곡리 구석기유적과 복원 회암사이다. 두 콘텐츠의 공통점은 현재 유적과 유물만 남아 있다는 점인데, 발굴에 참여한 학자들이 콘텐츠 제작에 참여하여 발굴성과, 관련문헌, 건축사 및 고고학 연구성과를 바탕으로 해서, 전곡리 선사유적지 콘텐츠에서

는 구석기인의 생활상을 복원하였고, 회암사지 콘텐츠에서는 회암사
건물을 가상 복원하였다.

전곡리 구석기유적지 콘텐츠는 전곡리 구석기에 대한 다양한 정보를
제공하는 '연천 전곡리 VR 복원'과 '구석기 박물관', 연천 전곡리 선사유
적지에 대한 일반적인 내용과 발굴과정을 텍스트로 제공하는 '개요'와
'발굴과정', 지도와 텍스트로 구성된 '한반도 구석기유적지'와 '찾아오는
길' 등 6개로 구성되어 있다. 양주 회암사 콘텐츠는 회암사 가상복원
VR, 회암사 동영상, 회암사지 개요, 발굴현황, 문화재정보, 문헌정보,
관련 설화, 교통정보 등 8개의 콘텐츠로 구성되어 있다.

유적만 남아 있는 전곡리 구석기사회와 회암사를 가상복원하고, 이
를 인터넷을 통해 서비스한 것은 그 의의가 크다고 할 수 있다. 우선
구석기시대 생활상을 가상현실로 재현하여 인터넷을 통해 서비스한
것은 전곡리 구석기 콘텐츠가 국내외 통틀어 최초라는 점이다. 특히
전곡리 구석기인의 생활상을 복원한 것은 과거 특정 주제의 역사상을
가상공간 속에서 보여주고 있다는 면에서 의의가 있다. 전곡리 구석기
유적과 회암사를 가상현실로 복원하고 각종 발굴정보를 제공하는 것은
고고학 발굴성과를 책의 형태가 아니라, 문자와 2D · 3D · 동영상 · 음
향 · 애니메이션 등의 표현수단을 활용해서 발표하였다는 면에서 의의
가 있다.

제3형에 해당하는 것이 효 · 실학 정신사 주제 콘텐츠이다. 이 콘텐츠
는 경기도 효 · 실학 관련 역사자원을 가상공간에 재현하여, 당 시대
역사상에 대한 구체적인 이미지와 정보를 제공함으로써 역사대중화와
교육에 활용할 것을 목적으로 제작되었다.

효 · 실학 정신사 주제 콘텐츠는 '효 애니메이션', '1795년 정조의 화성
행차이야기', '실학 애니메이션', '다산을 찾아서'로 구성되어 있다. '효

애니메이션'은 효의 개념을 설명한 후, 조선시대 불교와 유교적 효 문화를 각각 상징하는『부모은중경』과『오륜행실도』가운데 효행을 적 극 실천한 경기도의 역사인물을 애니메이션으로 재구성한 것이다. 그 리고 경기도내의 효 유적을 바탕으로 전통사상 속의 효와 오늘날의 효를 비교하여, 효의 기본가치를 이해할 수 있도록 이야기구조를 지닌 플래시 애니메이션(Flash Animation)으로 재구성하고 대표적인 경기도 의 효자와 효행담을 소개하였다.

'1795년 정조의 화성행차 이야기'는 정조의 효를 상징하는 1795년 화성 행행을 통해서 조선후기의 효 문화를 장대하게 묘사하여 당시 상황을 재현하고자 한 것이다. 이는 크게 '행차 옛길 밟기'와 '어가행렬 구경하기'로 나뉜다. '행차 옛길 밟기'는 1795년 정조의 화성행차의 전 과정을 날짜별로 나누어 구체적인 이동경로와 화성에서의 행사내용을 파노라마VR로 소개한 것이며, '어가행렬 구경하기'는 화성행차에 참여 한 인물군을『반차도』를 토대로 VRML방식의 3D로 재현한 것이다.

'실학 애니메이션'은 경기도 내의 실학유적지를 기반으로 조선후기 발흥한 실학의 개념과 역사적 생성배경을 설명하고, 경기도내의 대표 적인 실학자 유적과 연표를 플래시 애니메이션으로 설명한 프로그램이 다. '다산을 찾아서'는 실학의 집대성자로 평가받는 다산 정약용이 태어 나고 자란 남양주시 마재 마을을 중심으로 다산의 생애와 학문사상을 파노라마VR로 재구성한 역사 콘텐츠이다.

남한산성, 화성, 전곡리 구석기유적, 회암사 콘텐츠가 역사유적을 가상공간에 재현하고 이를 간접 체험하는 방식으로 콘텐츠를 재구성하 였던 데 반해, 효·실학 정신사 주제 콘텐츠는 '공간의 재현'에 초점을 맞추기보다, '역사인물의 재현'과 '역사적 사건의 재현'이라는 측면에서 서사적 요인이 강하게 반영되었다. 실제로 '1795년 정조의 화성행차

이야기'를 통해 8일간의 여정 속에서 정조가 사도세자와 혜경궁 홍씨에 대한 효심이 담긴 에피소드(현륭원 전배, 봉수당 회갑연, 지지대고개 등)를 접할 수 있으며, 주교 제작과 화성 건축 등을 통해 정조의 실학적 면모를 발견할 수 있다. 또한 조선시대 왕실문화와 음식, 연희 등의 생활사적 구체상을 확인할 수 있다.

이외에도 효·실학 정신사 주제 콘텐츠는 프로그램 구축의 기술적 지원 외에 기초적인 역사자료의 수집과 콘텐츠 기획·구성, 원고 집필 및 감수의 과정을 효과적으로 진행하기 위해 시대사를 전공한 연구자를 상시 위촉하고, 자문가와의 피드백을 통해 콘텐츠의 자료 응집력을 높이고, 서술의 학문적 신뢰도를 높였다. 이로써 기존의 가상현실 프로그램이 공간의 간접체험을 중심으로 한 기술지향적 콘텐츠였던 점을 감안할 때, 효·실학 콘텐츠는 역사적 공간의 재현과 역사인물의 이야기를 담아내는 서사적 요소(digital storytelling)를 포함함으로써, 역사콘텐츠의 내용적 깊이를 더하였다고 볼 수 있다.

문화유산 가상현실 작업은 산학협동과 역사학, 고고학, 건축사학 등 학제간 협동 작업에 의해 진행되는 작업이다. 역사학과 고고학 등 관련 분야 학문적 성과가 충실히 반영될수록 가상현실의 완성도가 높아진다. 이는 남한산성 등의 1차년도 사업과 전곡리 구석기사회, 회암사 사찰 건물 복원에서 확인된 내용이다. 따라서 가상현실과 같은 디지털콘텐츠 제작 작업은 역사학의 중요한 연구 작업 대상이고, 역사학 등의 연구성과가 기초가 되어야 함을 알 수 있다.

'경기도 역사문화체험 가상현실 시스템'은 이용자가 일반 대중임에도 불구하고 텍스트가 어렵다는 점, 일부 이미지가 거칠게 처리되었다는 한계를 지니고 있다. 그리고 3차년도로 나누어 콘텐츠가 구축되다 보니, 사용된 프로그램이 많아 이용자가 이용시 여러 프로그램을 다운

받아야 하는 불편함도 지적되어야 할 점이다.

'경기도 역사문화체험 가상현실 시스템'은 역사와 문화유산을 주제로 하여 가상현실을 제작한 콘텐츠이다. 본 연구를 통해 가상현실이 역사학의 주요한 표현수단이 될 수 있음을 확인하였다.

전통적인 역사학이 문헌 중심의 사료를 분석하고 연구하여 이를 문자로 된 인쇄매체를 통해 주로 발표하는데 반해, 가상현실로 표현되는 역사학은 문자는 물론이고 2D · 사진 · 3D · 애니메이션 · 동영상 · 음향과 음성 등 다양한 표현수단을 구사하여 역사상을 재구성한다. 그리고 전통적인 역사학이 인쇄매체가 일방적으로 정보를 제공하는데, 반해 가상현실은 이용자와 상호작용이 가능하며, 이용자는 가상공간에 몰입하여 당시 사회상에 대해 상상력을 발휘하게 해 준다. 본 연구를 통해 가상현실이 역사연구 발표의 한 수단이 되고, 훌륭한 역사 교육자료로 활용할 수 있음을 확인할 수 있었다.

그리고 인문학이 위기를 맞이한 것은 인문학이 실용적이지 못한 점도 한 원인이 된다. 그런데 '경기도 역사문화체험 가상현실 시스템'을 지방자치단체가 구축한 목적은 지역 주민의 지역 문화유산에 대한 이해를 높이고, 인터넷을 통해 국내외에 널리 알려 관광수입을 증대시켜 지역 경제를 활성화시키기 위해서이다. '경기도 역사문화체험 가상현실 시스템'은 역사학 연구 주제가 가공하기에 따라서는 매우 실용적인 주제임을 확인해준 사례이다. 본 연구는 인문학위기가 논의되는 시점에 인문학이 나아가야할 한 방향을 제시해 준 셈이다.

본 연구에서 분석한 '경기도 역사문화체험 가상현실 시스템'은 가상현실 역사에서는 초기 제작 사례가 될 것이다. 현재 자연과학계에서 가상현실과 관련한 연구가 활발하게 진행되고 있다. 향후 가상현실은 역사연구의 중요한 발표 수단이 될 것이고, 역사교육의 중심적인 자료로 활용될 것으로 전망된다.

이제 역사학이 가상현실에 깊은 관심을 가지고, 주요한 연구 주제로 삼아야 하며, 가상현실을 역사학의 새로운 영역으로 열고 나가야 할 것이다.

:: 부 록

표 목록

자료 목록

:: 참고문헌

『高麗史』
『閨閣叢書』
『懶翁集』
『東國李相國集』
『東文選』
『武藝圖譜通志』
『磻溪隧錄』
『栢庵集』
『三綱行實圖』
『新增東國輿地勝覽』
『園幸乙卯整理儀軌』
『朝鮮王朝實錄』
『重訂南漢志』
『弘齋全書』

「普愚太古圓證國師寶月昇空塔碑」

경기도, 1955, 『京畿道誌』.

_____, 2000, 『남한산성 종합발전방안 수립연구』.

경기도 · 양주군 · 경기도박물관 · 기전문화재연구원, 2001, 『회암사 I시굴조사보고서』.

경기도 · 양주군 · 기전문화재연구원 · 명지대학교 부설 한국건축문화연구소, 2001, 『양주 회암사지 종합정비계획』.

경기도박물관, 1999, 『경기도 佛蹟資料集』.

_____, 2003, 『회암사 II 7 · 8단지 발굴조사보고서』.

경기문화재단 경기실학현양추진위원회, 2003, 『경기실학 현양 중장기 발전계획』.

경기문화재단, 2003, 『경기도의 효 문화 유산과 인물』.

_____, 2003, 『경기실학현양사업 중장기발전계획(2003-2012)』 참조.

고동환, 1998, 『조선후기 서울상업발달사연구』, 지식산업사.

광주문화사업회 설립준비위원회, 1956, 『百濟 舊都 南漢秘史』.

교육인적자원부, 2005, 『역사자료정보화사업 중장기 발전방안에 관한 연구』.

교육인적자원부 · 한국교육학술정보원, 2005, 『2005 교육정보화백서』.

국사편찬위원회 한국역사분야 종합정보센터, 2005,『한국역사 정보통합시스템 소개』.

김기덕 외, 2002,『우리 인문학과 영상』, 푸른역사.

＿＿＿, 2002,『인문학관련 영상자료 실태조사 및 인문학 영상 아카이브 구축방안』, 인문사회연구회 · 한국교육개발연구원.

＿＿＿, 2004,『효 문화와 콘텐츠』, 경기문화재단.

김기덕, 2005,『영상역사학』, 생각의 나무.

김도훈 외, 2001,『디지털 시대의 인문학, 무엇을 할 것인가』, 사회평론.

김문식, 1996,『조선후기 經學思想硏究 : 정조와 京畿 學人을 중심으로』, 일조각.

김상익 · 김충배, 2004,『南漢行宮址 제6차 발굴조사보고서』, 한국토지공사 토지박물관 · 경기문화재단.

김원룡 외, 1983,『전곡리』, 문화재관리국.

김종혁, 2001,『조선후기 한강유역의 교통로와 시장』, 고려대학교 박사학위논문.

문화관광부 · 한국문화관광정책연구원, 2006,『2005 문화정책백서』, 문화관광부.

박용운, 1988,『고려시대사』, 일지사.

박재희 외, 1998,『가상현실 중장기 기술기획 연구』, 한국전자통신연구원.

박 주, 1997,『조선시대의 旌表政策』, 일조각.

박진호, 2006,『황룡사, 세계의 중심을 꿈꾸다』, 수막새.

배기동 외, 1996,『전곡 구석기유적, 2000-2001 전면시굴조사보고서』, 경기도 · 연천군 · 한양대학교 문화인재연구소 外.

＿＿＿, 1996,『전곡리구석기유적 1994-96년도 발굴조사보고서』, 연천군 · 한양대학교 문화인류학과.

배기동, 1989.『전곡리-1986년도 조사보고서』, 서울대학교 박물관 고고인류학총서.

배기동 · 고재원, 1993,『전곡리구석기유적 발굴조사 보고서-1992년도』, 한양대학교 문화인류학과 · 경기도 연천군,

앨빈 토플러 저, 김진욱 역, 1992,『제3의 물결』, 범우사.(원저는『The Third Wave』, 1980).

오수창, 2002,『역사콘텐츠의 실태와 개발방안에 대한 실무적 연구』, 인문사회연구회 · 한국교육개발원.

월트 옹 저, 이기우 · 임명진 역, 2004,『구술문화와 문자문화』, 문예출판사.(원저는 『Orality and Literacy : The Technologizing of the World』, 1982.).

유봉학, 1996,『꿈의 문화유산, 화성』, 신구문화사.

이남희, 2002,『지식정보화관련 법령 분석과 인문학 진흥을 위한 정책제안연구』, 인문사회연구회 · 한국교육개발원.

이원근, 1989,『한국의 성곽과 봉수』.

이존희, 1990,『조선시대 지방행정제도연구』, 일지사.

임정택 외, 2002,『디지털 미디어시대의 인문학 교육개발과 고용창출 방안』, 인문사회연구회 · 한국교육개발연구원.

장경호, 1992,『한국의 전통건축』, 문예출판사.

전국대학 인문과학연구소협의회, 1998,『현대사회 인문학의 위기와 전망』, 민속원.

정대현 외, 2000,『표현인문학』, 생각의 나무.

정 민 외, 2002,『한 · 중 전통문화관련 디지털 인문콘텐츠 실태비교 및 수준향상 방안 연구』, 인문사회연구회 · 한국교육개발연구원.

정종목, 2000,『역사스페셜』, 효형출판.

최무장, 1991,『연천 남계리 구석기유적-문화재연구소 유적조사보고』 11, 문화재 관리국 문화재연구소.

최승희, 1989,『증보판 한국고문서연구』, 지식산업사.

최완기, 1997,『한양』, 교학사.

토지박물관 · 양주군, 1998,『양주군의 역사와 문화유적』.

토지박물관 · 연천군, 2000,『연천군의 역사와 문화유적』.

피종호 · 이준서, 2002,『영상문화시대에 따른 인문학적 대응전략으로서의 이미지 연구』, 인문사회연구회 · 한국교육개발연구원.

한국전산원, 2005,『2005 국가정보화백서』.

한영우, 1998,『정조의 화성행차 그 8일』, 효형출판.

강진갑, 1997,「경기도 향토지 편찬의 문제점과 개선방향」,『인문과학논집』 4집, 강남대학교 인문과학연구소.

_____, 1999,「21세기 정보화시대 향토사학계의 변화 전망」,『제13회 한국향토사연구전국학술대회 발표논문집』.

_____, 1999,「문화유산 보존과 문화원」,『99 향토사 연수교재-문화재 과정』, 경기문

화재단.

강진갑, 2000, 「21세기 정보화시대 '인터넷 향토지' 편찬에 대하여」, 『향토사연구』 12.

_____, 2000, 「역사적 배경」, 『남한산성 문화유적』, 한국토지공사 토지박물관.

_____, 2003, 「경기도 문화유산 가상현실 시스템 개발과 인문학자의 역할」, 『인문콘 텐츠』 창간호.

_____, 2003. 「조선시대 경기문화의 역사적 특징」, 『경기향토사연구』 4.

_____, 2004, 「경기도의 지역문화자원 개발과 지역활성화 사례」, 문화관광부 예술 정책포럼 발표문(프린트본).

_____, 2004, 「전통문화유산디지털콘텐츠 제작 현황과 과제」, 『한국향토문화진흥 과 연구활성화를 위한 워크숍 자료집』, 한국정신문화연구원, 한국향토사연국전 국협의회.

_____, 2004, 「향토문화자원의 디지털콘텐츠 개발 현황과 과제」, 『한국향토사연구 전국협의회 · 한국정신문화연구원 공동심포지엄 자료집 '한국향토문화전자대 전 편찬작업, 어떻게 할 것인가'』.

_____, 2005, 「수원지역문화콘텐츠 제작 현황과 활성화를 위한 제언」, 『수원학연구』 창간호.

경기지역사연구소, 2000, 「인터넷으로 본 향토사-경기 · 인천을 중심으로」, 『향토사 연구』 12.

권영옥 · 김백희, 2006, 「향토문화 분류체계와 전자대전 항목구성체계의 접합 방안화」, 『한국향토문화전자대전 편찬사업을 위한 2006년 하반기 심포지엄 발표집』.

김기덕, 2005, 「전통 역사학의 응용적 측면의 새로운 흐름」, 『역사와 현실』 58.

_____, 2006, 「자료의 힘과 역사적 상상력;역사학과 문화콘텐츠」, 『인문학과 문화콘 텐츠』, 다홀미디어.

김덕묵, 2002, 「민속 연구에서 영상자료의 가치와 활용방안」, 『우리 인문학과 영상』, 푸른역사.

김민제, 2001, 「역사학의 위기와 디지털 역사학」, 『한국교원대학 사회과학연구소 학술대회발표자료』

김윤곤, 2001, 「나옹 혜근의 회암사 중창과 반불 논의 제압기도」, 『대구사학』 62.

김철웅, 1997, 「고려말 회암사의 중건과 그 배경」, 『사학지』 30, 단국대 사학회.

김 현, 2001, 「인문정보학에 관한 구상」, 『민족문화연구』 35.

김 현, 2002, 「디지털 정보시대의 인문학」, 『오늘의 동양사상』 7.

_____, 2003, 「인문콘텐츠를 위한 정보학 연구 추진방향」, 『인문콘텐츠』 창간호.

_____, 2005, 「한국향토문화전자대전 사업 추진방향 및 정보 편찬체계」, 『종로 향토 문화콘텐츠 개발방안 심포지엄 자료집』.

_____, 2006, 「문화콘텐츠와 인문정보학」, 『인문학과 문화콘텐츠』, 다홀미디어.

데이비드 트라우브, 1994, 「교육도구로서의 가상현실 : 가상환경에 있어서의 학습설계」, 『가상현실과 사이버스페이스』, 세종대학교 출판부.

류정아, 2005, 「구석기 축제의 발전과정」, 『전곡리 선사유적지 보존과 활용을 위한 포럼』, 전곡리구석기축제위원회.

박소연·양종열, 2003, 「가상현실 기술을 이용한 문화재의 디지털 복원」, 『디자인학 연구』 51.

배기동, 1983, 「전곡리 출토 주먹도끼류 석기의 성격에 대하여」, 『古文化』 22, 한국대학박물관협회.

_____, 1989, 「전곡리구석기문화와 동북아시아 홍적세 고인류 생존활동 ; 석기문화 전통에 대한 설명의 한 시도」, 『학술원논문집』 28, 대한민국학술원 외.

_____, 1989, 「한반도 홍적세 환경과 구석기문화」, 『한국상고사학보』 2, 한국상고사학회.

_____, 2002, 「1990년대 이후의 한국 구석기고고학 연구성과」, 『문화재』 35.

_____, 2005, 「전곡리 구석기유적조사와 중요성」, 『전곡리 선사유적지 보존과 활용을 위한 포럼』, 전곡리구석기축제위원회.

심광주 외, 2000, 「문화유적」, 『남한산성 문화유적』, 한국토지공사 토지박물관.

심광주, 1999, 「남한산성의 역사와 현재 모습」, 『역사주제공원으로의 새 탄생 남한산성』, 경원대학교 차세대 디자인정보센터.

오수창, 1994, 「원행을묘정리의궤』 해제」, 『園幸乙卯整理儀軌』, 서울대 규장각.

유봉학, 1996, 「正祖代 정국 동향과 華城城役의 추이」, 『규장각』 19.

_____, 2000, 「정조의 화성 건설과 산업진흥책」, 『한국실학연구』 2, 한국실학학회.

윤완철, 1999, 「디지털 정보시대와 인간」, 『디지털시대의 문화와 예술』, 문학과 지성사.

윤희상, 2000, 「컴퓨터를 활용한 전통 목조건축의 복원 및 보전에 대하여」, 『43회 전국역사학대회 발표논문집』.

_____, 2001, 「회암사지의 건축사적 조명」, 『회암사』, 경기도박물관.

윤희상, 2003, 「건축적고찰」, 『회암사 II 7, 8단지 발굴조사보고서』 본문편.

이광형, 1999, 「디지털 문화시대」, 『디지털시대의 문화와 예술』, 문학과 지성사.

이남희, 1997, 「전산화를 통해서 본 조선왕조실록: 서지학적 측면을 중심으로」, 『서지학연구』 13.

_____, 2000, 「조선시대 자료의 전산화 : 데이터베이스 구축의 현 단계와 과제」, 『조선시대사학보』 12.

_____, 2002, 「조선왕조실록 디지털화 과정과 방향」, 『청계사학』 16·17합집.

_____, 2003, 「디지털시대의 고문서정리 표준화」, 『고문서연구』 22.

_____, 2003, 「『고려사』 디지털화의 방향과 과제」, 『청계사학』 18.

이달호, 2003, 「화성」, 『경기도의 효 문화유산과 인물』, 경기문화재단, 1쪽.

이상만, 1983, 「유적의 지질학적 조사」, 『전곡리』, 문화재관리국 문화재연구소.

이선복·이교동, 1993, 「파주 주월리·가월리 구석기유적」, 서울대학교박물관.

이우성, 1970, 「실학연구서설」, 『문화비평』 2~4.

이태진, 2001, 「정보화시대의 한국역사학」, 『역사학과 지식 정보사회』, 서울대출판부.

이한용, 1997, 「전곡리 유적의 형성 과정과 구석기 공작에 대한 연구」, 한양대 문화인류학과 석사학위논문.

임세권, 2002, 「새로운 서술방법으로서의 영상고고학」, 『우리 인문학과 영상』, 푸른역사.

임영상, 「왜? 다시'인문학의 위기'인가」, 『한겨레신문』 2006년 9월 22일자.

_____, 2004, 「역사학과 문화콘텐츠」, 『한신대학교 학술원 인문학연구소 5회 심포지엄 자료집 인문학과 문화콘텐츠』.

_____, 2006, 「인문학과 문화콘텐츠」, 『문화예술』 2006년 4월호.

장노현, 2004, 「정보양식의 변모에 따른 전자텍스트의 새로운 구조 연구」, 『정신문화연구』 통권 94호, 한국정신문화연구원.

_____, 2005년, 「문화유산 디지털화의 새로운 방향 모색」, 『인문콘텐츠』제5호, 인문콘텐츠학회.

전봉관, 2003, 「웹 뮤지엄 스토리텔링의 개념과 영역」, 『디지털 스토리텔링』, 황금가지.

丁 斗, 1998, 「한국문화의 당면과제-정보화시대의 도전-」, 『제10회 한국학 국제학술대회논문집 21세기 정보화시대의 한국학』, 한국정신문화연구원.

조관연, 2004, 「가상박물관과 문화인류학 :경기문화재단의 '효가상박물관'을 중심으로」, 『36차 한국문화인류학회 정기학술대회 발표문요지』.

조병로, 1997, 「17, 8세기 남한산성의 재수축에 관한 고찰-최근에 발견한 금석문을 중심으로」, 『경기사론』 창간호.

_____, 1999, 「남한산성의 축성과 역사·문화적 의의」, 『남한산성 역사문화 강좌』, 남한산성을 사랑하는 모임.

조성을, 2003, 「실학연구 1세기의 흐름」, 『실학연구논저목록-실학연구 1세기의 흐름』, 경기문화재단.

조지형, 2002, 「정보화시대와 '열린' 인문학」, 『미국학논집』 32호.

주 혁, 2004, 「시군지 편찬과 향토문화전자대전」, 『한국향토문화전자대전 편찬작업, 어떻게 할 것인가?』 심포지엄 자료집.

최성봉, 1972, 「회암사의 연혁과 그 사지 조사」, 『불교학보』 9.

최홍규, 1988, 「경기지역의 향토사연구 현황과 방향」, 『경기사론』 2.

한상구, 2001, 「한국역사 정보화의 방향과 과제」, 『역사학과 지식정보사회』, 서울대학교 출판부.

허흥식, 1997, 「회암사」, 『고려로 옮긴 인도의 등불』, 일조각.

_____, 2001, 「한국불교사에서 회암사의 중요성과 국제적 위상」, 『회암사』, 경기도박물관.

http://blog.naver.com/ararikim?Redirect=Log&logNo=70009602247
http://blog.naver.com/seoulites?Redirect=Log&logNo=30873536
http://chang256.new21.net
http://city.koyang.kyonggi.kr
http://edusong.netian.com
http://guno.pe.kr
http://heritage.go.kr/index.jsp
http://home.knue.ac.kr/~kimhj
http://jejuhistory.com
http://jisik.kiom.re.kr
http://kms4282.new21.org
http://kr.blog.yahoo.com/parah8977/79
http://nammyung.org/new
http://naris.science.go.kr
http://nricp.go.kr/kr/folk/assets/content4(0417)_1.jsp
http://okht.njoyschool.net/club/service/cl_main.asp?gid=10028549
http://ruby.kordec.re.kr/~museum

http://seongnam.grandculture.net/aks/village/viewDong.jsp
http://seoul600.visitseoul.net
http://teda.kookmin.ac.kr/utocity/
http://user.chollian.net/~tongth
http://vrkg21.net
http://www.3digm.com/s102_10.htm
http://www.emuseum.go.kr
http://www.gccc.or.kr
http://www.gpc.or.kr
http://www.grandculture.net
http://www.heritage.go.kr/index.jsp
http://www.hwasong.org
http://www.hyangto.org
http://www.i815.or.kr
http://www.independence.or.kr
http://www.iyc21.net/festival
http://www.kcaf.or.kr/virtual/
http://www.klaw.go.kr
http://www.knowledge.go.kr/index.jsp
http://www.korea-art.or.kr
http://www.koreanhistory.or.kr
http://www.koreasurveyclub.com
http://www.kras.or.kr
http://www.memorykorea.go.kr
http://www.moca.go.kr
http://www.museum.go.k
http://www.museummembers.org/board4/index2.php
http://www.nfm.go.kr/exhi/e0_bri.jsp
http://www.nl.go.kr/nl_classics/intro/intro.php
http://www.nrich.go.kr/kr/index.jsp
http://www.nyj.go.kr/doc/nmcg/index.html
http://www.okht.njoyschool.net/club
http://www.pattern.go.kr
http://www.rodin.co.kr
http://www.sacho.pe.kr
http://www.shinseong.ms.kr/moon/
http://www.smsh.or.kr
http://www.textlib.net

:: 찾아보기

(영문)